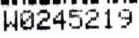

W0245219

«rororo opernbücher» sind Werkmonographien des Musiktheaters. Sie dokumentieren und interpretieren bedeutende Einzelwerke der Operngeschichte.

Außer dem Textbuch (bei fremdsprachigen Opern mit neuer wortgetreuer Übersetzung) enthalten die Bände ausgewählte Quellentexte. Zeugnisse der literarischen Rezeption und Bildmaterialien, die einen Überblick über die Entstehungs- und Wirkungsgeschichte der jeweiligen Oper vermitteln. Der eigens für jeden Band der Reihe von einem Fachautor verfaßte Essay interpretiert und kommentiert das Werk aus heutiger Sicht und stellt so die Verbindung her zwischen dessen historischen und aktuellen Aspekten.

Bertolt Brecht/Kurt Weill

Die Dreigroschenoper

Igor Strawinsky

The Rake's Progress

Texte, Materialien, Kommentare

Herausgegeben von Attila Csampai
und Dietmar Holland

Rowohlt

Originalausgabe
Zusammengestellt und
erläutert von
Attila Csampai und
Dietmar Holland
Redaktion
Beate Laura Menzel
Layout
Gabriele Boekholt
Fachmusikalische und
redaktionelle Mitarbeit:
RICORDI & CO.,
Bühnen- und Musik-
verlag GmbH, München
Umschlagentwurf
Ingeborg Bernerth-Arp
(farbige Radierung mit
Kupferstich von
William Hogarth
«Szene in der
Schenke/Die Orgie»,
Blatt 3 der Folge
«A Rake's Progress» –
London, Sir Soane's
Museum)
Veröffentlicht im
Rowohlt Taschenbuch
Verlag GmbH,
Reinbek bei Hamburg,
Mai 1987
Copyright © 1987 by
Rowohlt Taschenbuch
Verlag GmbH,
Reinbek bei Hamburg
Satz Times (Lasercomp)
Gesamtherstellung
Clausen & Bosse, Leck
Printed in Germany
1980-ISBN 3 499 18319 6

«Seit Bergs ‹*Wozzeck*› scheint mir die ‹*Dreigroschenoper*› . . . das wichtigste Ereignis des musikalischen Theaters: tatsächlich beginnt so vielleicht die Restitution der Oper durch Wahrheit.»

Th. W. Adorno

«Was hat er nur gemacht? Er hat uns den Dreivierteltakt zurückgegeben!»

Arnold Schönberg über Weills
Musik zur ‹Dreigroschenoper›

«Don Giovanni ist der auch im Untergang noch kraftvolle, ungebrochene Genußmensch des Barock, naturhaft vital, Tom Rakewell der bürgerliche Erbe dieses Zeitalters, unsicher, rückhaltlos. Beides Abenteurer mit umgekehrten Vorzeichen.»

Günther Rennert

«Über eine andere Strawinsky-Oper, ‹*The Rake's Progress*›, spricht man heute geringschätzig. Und das ohne jeden Grund. Dieses Werk ist tiefer, als man auf den ersten Blick ahnen kann.»

Dimitri Schostakowitsch

Inhalt

Bertolt Brecht/Kurt Weill
Die Dreigroschenoper

Igor Strawinsky
The Rake's Progress

Egon Voss*

Die Dreigroschenoper – ein Stück, das keine Oper ist und doch die Oper zum Thema hat

Die ‹Dreigroschenoper› steht zwischen den Gattungen, und es könnte sein, daß diese Unentschiedenheit – die freilich nur die Kehrseite dessen ist, daß unsere Theater nicht viel mehr als das Entweder-Oder von Oper und Schauspiel kennen – einer der Gründe ist, warum das Stück, obgleich den Aufführungszahlen nach noch immer viel gespielt, kaum mehr Aufführungen findet, die adäquat erscheinen. Im Uraufführungsjahr 1928 als hoffnungsvoller Start in eine neue Ära der Oper enthusiastisch gepriesen, fand die ‹Dreigroschenoper› doch keine Nachfolge und steht heute einsam zwischen den Sparten. Sie dürfte das einzige Theaterstück sein, das sowohl in Schauspielführern als auch in Opernführern verzeichnet und dargestellt zu werden pflegt. Anfangs scheint eher die Tendenz geherrscht zu haben, das Werk der Oper zuzurechnen. Jedenfalls versah Reclams Opernführer von 1930 die Personen nach Opern- und Opernführerkonvention mit Stimmlagen, was sich kurios genug ausnimmt: Macheath (Tenor), Peachum und Brown (Bariton), Polly, Lucy und Jenny (Sopran), Frau Peachum (Alt), Filch (Sprechrolle) usw.[1] Heute besteht eher die Neigung, die ‹Dreigroschenoper› als Schauspiel zu betrachten. Eine deutsche Theaterstatistik von 1978 erklärte, die ‹Dreigroschenoper› müsse von den musikalischen Gattungen «gänzlich ausgeklammert und zum Schau-

* Egon Voss, geboren 1938 in Magdeburg, studierte Schulmusik in Detmold und anschließend Germanistik, Musikwissenschaft, Philosophie und Pädagogik in Kiel, Münster und Köln. 1968 promovierte er zum Dr. phil. mit «Studien zur Instrumentation Richard Wagners» an der Universität Saarbrücken. Seit 1969 ist er Herausgeber und hauptamtlicher Redakteur, seit 1981, zusammen mit Carl Dahlhaus, Editionsleiter der Richard-Wagner-Gesamtausgabe in München.
1 Reclams Opernführer. Hg. von Georg Richard Kruse, dritte, erweiterte Auflage, Leipzig 1930, S. 549.

spiel gerechnet werden»[2]. Entsprechend wird sie in der Werkliste eines 1986 erschienenen Aufsatzes über Kurt Weill expressis verbis ein «Schauspiel mit Musik» genannt[3], als sei dies ihr Gattungstitel. Allerdings ist die ‹Dreigroschenoper› in der Tat in den Schauspielhäusern zu Hause und nicht in den angestammten Opertheatern, und der Blick auf das äußere Erscheinungsbild scheint der Einschätzung als Schauspiel mit Musik zunächst recht zu geben. Kein Singspiel, keine komische Oper Albert Lortzings und auch keine Operette enthält derart viel und gewichtigen Sprechtext wie die ‹Dreigroschenoper›. Der Anteil der Musik ist dementsprechend klein. Die Vorlage, John Gays und Christopher Pepuschs ‹The Beggar's Opera› von 1728[4], weist insgesamt 70 Musiknummern (einschließlich der Ouvertüre) auf, während die ‹Dreigroschenoper› auf kaum ein Drittel dieser Zahl kommt, die allerdings insofern täuscht, als die Nummern in der ‹Beggar's Opera› durchgehend sehr viel kürzer sind als in der ‹Dreigroschenoper›. Das ändert jedoch nichts daran, daß die ‹Beggar's Opera› viel regelmäßiger von Musik durchsetzt ist als die ‹Dreigroschenoper›. Die größere Ausdehnung ihrer Nummern erreicht die ‹Dreigroschenoper› durch strophische Wiederholungen, darin dem Nestroyschen Couplet unmittelbar verwandt. Daß die Musik nicht im geringsten opernhaft ist und eine Ausführung durch Opernsänger nicht verträgt, braucht kaum gesagt zu werden. Dennoch ist die ‹Dreigroschenoper› kein Schauspiel mit Musik in der Tradition der Schauspielaufführungen des 19. Jahrhunderts. Man braucht sich nur Stücke wie ‹Egmont›, ‹Ein Sommernachtstraum›, ‹Peer Gynt› und die dazu komponierten Schauspielmusiken von Beethoven, Mendelssohn Bartholdy und Grieg zu vergegenwärtigen, um sogleich einzusehen, daß die Form und Art des Zusammenwirkens von Theater und Musik in der ‹Dreigroschenoper› eine ganz andere ist.

Erstens sind es in der ‹Dreigroschenoper› ausschließlich die Hauptdarsteller, die singen, während in traditioneller Schauspielmusik die Gesangsnummern, ohnehin in der Minderzahl, vornehmlich Nebenfiguren und Chören überlassen bleiben. Das verbindet die ‹Dreigroschenoper› unübersehbar mit der Oper oder – um es vorsichtiger zu formulieren – mit dem Musiktheater.

2 Dieter Hadamczik, Jochen Schmidt, Werner Schulze-Reimpell: Was spielten die Theater? Bilanz der Spielpläne in der Bundesrepublik Deutschland 1947–1975. Köln 1978, S. 85.
3 Melos 48 (1986), Heft 2, S. 104.
4 Ausgabe von «The Beggar's Opera» in: Zwei Opern-Burlesken aus der Rokokozeit: Télémaque. Parodie von Lesage/The Beggar's Opera von Gay und Pepusch. Zum erstenmal mit der Musik neu herausgegeben, übersetzt und eingeleitet von Georgy Calmus, Berlin 1912.

Zweitens enthält die ‹Dreigroschenoper›, von der Ouvertüre abgesehen, keine selbständigen Instrumentalstücke, die den Entreactmusiken, einem ganz wesentlichen Bestandteil traditioneller Schauspielmusik, entsprächen. Bei der Uraufführung wurden solche Stücke zwar zur Überbrückung von Umbaupausen eingeführt, doch handelte es sich dabei nie um eigenständige Kompositionen, sondern stets um orchestrale Wiederholungen der voraufgegangenen Musiknummern oder von Teilen daraus. Es gibt in der ‹Dreigroschenoper› folglich keine Musik, die die Aufgabe hätte, unabhängig von einem vorgegebenen Text Stimmung und Atmosphäre zu erzeugen, ganze Sphären und Handlungsbereiche selbständig zu charakterisieren, wie es zum Beispiel die Funktion der Musik in Mendelssohn Bartholdys ‹Sommernachtstraum›-Musik oder Griegs ‹Peer Gynt›-Musik ist.

Zum dritten verzichtet die ‹Dreigroschenoper› auf realistische Bühnenmusik oder deren Anschein, wie er von traditioneller Schauspielmusik geweckt zu werden pflegt. Es gibt weder ein Bühnenorchester noch einzelne Instrumente auf der Bühne, die real gespielt werden; alle Musik wird vom Orchester produziert. Mag eine Szene einen Gesang noch so sehr als Bestandteil der realen Handlung ausweisen, das Orchester hebt ihn allemal durch seine differenzierte, die Bühnensituation gleichsam ignorierende Instrumentation aus der Realität heraus. Auch darin entspricht die ‹Dreigroschenoper› mehr der Oper als dem Schauspiel. Im übrigen wird auch kein stilistischer Unterschied gemacht zwischen jenen Musiknummern, die nach traditionellem Verständnis zur Bühnenmusik gehören, und jenen, die man beim besten Willen nicht dazurechnen kann wie zum Beispiel die drei Finali. An ihnen, die in der traditionellen Schauspielmusik kein Vorbild haben, wird besonders deutlich, daß die ‹Dreigroschenoper› kein Schauspiel mit Musik ist.

«Der völligen Verblödung der Oper entgegenwirken»

Der Fall, daß ein Werk die Gattungsbezeichnung im Titel führt, ist in der Operngeschichte überaus selten, im Falle der ‹Dreigroschenoper› jedoch nicht etwa Zufall. Der Titel hat zwar in jenem der Vorlage, Gays und Pepuschs ‹The Beggar's Opera›, sein Vorbild, doch stand er nicht von Anfang an fest. Die zunächst erwogenen Überschriften lauteten «Gesindel» und «Die Mörder sind unter uns»[5]. Erst mit dem dritten

5 Brecht-Liederbuch. Hg. und kommentiert von Fritz Hennenberg. Frankfurt a. M. 1984, S. 383.

Titel, «Die Luden-Oper», kam die Gattungsbezeichnung hinzu, woraus zu schließen ist, daß sie nicht gedankenlos aus der Vorlage übernommen wurde. Man kann demnach guten Gewissens unterstellen, daß ein unmittelbarer Bezug zur Gattung der Oper besteht oder doch zumindest intendiert ist. Dem entspricht Brechts allerdings sehr saloppe Antwort auf eine von der Berliner Zeitschrift *Die Scene* 1929 veranstaltete Rundfrage, «ob die Operette als Gattung gültig sei oder ob man sie in der Art der ‹Dreigroschenoper› ändern solle»[6]. Brecht schrieb: «Was ‹Die Dreigroschenoper› betrifft, so ist sie – wenn nichts anderes – eher ein Versuch, der völligen Verblödung der Oper entgegenzuwirken. Die Oper scheint mir bei weitem dümmer, wirklichkeitsfremder und in der Gesinnung niedriger als die Operette.»[7]

Die Intention, die die Autoren der ‹Dreigroschenoper› leitete, könnte man als die Absicht bezeichnen, die Oper rationaler zu machen oder gar zu rationalisieren, das zweite verstanden durchaus im Sinne einer technischen Modernisierung mit dem Ziel größerer Zweckmäßigkeit. Der wichtigste Ansatzpunkt für diese Intention war naturgemäß der Text, im Vergleich zu allen anderen Elementen des Theaters das rationale Element schlechthin, in der Oper jedoch seiner Rationalität meist beraubt, da der traditionelle Operngesang die unmittelbare Verständlichkeit des Textes weithin verhindert. Die Gegenmaßnahme angesichts einer Aufführungspraxis, die das Mitlesen des Textes während der Aufführung wegen der Verdunklung des Zuschauerraums nicht gestattet, konnte nur sein, den Anteil an gesprochenem Text drastisch zu erhöhen. Der ungewöhnlich große Anteil des Sprechtextes in der ‹Dreigroschenoper› dürfte daher aus der Forderung nach Verständlichkeit des Textes zu erklären sein. Dabei ging es selbstverständlich nicht um die äußere Quantität, sondern um den Inhalt, also die Vermittlung grundsätzlich aller die Handlung betreffenden Details auf dem Wege über die gesprochene Sprache. Nichts, was mit der Handlung zu tun hat, wird der Musik anvertraut. Das ist im übrigen keine neue Intention; sie dürfte schon John Gay bei seiner ‹Beggar's Opera›, die sich gegen die italienische Oper richtete, geleitet haben.[8]

Die Forderung nach Verständlichkeit des Textes macht jedoch nicht vor der Musik halt, als dürften die Musiknummern gleichsam Inseln

---

6 Brechts ‹Dreigroschenoper›. Hg. von Werner Hecht (suhrkamp taschenbuch materialien). Frankfurt a. M. 1985, S. 310.
7 Ebd., S. 50.
8 Ausgabe von «The Beggar's Opera», a. a. O. (Anm. 4), S. XXVI.

des Irrationalen und Unbegrifflichen in einem Meer von Rationalität sein. Entsprechend ist die Musik gestaltet. Sie verzichtet in den Gesangsstimmen auf jegliche extreme Randlage, auf Koloratur und Melisma, auf jene Elemente des Gesangs also, die Textdeutlichkeit von vornherein ausschließen; sie kennt kein Espressivo, in dem der musikalische Ausdruck den Text überwuchern könnte; und sie vermeidet die weitgeschwungene Kantilene, die dazu verführt, über der schönen Melodie den Text zu vergessen. Alle gesungenen Texte sind Verse wie in der klassischen Oper, und ihr metrisches Maß ist, von wenigen Ausnahmen abgesehen, auch das der Musik. Den Hebungen der Verse entsprechen die Betonungen der Takte und Taktgruppen, hier wie dort meist geradzahlig, so daß sich in der Musik in klassischer Weise Zwei- und Viertaktgruppen ergeben. Da im übrigen auf komplizierte Rhythmen verzichtet wird, erweist sich die Gesangsstimme zumeist als getreue Nachzeichnung der Metrik des Textes: eine geradezu ideale Voraussetzung für dessen deutliche Deklamation. Die Verwendung vornehmlich kurzer Notenwerte zwingt zudem zum deutlichen Sprechen, da sie die volle Entfaltung der Stimme als Gesangsorgan kaum gestattet. Dennoch würden diese Maßnahmen nicht ausreichen, gingen bei der Aufführung gewöhnliche Opernsänger zu Werke. Es war gewiß kein Zufall, daß bei der Uraufführung kein Opernsänger unter den Darstellern war. Die in der ‹Dreigroschenoper› geforderte Diktion ist nicht die des Opernsingens, sie hat ihr Vorbild vielmehr im Kabarettchanson, wo es wie hier auf die genaue Vermittlung von Texten ankommt und nicht auf den Vortrag von Musikstücken. Die «Seeräuberjenny» oder der «Barbarasong» sind Nummern für eine Diseuse, wenngleich kein Zweifel daran besteht, daß die Anforderungen, die Weills Kompositionen auf Grund ihrer modulatorischen Freizügigkeit an die Intonation stellen, von Kabarettsängern nur selten wirklich erfüllt werden. Hier liegt eine besondere Schwierigkeit des Werks, Teil jener Crux des Angesiedeltseins zwischen den Gattungen und Theatersparten.

Illuminierung der Orgel

Eine weitere Maßnahme, die der Verständlichkeit des Textes dient, nämlich die Verwendung von Tafeln, die auf den Charakter und vor allem den Inhalt der Musiknummern hinweisen, führt zugleich zu dem wohl wichtigsten Aspekt des Versuchs, die Oper rationaler zu machen oder zu rationalisieren: zur Loslösung der Musik von ihren traditionellen Funktionen in der Oper. Die Hinweistafel, die eine Musiknummer ankündigt, meist in Verbindung mit einer besonderen, nur für diesen Zweck vorgesehenen Beleuchtung (der sogenannten Songbeleuchtung), trennt die Musik vom übrigen und hebt sie aus der Handlung heraus, selbst dann, wenn es sich wie zum Beispiel bei der «Seeräuberjenny» um Bühnenmusik im eher herkömmlichen Sinne handelt. Das Ausscheren aus dem traditionell unmittelbaren Bezug zur Handlung und zu einer realistischen Darstellung, stellenweise noch dadurch akzentuiert, daß die Personen die Musik vor dem Vorhang singen, läßt die Musik nicht nur zur Aufführung in der Aufführung werden, wie man es von traditioneller Bühnenmusik kennt, sondern macht sie gleichsam zur Konzertveranstaltung innerhalb des Theaterabends. Das Drama ist durchsetzt von Konzertstücken, von Musikeinlagen. Brecht plädierte, um diesen Aspekt besonders deutlich werden zu lassen, dafür, das Orchester in den Musiknummern sichtbar werden zu lassen.[9] Die im Textbuch jeweils geforderte Illuminierung der Orgel im Hintergrund der Bühne hat den gleichen Sinn. Auf diese Weise ist ausgeschlossen, daß die Musik, wie es der traditionellen Ästhetik der Oper vor allem in Deutschland entspricht, als gesteigerte Rede, als natürliche Fortsetzung des Sprechens wirken und aufgefaßt werden kann. Musik, in dieser Art dargeboten, ist nicht mehr tauglich, den Eindruck der Unmittelbarkeit des Ausdrucks zu wecken.

Allerdings ist die Zahl der Musiknummern, die nach traditionellem Verständnis als unmittelbarer Ausdruck der Gefühle einer Person der Handlung zu gelten haben, gering, jedenfalls sehr viel geringer als in der traditionellen Oper. Damit wird ein Grundprinzip der Oper, wenn nicht ihr Grundprinzip überhaupt, angetastet. Opernfiguren sind keine Menschen der nüchternen Ratio, sondern stets und überall bestimmt von ihren Empfindungen, die sie direkt und uneingeschränkt zum Ausdruck bringen; ihr Ausdrucksmittel ist der Gesang. Dieses Prinzip gilt in der ‹Dreigroschenoper› nicht mehr. Ihr Bezug zur Oper besteht gerade darin, daß sie deren Gefühlskult nicht mitmacht, ihn vielmehr kritisiert. Hauptthema ist gerade darum aber auch in der ‹Dreigroschenoper› die Liebe. Den durch sie ausgelösten Empfindungen sich vorbehaltlos hinzugeben, wie es der «Barbarasong» beschreibt («Ja da muß man sich doch einfach hinlegen»), ist keine Selbstverständlichkeit mehr wie in der traditionellen Oper, wo es gleichsam die conditio sine qua non darstellt (allerdings vornehmer ausgedrückt wird), sondern die Ausnahme. Einzig Polly und auch Lucy folgen ihren

---

9 Brechts ‹Dreigroschenoper›, a. a. O. (Anm. 6), S. 58.

Gefühlen, dies jedoch auch nicht uneingeschränkt; vor allem aber erleiden sie damit mehr oder weniger Schiffbruch.

Der «Anstatt-daß-Song», mit dem die erste Szene schließt, zeichnet ein deutliches Bild von den Gefahren, in die sich derjenige begibt, der sich seinen Gefühlen anvertraut. Herr und Frau Peachum erheben hier ja nicht, wie das in der Oper herkömmlicherweise geschieht, Einspruch gegen den Liebhaber ihrer Tochter, sondern attackieren die Liebe überhaupt. Gefühl ist etwas, das man sich in der Welt der ‹Dreigroschenoper› allenfalls am Feierabend leisten kann. Symptomatisch ist der Schluß der zweiten Szene des ersten Aktes. Macheath leitet die obligatorische Liebesszene mit den unvergleichlichen Worten ein: «Und jetzt muß das Gefühl auf seine Rechnung kommen. Der Mensch wird ja sonst zum Berufstier.» So in Szene gesetzt, ist die Liebe eine Veranstaltung, das «Liebeslied» eine bewußte Inszenierung.

Indem die Personen wie hier ausdrücklich ankündigen, was sie traditionellerweise spontan tun, legen sie eine Distanz zwischen sich und das, was sie tun, insbesondere auch die Musik, die sie vortragen. Diese Distanz hat ihr Pendant in dem losen Zusammenhang, der zwischen Musik und Szene generell besteht und sich am offenkundigsten in der prinzipiellen Austauschbarkeit der Musiknummern und der Personen, die sie vortragen, zeigt. So sah Brechts Entwurf zu einem «Dreigroschenfilm» – Titel ‹Die Beule› – in der Hochzeitsszene des ersten Aktes für Polly an Stelle der «Seeräuberjenny» den «Barbarasong» vor[10], der nach der Darstellung von Fritz Hennenberg[11] bei der Uraufführung gar nicht von Polly, sondern von Lucy gesungen worden sein soll, und zwar zu Beginn der Gefängnisszene des zweiten Aktes. Die «Seeräuberjenny» war bei zahlreichen späteren Aufführungen bis hin zu Giorgio Strehlers Pariser Inszenierung 1986 und ebenso in der Plattenaufnahme mit Lotte Lenya (CBS) Teil der Partie der Jenny, die sie im «Hurenhaus in Turnbridge», also zu Beginn der zweiten Szene des zweiten Aktes, vorträgt. Den «Salomosong» sang bei der Aufführung der Münchner Kammerspiele 1949 nicht Jenny, sondern Frau Peachum[12], und schließlich: Die Textausgaben der ‹Dreigroschenoper› sehen im «Zweiten Dreigroschen-Finale» Jenny als Partnerin von Macheath vor, während laut Partitur und Klavierauszug diese Partie von Frau Peachum vorzutragen ist.

Differenzen wie diese philologisch klären zu wollen, verfehlte die

10 Brechts ‹Dreigroschenoper›, a. a. O., S. 252, 261.
11 Brecht-Liederbuch, a. a. O. (Anm. 5), S. 394.
12 Monika Wyss: Brecht in der Kritik. Rezensionen aller Brecht-Uraufführungen sowie ausgewählter deutsch- und fremdsprachiger Premieren. München 1977, S. 87.

Intention. Austausch und Wechsel sind zwar nicht ausdrücklich vorgeschrieben, aber doch latent intendiert, jedenfalls möglich, und diese Möglichkeit besteht eben deshalb, weil die Musiknummern so gut wie nie auf ganz bestimmte Personen und ebenso individuell-einmalige Situationen zugeschnitten sind. Die Musiknummern sind gleichsam allgemein gehalten, sie haben paradigmatischen Charakter. Die Personen, die sie vortragen, bedienen sich ihrer als Exempel und Zitate. Durch ihre Tendenz zur Unabhängigkeit von der Handlung sind sie selbst weniger Teil als Kommentar der Handlung, gleichsam Fußnoten der Autoren zum Geschehen auf der Bühne, allerdings nicht in einem strikt diskursiven oder gar philologischen Sinne, sondern in der Art des oft unvermittelten Kontrastes, des verblüffenden Coups. Es bleibt dem Zuschauer überlassen, sich seinen Reim darauf zu machen.

Montage

Zur Ferne von Spontaneität und individuellem Ausdruck paßt es vorzüglich, daß ein nicht unbeträchtlicher Teil gerade der Texte der Musiknummern gar nicht eigens für die ‹Dreigroschenoper› geschrieben, sondern aus anderen, älteren Zusammenhängen in das Stück herübergeholt wurde. Der «Kanonensong» verbindet Brechts vermutlich um 1924/25 entstandenes ‹Lied der drei Soldaten›[13], das die drei Strophen des Songs bildet, mit dem unabhängig davon entstandenen, wohl für die Komödie ‹Mann ist Mann› geschriebenen Refrain «Soldaten wohnen . . .», der unter dem Titel «Kanonensong» im Januar 1928 im Druck erschien.[14] «Seeräuberjenny» und «Barbarasong» lagen spätestens im März 1927 fertig vor, also lange bevor die Arbeit an der ‹Dreigroschenoper› begann. Brecht hatte diese Texte auch selbst vertont[15], und der Refrain der «Seeräuberjenny» («Und ein Schiff mit acht Segeln . . .») fand sogar Eingang in Weills Komposition, die an dieser Stelle also ein Zitat ist.

Dem «Kanonensong» und der «Seeräuberjenny» sieht man es nicht an, daß sie als bereits fertige Stücke in die ‹Dreigroschenoper› eingebaut wurden. Beim «Barbarasong» aber läßt sich am Titel, der in

13 Bertolt Brecht: Gesammelte Werke, Supplementband III und IV. Frankfurt a. M. 1982, S. 166 und Anmerkungen S. 15.
14 Gedruckt «im Beiheft zum Programm ‹Mann ist Mann› der Volksbühne, Berlin, Heft 5», Brecht, Gesammelte Werke, a. a. O. (Anm. 13), Anmerkungen S. 15 f.
15 Brecht-Liederbuch, a. a. O. (Anm. 5), S. 32–41, 375 f.

keinerlei Bezug zur ‹Dreigroschenoper› und ihrer Handlung steht (im Unterschied zur «Seeräuberjenny» auch nicht durch einen erklärenden Kommentar eingeführt wird), die fremde Herkunft unmittelbar ablesen. In einigen Textausgaben steht das Lied allerdings ohne Titel, und in späteren Ausgaben von Brechts Gedichten erscheint die Überschrift «Der Song vom Nein und Ja», dessen Authentizität jedoch nicht verbürgt zu sein scheint.[16] Polly, die den «Barbarasong» vorträgt, zitiert also einen exemplarischen Fall und schildert nicht etwa, was sie selbst erlebt hat, auch wenn sich die beschriebene Situation ihrer eigenen vergleichen läßt und damit auch verglichen werden soll.

Brecht übernahm nicht nur eigene ältere Texte für die Musiknummern, sondern auch fremde. Dementsprechend war auf dem Theaterzettel der Uraufführung vermerkt: «Eingelegte Balladen von François Villon und Rudyard Kipling». Pollys Lied «Hübsch als es währte . . .», in den Textausgaben durch Anführungszeichen als Zitat, wenn auch ohne Herkunftsangabe, kenntlich gemacht, entstammt Kiplings Ballade ‹Mary, Pity Women› in einer Übersetzung von Elisabeth Hauptmann und Bertolt Brecht[17]. Auf François Villon – in der Übersetzung von K. L. Ammer[18] – gehen die Texte von nicht weniger als fünf Musiknummern zurück, nämlich: «Zuhälterballade», «Ballade vom angenehmen Leben», «Salomosong», «Ruf aus der Gruft», «Grabschrift». Dabei handelt es sich nicht immer um blanke Übernahmen, wörtliche Zitate gleichsam, sondern auch um lose Anlehnungen, Umformungen und Weiterbildungen.

Die Tatsache, daß die ‹Dreigroschenoper› Texte von Kipling und Villon enthält, bei der Uraufführung unübersehbar ausgewiesen und ebenso noch in der Ausgabe der ‹Songs der Dreigroschenoper›, die 1929 bei Gustav Kiepenheuer in Berlin herauskam, fiel in der Folgezeit, obwohl für die ästhetische Position des Werks von Wichtigkeit, kommentarlos unter den Tisch. Es gab später keine Ausgabe mehr, die Villon, geschweige denn Kipling auch nur erwähnt hätte. So kommt es, daß heute allgemein Bertolt Brecht als alleiniger Autor des Textes der ‹Dreigroschenoper› gilt. Das suggeriert die Verfasserschaft eines traditionellen Librettisten und damit eine ästhetische Geschlossenheit des Textbuchs, die nicht gemeint ist.

---

16 Brecht-Liederbuch, a. a. O., S. 394; vgl. auch: Die Gedichte von Bertolt Brecht in einem Band. Frankfurt a. M. 3. Aufl. 1984, S. 1102, 1339.

17 Vgl. dazu James K. Lyon: Bertolt Brecht und Rudyard Kipling. Frankfurt a. M. 1976, S. 99.

18 François Villon: Balladen. Ins Deutsche übertragen von K. L. Ammer. Berlin 1907, 2. Aufl. 1930.

Transportmittel

Mit Loslösung der Musik aus den Funktionen, die sie in der Oper gewöhnlich zu erfüllen pflegt, ist der den Autoren der ‹Dreigroschen-oper› unterstellte Versuch, die Oper rationaler zu machen oder gar zu rationalisieren, gleichsam negativ beschrieben. Der positive Revers ist die Nutzung der Musik als Transportmittel für die Inhalte und Aussagen des Textes. So zu verfahren, unterscheidet sich freilich erst dann von der traditionellen Oper, wenn sich die Texte nicht schlicht und einfach mit den Personen oder Situationen der Handlung als deren unmittelbarer Ausdruck identifizieren lassen. In der ‹Dreigroschen-oper› – das wurde bereits angedeutet – gehen die Texte der Musiknum-mern nur selten auf Person und Situation ein; vor allem aber tendieren sie prinzipiell zur Wendung ins Allgemeine, Exemplarische. Sie richten sich nicht an die Personen der Handlung, obwohl sie sie selbstver-ständlich betreffen, sondern weisen aus dem Stück und seiner Hand-lung hinaus. Entsprechend wird an mehreren Stellen expressis verbis eine Instanz außerhalb des Stücks angeredet. Beim «Salomosong» mit seinem repetierten Strophenbeginn «Ihr saht . . .» ist, wenigstens vor-dergründig, das anwesende Publikum gemeint; die Anrede «Ihr Herrn, die ihr uns lehrt . . .» im zweiten Finale aber geht darüber hinaus. Sie ist ein Appell an die Herrschenden in der Gesellschaft, an die sich auch der Schluß mit seiner Aufforderung «Verfolgt das Unrecht nicht zu sehr» richtet. Die musikalische Vermittlung gerade dieser Texte, die in ihrer berichtenden Nüchternheit nicht eben zur Vertonung auffordern, geschieht nun aber nicht, wie man vermuten könnte und angesichts des Entstehungsjahres 1928 naheläge, kühl und distanziert im Sinne von Neuer Sachlichkeit. Das Gegenteil ist der Fall: Sehr bewußt werden gerade die Gefühlsqualitäten der Musik genutzt zur eindringlichen Einprägung der Texte, um deren Fortwirken es den Autoren zu tun ist. Die Musik hat die Aufgabe, den Hörer für den Text einzunehmen; sie wirbt gleichsam um Sympathie für den Text. Deswegen bedient sie sich durchgehend eines vertrauten und leicht rezipierbaren Idioms und scheut auch die Nähe zu Schlager und U-Musik nicht, wenngleich sie alles andere als naiv-einfach ist. Als didaktisches Modell kann der protestantische Choral gelten, der nicht zufällig als Muster für die Vertonung des Schlußtextes diente. Gerade dieser Schlußchoral war insbesondere Kurt Weill sehr wichtig.[19]

In der ‹Dreigroschenoper› wird auch die Oper selbst als Transport-

19 Brechts ‹Dreigroschenoper›, a. a. O. (Anm. 6), S. 120.

mittel für die Inhalte des Stücks genutzt. Die Aktschlüsse als Finali zu bezeichnen und dem Zuschauer ausdrücklich unter dieser Überschrift zu präsentieren, ruft zwangsläufig den Vergleich mit der Oper herauf. Die geweckten Erwartungen werden zwar enttäuscht, aber es geht dabei weniger um Witz und Parodie als um eine Umfunktionierung des Finales, das in der Oper, zumindest seit Mozart, dramaturgisch wie musikalisch meist den Höhepunkt des Opernaktes bildet. In der ‹Dreigroschenoper› steht die Handlung in den Finali demgegenüber still, vom Beginn des dritten Finales, auf das noch einzugehen ist, einmal abgesehen. Entsprechend verfährt die Musik auch hier strophisch, nicht anders als in den anderen Musiknummern. Diese statischen Finali sind also weder dramaturgisch noch musikalisch Höhepunkte. Indem sie sich aber dennoch so nennen, adaptieren sie die traditionelle Funktion des Höhepunkts für ihre Texte, die auf diese Weise ganz besonderes Gewicht erhalten, den Nachdruck einer Final-Aussage.

Macheath als Don Giovanni

Nicht nur formal, auch inhaltlich ist die ‹Dreigroschenoper› auf die Gattung der Oper bezogen. So erscheint Polly mit Eigenschaften und Verhaltensweisen versehen, die denen einer Opernheldin nicht unähnlich sind. Vor allem die unbedingte Hingabe an ihr Gefühl, die Liebe zu Macheath, weist sie als solche aus. Weills Musik setzt dem am Ende durch Zitieren der einschlägigen Motive aus dem «Barbarasong» ein sprechendes Denkmal (drittes Finale, nach «Ich bin sehr glücklich»). Selbstverständlich heiratet Polly aus Liebe und ebenso selbstverständlich verstößt sie um ihrer Liebe willen gegen Sitte und Konvention. Wie in der Oper üblich, geht es ihr um Treue und die Liebe fürs Leben; Heirat ist darum die logische Konsequenz (und, der Opernromantik gemäß, fehlt auch der Priester nicht, Hochwürden Kimball, der das Paar heimlich traut). Vom Bereich ihrer Liebe abgesehen ist Polly jedoch, der Opernkonvention getreu, die folgsame Tochter ihrer Eltern, gehorcht ohne Widerrede, wenn der Vater sie aus dem Zimmer schickt (erster Akt, dritte Szene), und läßt sich von ihrer Mutter ohrfeigen und widerstandslos von Macheath, der immerhin ihr Ehemann ist, trennen (zweiter Akt, dritte Szene). Ähnlich folgsam ist sie gegenüber Macheath. Sie akzeptiert, wie er mit ihr umgeht, befolgt seine Anweisungen sklavisch, nämlich so genau, daß am Ende, als Geld zur Befreiung von Macheath nötig ist, keins zur Verfügung steht. Sie ist – und hier gemahnt sie vielleicht am meisten an klassische

Opernheroinen – geneigt, sich ins Schicksal zu fügen, sowohl am Ende, als Macheath der Galgen droht und ihre Hilflosigkeit ziemlich unvermittelt in einen resignierten Abschied übergeht, als auch schon beim ersten Abschied von Macheath (zweiter Akt, erste Szene), bei dem sie sich in der Situation der Sitzengelassenen sieht; bezeichnenderweise sucht sie Trost bei Maria («Hübsch als es währte . . .»).

Polly ist gleichsam die eine Hälfte jenes idealen Liebespaars, das die traditionelle Oper zu offerieren pflegt. Die andere Hälfte, Macheath, macht jedoch einen Strich durch die Rechnung. Er entspricht ganz und gar nicht dem traditionellen Bild vom Opernliebhaber. Ob er Polly tatsächlich liebt, bleibt völlig offen. Sicher ist aber, daß er prinzipiell untreu ist. Die Handlung führt das schlagend vor Augen. Zweimal wird Macheath verhaftet, beide Male greift man ihn bei einer anderen Frau auf. Brecht bestand auf dieser Wiederholung[20], die nach den Vorstellungen klassischer Dramaturgie nicht eben für geschickt gelten kann. Sie demonstriert, wer dieser Macheath ist: ein Weiberheld und Wüstling, der Liebe verfallen, genauer gesagt, der Sinnlichkeit. Das wird unzweideutig in zwei Musiknummern besungen, der «Ballade von der sexuellen Hörigkeit», die an Drastik nichts zu wünschen übrig läßt, und dem «Salomosong», Stücken, denen zentrale Bedeutung zukommt. Sie belegen, daß Macheath nicht etwa seiner Verbrechen wegen an den Galgen kommt, sondern auf Grund seiner sinnlichen Leidenschaft. Er erinnert an Don Giovanni[21], und in der Tat hat die Personen- und Handlungskonstellation Ähnlichkeit mit Mozarts Oper. Macheath entführt Polly aus dem Haus ihrer Eltern, die ihn deswegen und daraufhin verfolgen. Jenny, als verlassene Geliebte gleichsam in der Rolle der Elvira, trägt zweimal entscheidend dazu bei, daß Macheath gefangen wird. Freilich ist die Moral von einst nicht mehr intakt. Niemand verfolgt Macheath wegen seiner Untreue. Jenny verrät ihn allein des Geldes wegen, und auch Peachum geht es in Wahrheit nicht um die Ehre seiner Tochter, sondern um Geschäftsinteressen. Übrigens liest sich eine Zeile im «Hochzeitslied» wie ein Zitat aus Mozarts Oper. Die Frage «Lassen Sie ihr Lasterleben sein?» und die Antwort «Nein!» gemahnen an die entscheidenden Worte im Dialog zwischen Komtur und Don Giovanni. Auch wenn kaum anzunehmen ist, daß Brecht hier bewußt zitierte, ist die Herstellung dieser

20 Brechts ‹Dreigroschenoper›, a. a. O., S. 58 ff.
21 Schon ausgangs des vorigen Jahrhunderts, im Vorwort zu einer Ausgabe der ‹Beggar's Opera›, wurde auf die Beziehungen zum Don Juan-Stoff hingewiesen (John Gay's Singspiele, mit Einleitung und Anmerkungen, neu herausgegeben von Gregor Sarrazin, Weimar 1898, S. XIII f). Brecht kannte diese Ausgabe möglicherweise.

Beziehung doch aufschlußreich. In der ‹Dreigroschenoper› gibt es keine Instanz mehr, die den Wüstling Macheath aufforderte, sein Leben zu ändern, und dort, wo die Aufforderung erfolgt – in einem Lied, das von Personen handelt, die im Stück selbst gar nicht vorkommen –, bleibt die ablehnende Antwort ohne Folgen.

Erscheint die Liebe in der traditionellen Oper idealistisch, geprägt von Tugenden wie Selbstlosigkeit und Opferbereitschaft, vor allem als Garant eines ebenso individuellen wie ewigen Glücks, so zeigt die ‹Dreigroschenoper› sie von alldem entkleidet, reduziert auf die Realität des Sexualakts, den Augenblick der erfüllten Sinnlichkeit. Selbst Polly, die – gleichsam als Verfechterin der Tradition – auf Heirat und Treue dringt, versteht unter der Liebe nichts anderes, wie «Barbarasong» und der Anfang des ersten Finales belegen. Das «Liebeslied» parodiert das Klischee von der großen Liebesszene in der Oper. Bis hin zur Beteuerung, daß man nicht voneinander lassen könne und werde, sind die Worte reine Zitate aus dem «Anstatt-daß-Song», und das heißt, abgegriffene Formeln, an die keiner mehr glaubt. Das «Liebeslied» gipfelt denn auch nicht im traditionellen Treueschwur, sondern in der banalen Feststellung: «Die Liebe dauert oder dauert nicht . . .» Ausgerechnet bei der Hochzeit, die doch das Siegel auf die Unwandelbarkeit der Liebe ist, wird deren Dauer in Zweifel gezogen, und das mit einer Melodie, die nach traditionellem Verständnis diese Dauer gerade beschwört.

Macheath, als Hauptfigur in der Rolle des Helden, entspricht dieser Rolle ganz und gar nicht. Mögen seine Verbrechen, wie die Moritat zu Beginn sie aufzählt, ihn als kühn und mutig darstellen und ihm damit jene exotische Größe verleihen, die Räuber auf dem Theater meist auszeichnet; im Verlauf der Handlung zeigt er nichts von diesen Eigenschaften. Im Gegenteil: in der letzten Szene, als es zum Galgen geht, ist er von Todesfurcht beherrscht und um jeden Preis auf Rettung bedacht. Im «Ruf aus der Gruft» erhält seine Angst sogar musikalischen Ausdruck, was in der Oper undenkbar wäre, wo die Helden in dieser Situation standhaft-stolz und ohne Anzeichen von Furcht dem Tode entgegensähen. Die «Ballade vom angenehmen Leben», der in diesem Zusammenhang zentrale Bedeutung zukommt – man könnte sie Macheaths Credo nennen –, entwirft geradezu das Gegenbild zu den Helden der Oper. Ihren Tugenden und Ideale wie Freiheit, Wahrheit, Kühnheit, Weisheit, Armut usw. setzt Macheath die lapidare und in ihrer Banalität entwaffnende Maxime des «Nur wer im Wohlstand lebt, lebt angenehm» entgegen, die Absage an alles Opernheldentum.

Den wohl unmittelbarsten, jedenfalls äußerlich am deutlichsten erkennbaren Bezug der ‹Dreigroschenoper› zur Gattung der Oper weist der Beginn des dritten Finales auf, der eine Karikatur der Oper ist, wie sie im gesamten Stück sonst nicht vorkommt, die «Arie der Lucy» ausgenommen, die jedoch nicht zum Kernbestand des Werks gehört. Auf den ersten Blick erscheint es verwunderlich, daß die Musik bis hin zur Schlußnummer ohne Parodie und Karikatur auskommt, dann aber in derart drastischer Weise zu diesem Mittel greift. Die Folge ist selbstverständlich ein Bruch, der die ästhetische Einheit stört, jedoch in bezug auf die Aussage des Stücks wohl kalkuliert zu sein scheint. Daß das gute Ende, Macheaths Begnadigung und Erhebung in den Adelsstand, buchstäblich als Oper präsentiert wird, will besagen, daß solches Glück nur in der Oper vorkommt. In Wahrheit ist dieser Schluß gar nicht glücklich, sondern illusionistisch, ein Traum vom guten Ausgang, wie ihn auf dem Theater nur die Oper träumen kann. Die Karikatur macht deutlich, daß dieser glückliche Schluß nicht ernst gemeint ist; sie gibt ihn der Lächerlichkeit preis. Bezeichnenderweise schließt die ‹Dreigroschenoper› nicht in diesem Idiom, sondern kehrt mit der Wendung des Blicks auf die Realität zu ihrem angestammten Stil zurück.

Die inhaltlichen Beziehungen der ‹Dreigroschenoper› zur traditionellen Oper haben die Tendenz, den prinzipiellen Idealismus der Oper in Frage zu stellen. Der Versuch, die Oper zu rationalisieren, besteht hier also darin, den Idealismus als Illusionismus zu entlarven, weil sich in Wirklichkeit niemand so verhält, wie Opernfiguren es tun. Es ging den Autoren der ‹Dreigroschenoper› jedoch nicht allein darum, die Realitätsferne der Oper zu brandmarken. Ihnen erschien sie vielmehr, weil sie Illusionen weckt und befördert und damit von der Wirklichkeit ablenkt, moralisch anfechtbar.

An Stelle eines Textbuches

Bemerkung der Herausgeber zum folgenden Inhalt
der ‹Dreigroschenoper›

*Dem bisher üblichen Brauch der Reihe «Opernbücher» zufolge müßte
auch hier der vollständige Abdruck des Textbuches der ‹Dreigroschenoper› geboten werden. Das ist jedoch aus Lizenzgründen nicht möglich,
da uns der dafür zuständige Verlag (Suhrkamp) die Abdruckrechte
leider nicht erteilen konnte. Das Textbuch ist allerdings so leicht zugänglich, daß wir uns entschlossen haben, die Konzeption, zum erstenmal zwei
Opern in einem Band mit- und gegeneinander zu konfrontieren, dennoch
durchzuführen.*

*Es handelt sich immerhin um zwei Opern unseres Jahrhunderts – vor
und nach der Katastrophe des Nazi-Terrors –, die zahlreiche unterirdische Querverbindungen aufweisen, unter denen die nicht geringste ist,
daß sie beide auf die Krise der Gattung – wenn auch mit ganz unterschiedlichen, ja konträren ästhetischen und inhaltlichen Mitteln – in einer
Weise reagieren, die sie geradezu zum paradigmatischen Fall erklärt.*

*Außerdem prägen sie, ebenfalls im Kontrast, das Prinzip eines «epi-
schen» Musiktheaters jenseits des «Einfühlungs»-Theaters aus, einmal
mit offener, ja aggressiver polemisch-gesellschaftskritischer Schlagkraft
(Brecht/Weill), zum anderen mit höchst differenzierter Anspielungs-
technik auf die Geschichte und Topologie der Gattung selbst (Strawinsky).*

*In der literarischen Form des Textbuches schließt sich ‹The Rake's
Progress› ganz ausdrücklich, allerdings verfremdet, an die Tradition des
Opernlibrettos an – und zwar an das in musikalische «Nummern» aufge-
teilte dramma giocoso Mozarts (‹Don Giovanni›) –, während der Text
zur ‹Dreigroschenoper› im strengen Sinn gar kein Libretto ist, sondern
ein Schauspieltext mit Song-Einlagen.*

*Wir legen deshalb an seiner Stelle eine ausführlichere (und zugleich
interpretierende) Inhaltsangabe vor, als es sonst in der Reihe der
«Opernbücher» üblich ist.*

Dietmar Holland

Inhalt der ‹Dreigroschenoper›

Vorspiel

Ein Bänkelsänger trägt auf dem Jahrmarkt in Soho, dem Verbrecher-
viertel Londons, in dem sowohl Bettler als auch zwielichtige Personen
hausen, die Moritat von dem unheimlichen, berüchtigten Bandenchef
Macheath, genannt «Mackie Messer», vor (Nr. 2: «Und der Haifisch,
der hat Zähne»), dessen Auftreten als Gentleman nur verbirgt, daß er
von Mord, Brandstiftung und Vergewaltigung lebt. Wie er das tatsächlich im einzelnen ausführt, enthüllt die Moritat freilich noch nicht; sie
schildert nur den Nimbus, der ihn umgibt und die Wirkung, die er
erzielt. Am Ende des Moritatenvortrags sieht man ihn leibhaftig aus
einer Gruppe von Huren heraustreten und in der Menschenmenge
untertauchen. Eine der Huren, mit der Macheath früher – und zwar als
Zuhälter – zusammen gelebt hat, die Spelunken-Jenny, ruft ihm nach:
«Das war Mackie Messer!»

Erster Akt

Erstes Bild: «UM DER ZUNEHMENDEN VERHÄRTUNG DER MENSCHEN ZU
BEGEGNEN, HATTE DER GESCHÄFTSMANN J. PEACHUM EINEN
LADEN ERÖFFNET, IN DEM DIE ELENDESTEN DER ELENDEN
JENES AUSSEHEN ERHIELTEN, DAS ZU DEN IMMER VERSTOCK-
TEREN HERZEN SPRACH» (Brecht).

Wir hören zunächst den «Morgenchoral» des «Bettlerkönigs» Jonathan Jeremiah Peachum (Nr. 3: «Wach auf, du verrotteter Christ!»),
des Unternehmers und – wie Macheath, sein Gegenspieler – gerissenen
Zuhälters, und zwar von Bettlern, die für ihn gegen Lohn ihre Haut zu

Markte tragen, ähnlich wie die Huren des «Captn» Macheath. Das Geschäft Peachums besteht darin, «das menschliche Mitleid zu wecken» und daraus für sich Kapital zu schlagen, indem er gesunde Leute als Krüppel verkleidet – die «Ausstattung» stellt die Firma gewissermaßen –, sie um kargen Lohn verpflichtet, betteln zu gehen und sie um die Frucht ihrer Arbeit betrügt. Dieses «kaufmännische» Verhalten rechtfertigt er mit dem Grundsatz: «Ich befinde mich auch auf der Welt in Notwehr.» Nach üblicher, untertreibender Geschäftsmanier bezeichnet er sich als den «ärmsten Mann in London», der aber in Wirklichkeit die Früchte aus der Arbeit seiner Firmenangestellten – die Firma heißt: «Bettlers Freund» – erntet. In durchaus blasphemischer Weise bedient er sich zur Rechtfertigung seines Verhaltens dem Brimborium predigthaft vorgetragener Bibelsprüche.

Ein junger Mann mit dem Namen Filch tritt nun in Peachums Bettlergarderoben ein und will bei ihm als «Bettler» arbeiten. Peachum klärt ihn über die Geschäftsbedingungen einschließlich der «fünf Ausstattungen» auf, die den «fünf Grundtypen des Elends, die geeignet sind, das menschliche Herz zu rühren» entsprechen und staffiert den neuen Mitarbeiter aus. Er kann ihn gerade jetzt gut brauchen, da die bevorstehenden Krönungsfeierlichkeiten eine Menge zahlender Kunden versprechen. Frau Peachum richtet die Ausstattung für Filch her und führt währenddessen mit ihrem Mann ein Gespräch über Polly, die Tochter, die sich mit dem «Captn» eingelassen hat und ihn heiraten will. Die Heirat mit dem unbekannten Gentleman würde jedoch Peachums Geschäft durchkreuzen, da er Polly als Animierdame braucht; sie gehört ebenfalls zur «Ausstattung» der Firma (Peachum: «Meine Tochter soll für mich das sein, was das Brot für den Hungrigen»). Als Frau Peachum das Äußere des Gentlemans beschreibt, erkennt Peachum, daß es Mackie Messer, sein Gegenspieler, ist. In dem «Anstatt-daß-Song» (Nr. 4: «Anstatt daß / sie zu Hause bleiben und in ihrem Bett / brauchen sie Spaß!») verspottet das Ehepaar Peachum die Gefühle junger Liebender und hofft insgeheim, daß Polly, die in der vergangenen Nacht ausgeblieben war, Macheath nicht etwa heiratet.

Zweites Bild: «TIEF IM HERZEN SOHOS FEIERT DER BANDIT MACKIE MESSER SEINE HOCHZEIT MIT POLLY PEACHUM, DER TOCHTER DES BETTLERKÖNIGS» (Brecht).

In einem leeren Pferdestall – eine blasphemische Umdeutung des Ortes der Geburt Christi – feiert Macheath, von seiner Räuberbande begleitet, Hochzeit mit der von ihm entführten Polly Peachum, die er als

Siegestrophäe präsentiert, während sie ihn offensichtlich tatsächlich
liebt. In mehr oder weniger eindeutigen Anspielungen wird der Ritus
der Inbesitznahme, als die hier die Hochzeit in zynischer Weise erscheint, vorgenommen. Das durch Raub und Mord zusammengeraffte
Inventar wird dabei noch um eine künstliche Sitzbank vervollständigt,
indem einfach einem Cembalo die Beine abgesägt werden. Dazu wird
die erste Strophe des späteren «Hochzeitslids für ärmere Leute»
gesungen (Nr. 5: «Bill Lawgen und Mary Syer / wurden letzten Mitt-
woch Mann und Frau»), das die bürgerliche Ehe als Auslöschung
jeglicher menschlicher Beziehungen entlarvt: Die Ehe zwischen Bill
Lawgen und Mary Syer ist erzwungen. Macheath verlangt aus atmo-
sphärischen Gründen – «bei anderen Leuten findet doch an solchem
Tage auch etwas statt» – den Vortrag eines Hochzeitslids, zumal
soeben Hochwürden Kimball, der die Hochzeit absegnen wird, eingetroffen ist. Doch der Vortrag des zynischen «Hochzeitslids für ärmere
Leute» macht keinen Effekt. Deshalb trägt Polly das Lied von jener
Seeräuberbraut Jenny vor, die sie einmal in einer Kneipe in Soho hat
Gläser abspülen sehen. Der kaum verhohlene, aufbegehrende, ja letzt-
lich revolutionäre Tonfall und Inhalt des Lieds (Nr. 6: «Meine Herren,
heute sehen Sie mich Gläser abwaschen / und ich mache das Bett für
jeden») von der Rache des Proletariermädchens an der Gesellschaft,
die sie unterdrückt, ist seltsam zweideutig und wird offensichtlich nur
von Mackie Messer verstanden, denn er flüstert Polly nach dem Vortrag zu: «Übrigens, ich mag das gar nicht bei dir, diese Verstellerei, laß
das gefälligst in Zukunft.»
Auch der Polizeichef von London, Tiger-Brown genannt, der
ebenso korrupt ist wie sein Freund Macheath, den er noch aus alten
Tagen beim Dienst in der britischen Armee her kennt und deshalb in
London vor Scotland Yard schützt, stößt schließlich zu der Hochzeitsfeier dazu, privat, wie er sich selbst verteidigt. Tatsächlich ist er nicht
in «dienstlicher» Absicht gekommen, obwohl er sogleich vermerkt,
daß die Hochzeit doch nicht unbedingt in einem gestohlenen Pferdestall hätte stattfinden müssen, sondern er tauscht bei dieser Gelegenheit alte Kriegserinnerungen mit Mackie aus, singt mit ihm den bruta-
len, männerbündnerischen sogenannten «Kanonen-Song» (Nr. 7:
«John war darunter und Jim war dabei»), dessen erschreckender
Schmiß die beiden Kriegskameraden als imperialistische Rohlinge
entlarvt, deren haarsträubender Rassismus schier kannibalische Züge
trägt («Wenn es mal regnete / und es begegnete / ihnen 'ne neue Rasse
/ 'ne braune oder blasse / da machen sie vielleicht daraus ihr Beefsteak
Tartar»). Die Szene nähert sich ihrem Ende (Macheath: «Und jetzt

muß das Gefühl auf seine Rechnung kommen»): Macheath und Polly
stimmen, allein gelassen, ihr «Liebeslied» an (Nr. 8: «Siehst du den
Mond über Soho?»), dessen Text eine einzige Verhöhnung jeglicher
romantischer Vorstellungen von Liebe und Ehe ist («Die Liebe dauert
oder dauert nicht / an dem oder jenem Ort»).

Drittes Bild: «FÜR PEACHUM, DER DIE HÄRTE DER WELT KENNT, BEDEU-
TET DER VERLUST SEINER TOCHTER DASSELBE WIE VOLL-
KOMMENER RUIN» (Brecht).

Polly kommt zu ihren Eltern und erklärt, daß sie Mackie Messer
geheiratet habe (Nr. 9: «Einst glaubte ich, als ich noch unschuldig war»)
und vor allem: warum («Und als er nicht wußte, was sich bei einer
Dame schickt / Zu ihm sagte ich nicht ‹Nein›. / Da behielt ich meinen
Kopf nicht oben / Und ich blieb nicht allgemein. / Ach, es schien der
Mond die ganze Nacht / Und es ward das Boot am Ufer festgemacht /
Und es konnte gar nicht anders sein!»). Bevor ihre Eltern daraus die
Konsequenz ziehen, Macheath bei Brown anzuzeigen, nachdem sie die
Huren von Turnbridge bestochen hätten, ihn zu verraten – gegen Geld,
versteht sich –, treten fünf Mitarbeiter der Bettler-Firma auf, um ihre
Ausstattung überprüfen zu lassen. Bei dieser Gelegenheit lernen wir
Peachums Umgangsformen kennen und sein Geschäftsgeheimnis:
«Zwischen ‹erschüttern› und ‹auf die Nerven fallen›» – so erklärt er
seinen «Bettlern» – «ist natürlich ein Unterschied, mein Lieber. Ja, ich
brauche Künstler. Nur Künstler erschüttern heute noch das Herz.
Wenn ihr richtig arbeiten würdet, müßte euer Publikum in die Hände
klatschen!» Das Ehepaar Peachum will natürlich, daß Polly sich von
Macheath scheiden läßt. In dem Wortwechsel darüber fällt das Wort
«gehängt werden», und das bringt Peachum auf die Idee, unverzüglich
Macheath aufzuspüren und dem Polizeichef – gegen Geld – anzuzeigen. Frau Peachum weiß, daß Macheath sich donnerstags bei seinen
Huren in Turnbridge zum Abkassieren aufhält. Man einigt sich also:
Peachum geht mit Polly zu Brown und Frau Peachum nach Turnbridge. Alle drei treten vor, um das erste Finale vorzutragen: «Über die
Unsicherheit menschlicher Verhältnisse» (Nr. 10: «Was ich möchte, ist
es viel?»).

Zweiter Akt

Viertes Bild: «DONNERSTAG NACHMITTAG; MACKIE MESSER NIMMT AB-
SCHIED VON SEINER FRAU, UM VOR SEINEM SCHWIEGERVA-
TER AUF DAS MOOR VON HIGHGATE ZU FLIEHEN» (Brecht).

Polly sucht Macheath im Pferdestall, in dem auch die Hochzeit statt-
fand, auf und berichtet ihm, daß ihr Vater ihn bei Brown angezeigt und
den Polizeichef dabei bedroht habe, worauf dieser zusammengebro-
chen sei und zu Polly gesagt habe, Macheath solle untertauchen.
Macheath ist sich indessen völlig sicher, daß sein Freund Brown ihn
nicht verhaften lasse («Gegen mich liegt in Scotland Yard gar nichts
vor»), obwohl ihm Polly die mitgebrachten Anklageakten vorweist
und betont, daß Brown ihn nicht länger schützen könne. Macheath
beschließt, um Polly zu beruhigen (doch nur zum Schein), für einige
Zeit zu fliehen und ihr solange die Leitung seines «Unternehmens» zu
übertragen; bei dieser Übergabe entpuppt sich Macheath vor seinen
Leuten als skrupelloser Anführer, der selbst eine Tat seiner Bande, die
er verurteilt, für sich beansprucht:

MAC   [. . .] Übrigens, du trinkst zu viel, Matthias. Du hast
vorige Woche wieder durchblicken lassen, daß die In-
brandsteckung des Kinderhospitals in Greenwich von
dir gemacht wurde. Wenn so etwas noch einmal vorkommt, bist du entlassen. Wer hat das Kinderhospital
in Brand gesteckt?

MATTHIAS   Ich doch.

MAC   *(zu den andern)*
Wer hat es in Brand gesteckt?

DIE ANDEREN   Sie, Herr Macheath.

MAC   Also wer?

MATTHIAS   *(mürrisch)*
Sie, Herr Macheath. Auf diese Weise kann unsereiner
natürlich nie hochkommen.

MAC   *(deutet mit einer Geste das Aufknüpfen an)*
Du kommst schon hoch, wenn du meinst, du kannst
mit mir konkurrieren. Hat man je gehört, daß ein
Oxfordprofessor seine wissenschaftlichen Irrtümer
von irgendeinem Assistenten zeichnen läßt? Er zeichnet selber.

Der Vergleich mit dem «Oxfordprofessor» enthüllt den bürgerlichen
Charakter der räuberischen Taten ebenso wie die auf Mord und Raub
gegründete Hochzeitsfeier im Pferdestall.

Als die Bande abgegangen ist, verabschiedet sich Macheath mit fadenscheinigen Worten von Polly («Wenn die Dämmerung stark genug ist, werde ich meinen Rappen aus irgendeinem Stall holen, und bevor du den Mond von deinem Fenster aus siehst, bin ich schon hinter dem Moor von Highgate»). Zu Pollys Worten: «Ach, Mac, reiß mir nicht das Herz aus dem Leibe» erklingt eine Art Walzermelodie (Nr. 11: «Melodram»), und als Macheath mit den bitteren Schlußworten des Liebesduetts aus der Hochzeitsszene die Bühne verlassen hat, singt ihm Polly («Und er kommt nicht wieder») ein Lied nach, das die Trennung besiegelt (Nr. 11a: «Hübsch, als es währte / Und nun ist's vorüber»).

Zwischenspiel
Frau Peachum tritt mit der Spelunken-Jenny vor den Vorhang und bietet ihr zehn Schillinge an, wenn sie Macheath dem nächstbesten Konstabler anzeige. Auf die Frage der Spelunken-Jenny, ob Macheath, wenn er bereits gejagt würde, denn noch Zeit hätte, nach Turnbridge zu kommen, antwortet Frau Peachum mit der «Ballade von der sexuellen Hörigkeit» (Nr. 12: «Da ist nun einer schon der Satan selber / Der Metzger: er! Und alle andern: Kälber!»), die sich auf den Trieb aller Männer, egal welchen Standes, bezieht.

Fünftes Bild: «DIE KRÖNUNGSGLOCKEN WAREN NOCH NICHT VERKLUNGEN UND MACKIE MESSER SASS BEI DEN HUREN VON TURNBRIDGE! DIE HUREN VERRATEN IHN. ES IST DONNERSTAG ABEND» (Brecht).

Macheath ist, seinem regelmäßigen Turnus folgend, bei seinen Huren in Turnbridge zum Abkassieren eingetroffen und natürlich nicht nach Highgate geritten. Er läßt sich von Jenny die Hand lesen. Dabei erfährt er von der «List eines Weibes», über die – übrigens das bekannte Judas-Motiv – er alsbald näheres am eigenen Leibe erfahren wird. Während des weiteren Dialogs macht sich Jenny heimlich davon, um den Konstabler Smith von dem Eintreffen Mackie Messers zu unterrichten. Zu ihnen gesellt sich auch Frau Peachum, und sie beobachten alle drei, wie Macheath im Haus seine «Zuhälterballade» vorträgt (Nr. 13: «In einer Zeit, die längst vergangen ist»), eine Erinnerung an sein Zusammenleben mit der Spelunken-Jenny, die ihn nun verraten wird. Bei der zweiten Strophe tritt Jenny, mit dem Konstabler bereits hinter sich, in die Tür, singt schließlich bei der dritten Strophe mit und tanzt sogar mit Macheath einen Tango (!), wobei ihm Smith die Hand auf die

29

Schulter legt mit den Worten: «Na, wir können ja losgehen!» Macheath wird an Frau Peachum vorbei abgeführt, die ihn unten mit weiteren Konstablern erwartet, als er durch das Fenster entfliehen will. Den Huren ruft sie zu, daß sie den Judas-Lohn demnächst begleichen werde.

Sechstes Bild: «VERRATEN VON DEN HUREN, WIRD MACHEATH DURCH DIE LIEBE EINES WEITEREN WEIBES AUS DEM GEFÄNGNIS BEFREIT» (Brecht).

Die Gefangennahme Mackie Messers bringt seinen Freund, den Polizeichef Brown, der ihn lieber jenseits des Moors von Highgate sähe als nun vor sich in dicken Tauen gefesselt, in solche Verlegenheit, daß er sich gleichsam in die Rolle des verräterischen Petrus gedrängt sieht, der – laut Regieanweisung – sein Haupt an die Mauer legt und weint, weil ihn Macheath schweigend und anklagend angeblickt hat. Als Brown das Gefängnis verlassen hat, sagt Macheath: «Ich blickte ihn an, und er weinte bitterlich. Den Trick habe ich aus der Bibel.» (Man vergleiche dazu Matth. 26,75.) Smith tritt mit Handschellen auf. Macheath kauft sich von ihrem Anlegen mit einem Scheck frei und denkt währenddessen bereits an die unangenehme Möglichkeit, daß jetzt «diese Geschichte mit der Lucy» – Browns Tochter – «auffliegen wird». In der «Ballade vom angenehmen Leben» verkündet er, daß nur Bequemlichkeit und Reichtum das Glücksproblem lösen können (Nr. 14: «Da preist man uns das Leben großer Geister»).

Lucy kommt herein und stellt ihn zur Rede wegen seiner Heirat mit Polly. Macheath versucht sie zu beruhigen, doch nun tritt auch Polly dazu, und er muß sich ein «Eifersuchtsduett» der beiden Frauen anhören (Nr. 15: «Komm heraus, du Schönheit von Soho!»). Der Streit der beiden Frauen um Macheath, bei dem Lucy eine fingierte Schwangerschaft ins Spiel bringt, wird durch das Auftreten von Pollys Mutter beendet, die ihre Tochter kurzerhand ohrfeigt und wegschleppt. Nun ist der Moment für Macheaths Befreiung gekommen: Er läßt sich von Lucy Hut und Stock in den Käfig, in den er eingesperrt ist, bringen und schickt sie fort mit dem Versprechen, die Flucht später heimlich mit ihr fortzusetzen. Als Lucy gegangen ist, tritt Smith auf, entdeckt den Stock und fordert ihn von Macheath. Es kommt zum Zweikampf, aus dem Macheath siegreich hervorgeht und entfliehen kann. Brown ist darüber sehr erleichtert, muß sich aber von Peachum kurz darauf die Drohung gefallen lassen, daß der bevorstehende Krönungszug von den Bettlern gestört würde, falls es der Polizei nicht gelingen sollte, Macheath endlich hinter Schloß und Riegel zu bringen und ihn zu hängen. Peachum hat es in erster Linie dabei um das Kopfgeld, das auf Macheath steht, abgesehen. Macheath und die Spelunken-Jenny treten vor den Vorhang und tragen das aggressive zweite Finale vor, in dem der Mensch als nur mühsam gezähmte Bestie geschildert wird («Erst kommt das Fressen, dann kommt die Moral») mit dem Fazit: «Nur dadurch lebt der Mensch, daß er so gründlich vergessen kann, daß er ein Mensch doch ist» (Nr. 16: «Ihr Herrn, die ihr uns lehrt»).

Siebentes Bild: «IN DERSELBEN NACHT RÜSTET PEACHUM ZUM AUF- BRUCH. DURCH EINE DEMONSTRATION DES ELENDS BEAB- SICHTIGT ER, DEN KRÖNUNGSZUG ZU STÖREN» (Brecht).

Während der Vorbereitungen zur Störung des Krönungszugs durch die Bettler treten die Huren aus Turnbridge bei Peachum ein, um ihr Judas-Geld abzufordern. Er wird ihnen jedoch verweigert mit dem Hinweis darauf, daß Macheath bereits wieder flüchtig sei. Jenny weiß aber, wo er sich aufhält: bei ihrer «Kollegin Suky Tawdry». Sofort schickt Peachum Filch zum nächsten Polizeiposten, um das zu melden, und seine Frau, um Kaffee für die Huren zu holen. Beim Abgehen singt Frau Peachum die dritte Strophe der «Ballade von der sexuellen Hörigkeit» (Nr. 12: «Da steht nun einer fast schon unterm Galgen»). Als sie mit dem Kaffee zurückkommt, verspricht sie die Zahlung des Judas-Lohns für den folgenden Tag, «nach der Krönung». Die zum Zug formierten Bettler sind inzwischen angetreten, als Filch herein- stürzt und die Polizei ankündigt. Die Bettler und Frau Peachum verstecken sich, und Peachum empfängt Brown und seine Konstabler. Der Wortwechsel zwischen den beiden läuft schließlich darauf hinaus, daß Brown in seinem Übereifer glaubt, die Bettler festnehmen zu können, mit denen Peachum gedroht hatte, den Krönungszug zu stören, aber er weiß nicht, daß es ja nur verkleidete Bettler sind. Das macht ihm Peachum in seinem hinterhältigen, boshaften «Lied von der Unzulänglichkeit menschlichen Strebens» klar (Nr. 17: «Der Mensch lebt durch den Kopf») und fügt noch hinzu: «Ihr Plan, Brown, war genial, aber undurchführbar.» Nun hat Peachum den Polizeichef so weit, daß er bereit ist, Macheath, dessen Aufenthaltsort ihm unverzüg- lich mitgeteilt wird, zu verhaften und hängen zu lassen. Und Peachum befiehlt die «Umorientierung des Aufmarschplanes» der Bettler. Die neue Richtung ist das Gefängnis von Old Bailey (Nr. 17a: «Der Mensch ist gar nicht gut» – die vierte Strophe des «Lieds von der Unzulänglichkeit menschlichen Strebens»).

In einer Art Zwischenspiel tritt Jenny vor den Vorhang und singt, zu einem Leierkasten, den «Salomon-Song» (Nr. 18) von den Sorgen und dem Niedergang hochgestellter Persönlichkeiten vom «weisen Salomo» bis hin zu Macheath.

Achtes Bild: «KAMPF UM DAS EIGENTUM» (Brecht).*

Lucys Eifersucht auf Polly (Arie der Lucy: «Eifersucht! Wut, Liebe und Furcht zugleich reißen mich in Stücke») legt sich, als Polly zu ihr kommt und sich mit ihr versöhnen will, indem sie Zweifel an der Integrität Mackie Messers äußert («Ich hätte wenigstens alles, wie mein Papa es immer schon wollte, auf eine geschäftliche Basis lenken sollen»). Lucy, die sich ebenfalls von Macheath betrogen fühlt, enthüllt ihr die angebliche Schwangerschaft als bloße Verstellung mit einem Muff, den sie sich unter ihr Kleid gesteckt hat, und schließt sogar Freundschaft mit Polly. In diesem Moment wird Macheath zum zweitenmal verhaftet. Polly sinkt mit den Worten zusammen: «Jetzt ist alles aus.» Frau Peachum findet sie bei Lucy und zieht ihr das Witwenkleid an («Du wirst bildschön aussehen als Witwe. Nun sei aber auch ein bißchen fröhlich»).

Neuntes Bild: «FREITAG MORGEN, 5 UHR: MACKIE MESSER, DER ABERMALS ZU DEN HUREN GEGANGEN IST, IST ABERMALS VON HUREN VERRATEN WORDEN. ER WIRD NUNMEHR GEHÄNGT» (Brecht).

In seiner Todeszelle wartet Macheath vergeblich auf Lösegeld, um befreit zu werden (Nr. 19: «Nun hört die Stimme, die um Mitleid ruft»). Der sonst so sichere Gentleman zeigt offen seine Angst vor dem Tode. Zwei Leute seiner Bande sprechen bei ihm vor, daß sie nicht genügend Lösegeld auftreiben können («vierhundert Pfund ist eben alles, was da ist»). Inzwischen wird der Galgen hergerichtet. Auch Polly kommt zu Macheath, kann ihm aber nicht helfen, da sie seine Anweisungen strikt befolgte und das Geld des Unternehmens nach Manchester geschickt hat. Um sechs Uhr soll Macheath gehängt werden. Nacheinander treten alle Leute auf, mit denen Macheath im Verlauf des Stücks zu tun hatte; helfen kann ihm niemand mehr. Vor dem endgültigen Gang zum Galgen enthüllt er den Schaulustigen, die

---

* *Diese Szene ist, einschließlich der Arie der Lucy, noch vor der Uraufführung gestrichen worden.*

seiner Hinrichtung beiwohnen wollen, seine Einsicht in sein historisch bereits überholtes Dasein als Straßenräuber und seine Absicht, ins Bankfach überzuwechseln. Zugleich ist es eine Demaskierung der bürgerlichen Moral («In seine Zukunft blickend, sieht er sich keineswegs am Galgen, sondern an einem ruhigen und ihm gehörenden Fischwasser», sagt Brecht):

«Meine Damen und Herren. Sie sehen den untergehenden Vertreter eines untergehenden Standes. Wir kleinen bürgerlichen Handwerker, die wir mit dem biederen Brecheisen an den Nickelkassen der kleinen Ladenbesitzer arbeiten, werden von den Großunternehmern verschlungen, hinter denen die Banken stehen. Was ist ein Dietrich gegen eine Aktie? Was ist ein Einbruch in eine Bank gegen die Gründung einer Bank? Was ist die Ermordung eines Mannes gegen die Anstellung eines Mannes? Mitbürger, hiermit verabschiede ich mich von euch. Ich danke Ihnen, daß Sie gekommen sind. Einige von Ihnen sind mir sehr nahegestanden. Daß Jenny mich angegeben haben soll, erstaunt mich sehr. Es ist ein deutlicher Beweis dafür, daß die Welt sich gleichbleibt. Das Zusammentreffen einiger unglücklicher Umstände hat mich zu Fall gebracht. Gut – ich falle.»

Nach diesen «letzten Worten» trägt Macheath seine Ballade vor, in der er «Jedermann Abbitte leistet» (Nr. 20: «Ihr Menschenbrüder, die ihr nach uns lebt / Laßt euer Herz nicht gegen uns verhärten»). In Konsequenz der bürgerlichen Ordnung wird Macheath natürlich nicht gehängt, sondern begnadigt. Dies wird vorgeführt durch einen Salto mortale in die opernhafte Tradition des «lieto fine», des guten Ausgangs. (Peachum weist darauf ausdrücklich hin mit den Worten: «Damit ihr wenigstens in der Oper seht / Wie einmal Gnade vor Recht ergeht.») Brown erscheint als «reitender Bote» und verkündet die Begnadigung Mackie Messers, die mit einer Erhebung in den Adelsstand verbunden ist, einschließlich Schloß und lebenslanger Rente von zehntausend Pfund (Nr. 21: «Horch, wer kommt! Des Königs reitender Bote kommt!»).

Elisabeth Hauptmann (1897–1973), Mitarbeiterin Bertolt Brechts seit 1924. Sie machte Brecht auf John Gays ‹The Beggar's Opera› aufmerksam und übersetzte das Stück für ihn. Später schrieb Brecht über sie: «Elisabeth Hauptmann war ursprünglich als Lehrerin tätig, arbeitete dann als Übersetzerin englischer und französischer Werke, besonders belletristischer Art (...) Sie war bald meine beste Mitarbeiterin. Sie besitzt eine außergewöhnliche sprachliche Begabung und hat aktiv und kritisch an allen meinen dramatischen Arbeiten mitgearbeitet, auch selber Novellen geschrieben (...) Sie ist einer der verläßlichsten und tüchtigsten Menschen, die ich kenne» (1934). Auch nach dem Zweiten Weltkrieg, seit der Rückkehr Brechts aus der Emigration zurück nach Berlin, war sie für den Dichter tätig und betreute insbesondere die Drucklegung seiner Arbeiten.

Dokumentation

I. Stoffvorlage und Entstehung

Jan Knopf*

Die Dreigroschenoper

Entstehung, Texte

Durch eine Londoner Aufführung wurde Elisabeth Hauptmann 1927 auf John Gays ‹Beggar's Opera› (1728) aufmerksam; der angeforderte Text beeindruckte sie so, daß sie Ende 1927 und Anfang 1928 eine erste Übersetzung Gays anfertigte, die Brecht, obwohl er zur Zeit tief im Projekt des ‹Joe Fleischhacker› steckte (der dann der ‹Dreigroschenoper› zum Opfer fiel), nebenbei zu bearbeiten begann. Mehr zufällig traf Brecht im Berliner Café Schlichter, dem Boheme-Treffpunkt, mit Ernst Josef Aufricht** zusammen, einem jungen Schauspieler, der sich das Theater am Schiffbauerdamm angemietet hatte, dort unter seiner Direktion seine Pläne umsetzen wollte und auf der Suche nach einem geeigneten Stück war: Aufricht beeindruckten die wenigen von Brecht vorgelegten Szenen so, daß er Brecht den Auftrag gab, bis zur Eröffnung des Hauses im August 1928 nicht nur die Bearbeitung zu beenden, sondern auch für die Einstudierung zu sorgen. Von einer Musik war zunächst überhaupt nicht die Rede: Aufricht ging davon aus, daß die Musik Pepuschs, die der Gay-Oper, übernommen werden sollte. Brecht jedoch, der ja bereits über gute Erfahrungen mit Kurt Weill verfügte, beauftragte diesen, eine neue Musik zu schreiben; als Auf-

---

* *Jan Knopf, geb 1944, Literaturwissenschaftler und Brecht-Spezialist, Herausgeber der «Brecht-Journale» und Verfasser des ‹Brecht-Handbuchs› (1980/83), dem der folgende Auszug entnommen ist.*
** *Vgl. dessen Beitrag in der vorliegenden Dokumentation S. 47 f.*

JOHN GAY.

From the Original Picture, painted by W. Hogarth.
Executed in Lithography by M. Gauci.

John Gay (1685–1732), der Verfasser des Textbuchs zur ‹Beggar's Opera› (1728) nach einem Bildnis, das der bekannte satirische und gesellschaftskritische Maler und Kupferstecher William Hogarth (1697–1764) geschaffen hat. Von Hogarth gibt es auch Illustrationen zur ‹Beggar's Opera› (vgl. ferner seine Kupferstichserie ‹The Rake's Progress›, die Vorlage für Strawinskys gleichnamige Oper, die auf den Seiten 250, 252, 254, 256, 258, 260, 262, 264 abgebildet ist).

richt davon hörte – ihm graute vor der atonalen Musik Weills, die allgemein verpönt war –, beauftragte er seinerseits heimlich Theo Mackeben, die Pepusch-Musik zu bearbeiten und eine Partitur für alle Fälle bereitzuhalten.

Die ‹Dreigroschenoper› ist Brechts erste Auftragsarbeit mit einem festen und überaus kurzfristigen Termin, die sich, zunächst unwillig angenommen, dann als großer Glückstreffer erweisen sollte; um ungestört arbeiten zu können, fahren Helene Weigel, Kurt Weill, dessen Ehefrau Lotte Lenya, Sohn Stefan und Brecht an die Riviera (1. Juni 1928), nach Le Lavandou. Brecht und Weill «arbeiteten Tag und Nacht wie die Verrückten, schrieben, änderten, strichen, schrieben aufs neue und unterbrachen ihre Arbeit nur, um ein paar Minuten ans Meer hinunterzugehen»[1]. Im Juli 1928 ist die Arbeit abgeschlossen, die Musik fertiggestellt; Lotte Lenya, die die Jenny spielen sollte, und Helene Weigel als Frau Peachum hatten ihre Rollen bereits gelernt. Im August 1928 begannen in Berlin die Proben, und Aufricht überzeugt sich an der «Tango-Ballade», daß Weill doch wohl die richtige Musik komponiert hatte.

Einen ersten Text, der als Bühnenmanuskript der Einstudierung zugrunde lag, stellte der Theaterverlag Felix Bloch Erben her: er enthält noch den Gayschen Titel, der als «Luden-Oper» übersetzt ist, und die Angaben «übersetzt von Elisabeth Hauptmann», «Deutsche Bearbeitung: Bert Brecht. Musik: Kurt Weill». Dieser Text ist umfangreicher als der endgültige Text der Aufführung, der dann auch den Drucken zugrunde liegt; der Text muß also noch während der Proben gekürzt und umgearbeitet worden sein. Umarbeitung und Kürzung betreffen vor allem die Kipling-Übernahmen: es entfallen die beiden Kipling-Lieder «The Ladies» und «Mary», «Pity Women» (in der Übersetzung bzw. Bearbeitung durch Hauptmann und Brecht), der Text von «Maria, Fürsprecherin der Frauen» (im Zusammenhang der Szene Lucie und Macheath, in der letzterer versucht, Lucie zu überzeugen, daß er nicht mit Polly verheiratet ist) ist ebenfalls ganz aufgenommen, bleibt dann aber nur als Rest (Abschied Macs von Polly) erhalten; außerdem wird die Erinnerung Browns und Macs an ihre gemeinsame Soldatenzeit, die Kipling stark verpflichtet gewesen ist, auf ein Minimum gestrichen; von den genaueren geographischen Angaben u. a. bleibt nur noch der Verweis auf Indien. Es ist wahrscheinlich, daß die Umarbeitung des Textes nahe am Aufführungstermin 28. August

---

1 Lotte Lenya-Weill: Das waren Zeiten. In: Bertolt Brechts Dreigroschenbuch. Frankfurt a. M. 1960, S. 223. *Im vorliegenden Band abgedruckt S. 62 f.*

1928 liegt*, da der Theaterzettel noch den Hinweis hat: «eingelegte Balladen von François Villon und Rudyard Kipling» (freilich wurde der «Kanonen-Song», der an «Mann ist Mann» anklang, von der unmittelbaren Rezeption der ‹Dreigroschenoper› Kipling zugeschrieben, und zwar nicht ganz zu Unrecht, da der Song auf Kiplings Balladen zurückgeht, aber keine Ballade Kiplings ist).

Die Entstehung des «Mackie-Messer-Songs» geht auf die Eitelkeit des Operettenstars Harald Paulsen zurück, der von Brecht verlangte, daß sein Auftritt mit einem eigenen Lied vorbereitet sein sollte, was Brecht mürrisch, aber prompt erledigte und Weill nicht weniger prompt während der Proben vertonte.

Der Name ‹Dreigroschenoper› stammt von Lion Feuchtwanger, der eifriger und interessierter Probengast war: er verlegt den Akzent von den «Luden» (Zuhälter, zugleich Anklänge an «Luder») auf die «Billigkeit» und das neue Bettlermilieu, das die Gaysche Oper noch nicht besessen hatte. Brecht leuchtete der neue Titel unmittelbar ein, er wurde sofort plakatiert.

Die Vorlage: John Gays ‹The Beggar's Opera›

John Gays ‹The Beggar's Opera› wurde 1728 in London publiziert und ebenda im Lincoln's Inn Fields Theatre mit sensationellem Erfolg uraufgeführt. John Gay hatte eine – wie bei Opern üblich – relativ locker gefügte Handlung entworfen, in deren Mittelpunkt der Advokat und Hehler Peachum und sein «Lieferant», der Anführer einer Räuberbande, Macheath, ein Held der Straße ebenso wie des Bettes, stehen; der Konflikt zwischen beiden bleibt unausweichlich, als Polly, Peachums Tochter, sich in Macheath verliebt: der Vater hat mehr und Höheres mit ihr vor, als sie an einen Räuber wegzuwerfen. Macheath wird angezeigt und landet schließlich am Galgen, jedoch ohne, daß das Todesurteil vollstreckt würde, das dem – von allen seinen «Ehefrauen» in der Schlußszene verfolgten – Schürzenjäger am Ende süßer erscheint als die Auslieferung an die Damen. Dieser Schluß freilich, den Gay eigentlich deutlicher hatte herausarbeiten wollen, bleibt abgemildert, in der für Macheath so erscheinenden «Drohung», wirklich heiraten und sich auf eine Dame festlegen zu müssen. Die lockere Handlung wird immer wieder unterbrochen von Songs, deren Musik J. Ch. Pepusch nach alten und zeitgenössischen Balladen komponiert hatte

* *Die Uraufführung fand am 31. August 1928 statt.*

(Pepuschs Musik ist durch Weill im «Morgenchoral des Peachum», 12, erhalten worden, deren Texte aber von Gay aktualisierend umgeschrieben worden waren).

Den Namen hat Gays Oper vom Bettler, der die Oper veranstaltet und auch am Ende dafür sorgt, daß Macheath nicht gehängt wird, weil dies nicht dem Publikumsgeschmack entspreche. Gay parodiert damit den Usus der Barockoper, im Rahmen den Hofdichter als Autor und Arrangeur der Oper auftreten zu lassen; was dieser mit entsprechendem sprachlichen Aufwand und dekorativem Pomp vorführte, gerät bei des Bettlers Oper bescheiden, dürftig, ärmlich. Ebenso dreht sich das Rad der sozialen Standesfolge nach unten: statt Haupt- und Staatsaktionen durch Könige, Fürsten, Prinzessinnen mit Krönungs- und offiziösen Beilagerfeierlichkeiten gibt es nun Raub, Mord und Hurerei durch asoziale Verbrecher und Dirnen.

John Gay (1685–1732) stammte aus bürgerlicher Familie und versuchte durch seine Dichtungen – zunächst feudale Hirten- und Staatsgedichtchen – seinen Aufstieg am Hof zu organisieren; der Erfolg bleibt jedoch aus. Wirtschaftlich durch den «Südseeschwindel» (South Sea Bubble) ruiniert, auf adlige Gönner angewiesen, rächt er sich für den verpaßten Aufstieg mit der ‹Bettleroper›; seine Kritik an der Gesellschaft, ihre Korruption und ihre Abhängigkeit vom Geld bloßlegend, kam nicht aus fortschrittlichem Geist, wie es auf den ersten Blick scheinen könnte, sondern «von rechts»[2], sie galt den bürgerlich orientierten, unternehmerischen Whigs, die nach Queen Anne (1702–14) den ausschlaggebenden Einfluß auf den Hof gewonnen und mit Georg I. (1714–27) «ihren» König auf den Thron gebracht hatten. Gay dagegen hielt es mit den Tories, dem alten Feudaladel, aus dem sich auch seine Gönner rekrutierten, und er geißelt mit seiner Oper Tendenzen, denen die Zukunft gehören sollte: persönliche Tüchtigkeit, die sich über alle Schranken hinwegsetzt, die Bedeutung des Geldes, die Erschleichung von Erbe bzw. seine Okkupation (im Motiv der Frau, der nichts Besseres geschehen könne, als den Mann zu verlieren: sie kann ihn beerben). Jedoch, und dies aus guten Gründen, war Gays Kritik so versteckt, daß ihre Zielrichtung verborgen blieb: Whigs und Tories vermochten es, die ‹Bettleroper› jeweils zu ihren Zwecken zu nutzen. Nicht zuletzt daran lag ihr übermäßig großer Erfolg.

---

2 Werner Hecht: Die «Dreigroschenoper» und ihr Urbild. In: Werner Hecht, Sieben Studien über Brecht. Frankfurt a. M. 1972, S. 83.

*Johann Christoph Pepusch (1667–1752), der in London zur Zeit Hän-
dels ansässige Komponist der ‹Beggar's Opera›, die sich – auch musikalisch – gegen die italienischen Opern Händels richtet und zugleich ein
neues, bürgerliches Publikum ansprechen will.*

Das Verhältnis zur Vorlage

Ernst Schumacher hat zunächst behauptet: «Brecht hielt sich zu seinem eigenen Nachteil zu sehr an den Text des John Gay. Er bearbeitete nur, statt umzuarbeiten.»[3] Dieses Urteil, das zum großen Teil auch zeitgenössisch gewesen ist, galt lange. Inzwischen hat jedoch die Forschung ein differenzierteres Bild zu erarbeiten vermocht, das bis zur Umkehrung des frühen Urteils geführt hat: «Man wird aber bei der Überprüfung derartiger ‹Übernahmen› immer wieder mit Überraschung entdecken, wie wenig Brecht aus fremden Werken entnommen hat. Die Vorlagen, seien es Motive, Fabeln oder Verse, dienten ihm vielmehr als Anregungen zu Gegenentwürfen.»[4]

Gays Neuerung, im Rahmen den Hofdichter durch den Bettler zu ersetzen, eine Neuerung, die formal bleibt (auch trotz der «Umkehrung» von Personal und Geschehen; vgl. dagegen die Übersetzung der Oper von Alice und Hans Seiffert, Leipzig 1960), wird von Brecht inhaltlich gewendet: der Bettler bleibt nicht außerhalb des eigentlichen Geschehens, er wird selbst Personal der Handlung, und zwar, indem er – entsprechend «vervielfältigt», als «Masse» auftretend – dem Unternehmen Peachums, der jetzt Inhaber der Firma «Bettlers Freund» geworden ist, zugeordnet ist: die Bettler arbeiten für Peachum, der ihnen die Ausrüstung besorgt (nach dem Motto: künstliche Verstümmelungen etc. wirken besser als «natürliche») und den «Arbeitsplatz» anweist («wildes» Betteln wird durch Peachums Firma unerbittlich bekämpft). Wenn Brecht auch davor gewarnt hat, diese inhaltliche Wendung seines Stücks als Wendung der ganzen Oper zum «Lumpenproletariat» mißzuverstehen, erreicht er doch damit eine soziale Thematisierung, die Gay nicht gekannt hat, und er lenkt den Blick auf die Opfer, die bei Gay nicht vorkommen: es sind die «Opfer des Verkehrsfortschritts», die «Opfer der Kriegskunst» und die «Opfer des industriellen Aufschwungs» (14).*

Mit der Aufnahme der Bettler ist zugleich eine erste Verdopplung der einfachen Handlungsführung bei Gay bewirkt: Peachum, bei Gay ein Hehler, der für die Räuber unentbehrlich ist, weil er ihre Beute vermarktet, ist bei Brecht Chef eines Bettlerunternehmens, der, um

---

3 Ernst Schumacher: Die dramatischen Versuche Bertolt Brechts 1918–1933. Berlin 1955, S. 223.
4 Hecht, a. a. O., S. 97.
* *Die Angaben von Textstellen aus dem Textbuch der ‹Dreigroschenoper› beziehen sich auf Brechts Dreigroschenbuch, Frankfurt a. M. 1960, S. 11–63.*

«der zunehmenden Verhärtung der Menschen zu begegnen» (12), die Elenden ausbeutet, indem er sie «zu den immer verstockteren Herzen» sprechen läßt. Während Peachum bei Gay seine Tochter benötigt, um mit ihr den eigenen gesellschaftlichen Aufstieg zu organisieren, der Konflikt also zwischen Macheath, dem Lieferanten, und Peachum, dem Hehler, mehr privater Natur ist, stehen sich bei Brecht zwei Unternehmer gegenüber: der eine verfügt über eine Armee von Bettlern und trägt zweifellos monopol-kapitalistische Züge, der andere ist der Chef eines Gangsterunternehmens, der über seine «Angestellten» ebenso verfügt, wie Peachum unter die Bettler «Ordnung» gebracht hat.

Polly, Peachums Tochter, hat bei Brecht demnach für das Geschäft eine andere Funktion; auf der Inhaltstafel heißt es: «Für Peachum, der die Härte der Welt kennt, bedeutet der Verlust seiner Tochter dasselbe wie vollkommener Ruin» (27), und später sagt er: «Wenn ich meine Tochter, die die letzte Hilfsquelle meines Alters ist, wegschenke, dann stürzt mein Haus ein, und mein letzter Hund läuft weg» (28), so bedeutet dies, daß Polly das Aushängeschild des Geschäfts, der Deckmantel der Ehrbarkeit, die bürgerliche Fassade ist, die Peachum braucht, um seine Geschäfte betreiben und die Polizei ablenken zu können; die Sentimentalität, mit der er die Tochter bedenkt, ist nur die andere, wortreiche Seite derselben Sache. Überdies wäre ein Räuber als Schwiegersohn, der über seine Frau Einfluß auf das Geschäft erhalten könnte, indem er von dessen Machenschaften erführe, der denkbar schlechteste Partner. «Dieser andere Geschäftsmann droht, ihn [Peachum] nun dem völligen Ruin preiszugeben, indem er den attraktivsten Gegenstand des Ladens raubt, seine Tochter. ‹Glaubst du denn›, fragt er seine Frau, ‹daß unser Dreckladen noch eine Woche lang geht, wenn dieses Geschmeiß von Kundschaft nur *unsere* Beine zu Gesicht bekommt?›»[5]

Brecht gestaltet auch die Person des Verbrechers um: bei Gay ist Macheath der edle highwayman, der Prototyp des Individualisten, des alten Helden, der sich gegen die feudale Ordnung durchsetzt, der edel und selbstlos ist, mit seinen Kumpanen freundschaftlich verbunden, von ihnen geehrt. Brechts Macheath dagegen ist Unternehmer, der seine «Angestellten» für Gesindel hält, so mit ihnen umgeht, von Freundschaft zwar redet, aber nie in bezug auf sie: er wird dann auch folgerichtig von seiner Gang fallengelassen, als er selbst im Dreck sitzt. Seine Taten sind angemaßt, erborgt, seine «Führung» besteht in Dro-

THE BEGGARS OPERA

Brittons attend — view this harmonious Stage;
And listen to those notes which charm the age
Thus shall your taste in Sounds & Sense be shown,
And Beggar's Opras ever be your own.

Eine der Darstellungen William Hogarths (1697–1764) zur ‹Beggar's Opera›.

hung und Gewalt, aufgebaut auf Verbindungen, die nicht mehr zuverlässig sind, wenn das Geld ausgeht.

Aus dieser neuen Figuren-Konstellation resultiert eine weitere Modifikation der Handlung gegenüber Gay: bei diesem sind Peachum und Lockit, der Polizeichef, einig, indem sie sich in die Hände arbeiten – der eine liefert die Verbrecher, die er nicht mehr benötigt, der andere deckt die Verbrecher, die benötigt werden und kassiert dafür seinen Anteil –, daß derjenige, der ihr Geschäft, ihre Ausgewogenheit zu stören droht, beseitigt werden muß; bei Brecht hingegen hat zunächst Macheath den Polizeichef auf seiner Seite, der durch Peachum erst dazu gezwungen werden muß, gegen den Räuber vorzugehen, indem er ihm androht, seine Bettler als Gegendemonstration bei den Krönungsfeierlichkeiten auftreten zu lassen. Auf diese Weise wird nicht nur die Handlung komplexer, sondern auch die *Widersprüchlichkeit der bürgerlichen Ordnung deutlicher: sie ist ständig durch die Realität bedroht, die sie nicht zu Gesicht bringen darf*; die Ordnungsmacht, die Polizei, korrumpiert sich nach zwei Seiten: wer sich mit den Räubern einläßt, darf nicht vergessen, daß auch die Geschäftswelt ihre Interessen vertreten gewußt haben will; und zur Not greift man zum Mittel, das die Ordnung selbst in Frage stellt: zur Massenbewegung.

Weitere Änderungen betreffen die Rolle der Jenny, die ausgebaut und konkretisiert wird: der zweite Verrat geschieht nun auch durch sie (nicht durch eine andere Dirne wie bei Gay) und nur deshalb, weil ihr erster Verrat ohne entsprechendes Ergebnis bleibt: da die «Lieferung» nicht dingfest ist, erfolgt die Zahlung nicht; um diese sicherzustellen, verrät Jenny Mac noch einmal.

Jennys neues Verhalten verweist – wie Brechts Umgestaltung im ganzen – auf eine neue Motivierung der Handlung: ist sie bei Gay individualistisch, bestimmt durch die Charaktere der Hauptpersonen (wobei eine Nebenperson wie Jenny nicht motiviert zu werden braucht, weil sie gar nicht Charakter wird, ihn nicht entfalten darf), so wird sie bei Brecht durch die Verhältnisse, also das Überpersönliche, Allgemeine bestimmt: «Die Welt ist arm, der Mensch ist schlecht. / Wir wären gut – anstatt so roh / Doch die Verhältnisse, sie sind nicht so» (32).

Werner Hecht hat den Unterschied zwischen beiden Stücken auf folgende Formel gebracht: «1728: Verkleidete Kritik an offenen Mißständen» und «1928: Offene Kritik an verkleideten Mißständen»[6], während Gay seine Kritik unter Anspielung und Parodie versteckte, eine Kritik, die jeder verstand, weil die Zustände, denen sie galt, offenlagen (freilich ohne der Parteilichkeit des Autors gerecht zu werden), mußte Brecht sein Stück so gestalten, daß die Zustände, denen es galt, überhaupt erst einmal in ihrem «So-Sein», ihrer versteckten und beschönigten Realität zum Vorschein kamen. Im Lied vom «Mackie Messer», das der ‹Dreigroschenoper› vorangestellt ist, wird das neue Prinzip vorgeführt:

> Und der Haifisch, der hat Zähne
> Und die trägt er im Gesicht
> Und Macheath, der hat ein Messer
> Doch das Messer sieht man nicht.

6 Hecht, a. a. O., S. 84 bzw. 87.

[9]

SONGS in the BEGGAR's OPERA.

A C T I.

AIR I. An old woman cloathed in gray.

Thro' all the employments of life. Each neighbour a-bu-ses his brother; Whore and Rogue they call Husband and Wife: All professions be-rogue one a-nother. The Priest calls the Lawyer a cheat, The Lawyer beknaves the Di-vine: And the Statesman, because he's so great, Thinks his trade as honest as mine.

AIR II. The bonny grav-ey'd morn. &c.

'Tis Woman that se-duces all mankind, By her we first were taught the

Der erste Song der ‹Beggar's Opera›, dessen Melodie – als einzige – Kurt Weill zweihundert Jahre später notengetreu in die Partitur der ‹Dreigroschenoper› übernommen hat. (Erster Akt, Nr. 3, Morgenchoral des Peachum: «Wach auf, du verrotteter Christ!»)

Brecht deckt das Verborgene, Hinterhältige der Verhältnisse auf, für die das «Messer» des Macheath steht: hinter der friedlichen, wohlanständigen und gut ausgestatteten Fassade lauert eine unerbittliche Raub- und Hackordnung.

Auch in musikalischer Hinsicht sind die Unterschiede zwischen beiden Opern beträchtlich. Gay wandte sich gegen die zu seiner Zeit vorherrschende Händel-Oper, die «Opera seria», die ganz Ausdruck feudaler «Höfischkeit» war, mit ihrem Heroenkult, ihrer schmalzig-sentimentalen Musik, ihrem Prunk, ihrer Irrealität, die «desillusioniert» werden sollten (und zwar ganz im Sinne des «enttäuschten» Bürgers, der gern daran Anteil genommen hätte). Gay schuf eine neue Form der Oper, die *ballad opera*, die durch die die Handlung teils unterbrechenden, teils fortführenden neunundsechzig Balladen bestimmt ist; die Musik Pepuschs baute auf alten «volkstümlichen» Melodien auf, sie fortführend und zugleich erneuernd. Diese neue «realistische» Musik setzt die Tendenz der Desillusionierung des Gay-schen Texts adäquat um; ihr Erfolg war, daß Händels Royal Academy of Music vorübergehend zu schließen hatte und nie wieder die alte Bedeutung erreichte.

Wenn die Händel-Oper sich auch während der zwanziger Jahre des 20. Jahrhunderts erneuter Beliebtheit erfreuen konnte – als Ausdruck ihrer restaurativen Haltung –, ist Weills und Brechts Oper nicht gegen die neue Händel-Oper gewendet. Wenn sie schon gegen eine überkommene künstlerische Form gewendet sein sollte, dann gegen die Oper insgesamt. Aber der eigentliche Grund liegt woanders: Weill und Brecht ging es darum, die Musik für die Sozialkritik nutzbar zu machen, *ihre* Ausdrucksmöglichkeiten zu suchen, und zwar gerade auch dadurch, daß man zu einem nicht geringen Teil ihre «narkotischen Reize» bewahrte, sie aber in einen Kontext eingliederte, der ihnen widersprach, der dazu zwingen sollte, sich der entrückenden Wirkung bewußt zu werden: der Widerspruch zwischen Handlung und Musik wurde thematisiert und gezeigt, wozu vor allem auch der Aufwand an epischen Formen beitragen sollte. Daß der Erfolg der ‹Dreigroschenoper› gerade auf dem Mißerfolg dieser künstlerischen Intentionen beruht, ist die historische Ironie, die das Stück ereilt hat. Brecht versuchte ihr zu entgehen, indem er den Stoff neu bearbeitete: erst in der ‹Beule›, dem Drehbuch für den ‹Dreigroschenfilm›, dann im ‹Dreigroschenroman›.

II. Probenarbeit und Uraufführung

Ernst Josef Aufricht*

Auftrag, Probenarbeit und Uraufführung der ‹Dreigroschenoper›

Ich kannte Brecht nicht persönlich, kannte aber seine literarischen Experimente auf der Bühne und schätzte seine Gedichte.

Sein langes Gesicht hatte oft den asketischen Ausdruck eines Mönches, manchmal die Durchtriebenheit eines Galgenvogels. Er hatte dunkle stechende Augen, die gierig und hungrig alles, was sich ihnen anbot, aufsaugten. Er war dürr, mit abfallenden Schultern. Seine ungepflegte proletarische Aufmachung mit Mütze, Joppe und nacktem Hals habe ich immer für eine Brechtsche «Verfremdung» gehalten. Trotzdem sein Äußeres eher abstieß, war er anziehend.

Wir setzten uns zu ihm an den Tisch und stellten unsere Gretchenfrage. Er fing an, uns eine Fabel zu erzählen, an der er gerade arbeitete. Er merkte wohl, daß wir nicht interessiert waren, denn wir verlangten die Rechnung.

«Dann habe ich noch ein Nebenwerk. Davon können Sie morgen sechs von sieben Bildern lesen. Es ist eine Bearbeitung von John Gays ‹Beggar's Opera›. Ich habe ihr den Titel ‹Gesindel› gegeben. Die ‹Beggar's Opera› wurde 1728 uraufgeführt, nicht in London, sondern in einer Scheune in einem Vorort, sie behandelte verschlüsselt einen Korruptionsskandal: der berüchtigte Gangster ist mit dem Polizeiprä-

---

* *Der im Jahre 1899 geborene Ernst Josef Aufricht mietete, nach einer mißlungenen Karriere als Schauspieler, das Berliner Theater am Schiffbauerdamm und suchte zur Eröffnung (geplant September 1928) ein Stück. Der Zufall brachte ihm mit der Bekanntschaft Brechts sogleich einen triumphalen Theatererfolg als Produzent ein.*

sidenten befreundet und macht mit ihm Geschäfte. Der Gangster stiehlt einem sehr mächtigen Mann die einzige Tochter und heiratet sie. Der Mann ist der Chef der Bettler, er kleidet sie ein, bildet sie aus und stationiert sie nach ihren Qualitäten. Das Ende steht im siebenten Bild, das ich nur skizziert habe.»

Diese Geschichte roch nach Theater. Wir verabredeten, am nächsten Morgen das Manuskript aus der Spichernstraße, wo Brecht ein möbliertes Zimmer bewohnte, abzuholen.

Fischer ging in die Spichernstraße, und da sie nicht weit von der Meinekestraße liegt, wartete ich dort bei meinen Schwiegereltern auf ihn. Er kam im Regen mit den aufgeweichten und leicht zerlaufenden Schreibmaschinenseiten. Wir lasen, und ich war von der Frechheit und dem trockenen Witz, heute ist beides stumpf geworden, sowie durch die Andeutung eines neuen Stils sofort angetan und entschlossen, mein Theater mit ‹Gesindel› zu eröffnen. Fischer war derselben Ansicht. Wir telefonierten mit Brecht, der uns mitteilte, daß noch ein Musiker dabei wäre, Kurt Weill, dessen zwei Operneinakter ‹Der Zar läßt sich fotografieren› und der ‹Protagonist› mit Texten von Georg Kaiser in der Charlottenburger Oper zu hören waren. Ich ging bald hin, fand Weills Musik für ein Theaterstück zu atonal und bat Theo Mackeben, den ich mit der musikalischen Einstudierung beauftragt hatte, sich die Originalmusik der ‹Beggar's Opera› von Pepusch zu beschaffen, um einen Ersatz bereit zu haben.

Mit Engel, dem der Brechtsche Text auch gefiel und der wie verabredet die Regie der Eröffnungsvorstellung übernommen hatte, überlegten wir die Besetzung. Wir sahen das Stück so, wie es geschrieben ist, als lustige literarische Operette mit einigen sozialkritischen Blinklichtern. Den einzigen aggressiven Song «Erst kommt das Fressen, dann kommt die Moral» nahmen wir ernst. Die politische Realität hatte noch nicht drastisch bewiesen, daß, wenn die Moral verschwindet, das Fressen auch verschwunden ist. Brecht und Weill waren keine Klassiker. Die tiefsinnigen Auslegungen über die sozialpolitische Aussage der ‹Dreigroschenoper›, an denen sich später auch Brecht beteiligte, haben dem Stück rückwirkend eine falsche Bedeutung gegeben.

Den Mackie Messer besetzten wir mit Harald Paulsen. Er war flink und geschmeidig. Er konnte singen und tanzen. Im Affekt hatte er etwas Unkontrolliertes und wirkte unheimlich. Für die Polly verpflichteten wir Carola Neher. Sie war die Idealbesetzung für die Rolle, eine Sumpfblüte unter dem Mond von Soho. Das flächige, regelmäßige Gesicht mit der Katzennase konnte ebenso lustig wie traurig sein. Sie war neben Lotte Lenya die beste Interpretin Brechtscher Texte und

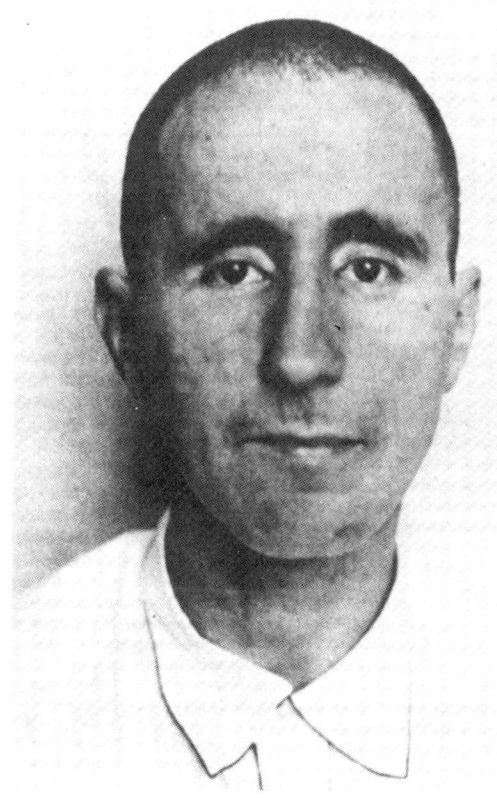

Bertolt Brecht zur Zeit der ‹Dreigroschenoper›
(Berlin 1928).

Songs von Weill. Sie hatte die große Schnuppigkeit über dem Klirren eines zerbrochenen Herzens. «Lieben Sie mich?» fragte sie mich später einmal. «Ja», antwortete ich, «auf der Bühne.» Für den Peachum hatte ich einen Kollegen aus meiner Dresdner Schauspielerzeit geholt, der bis dahin nicht zu bewegen war, in Berlin zu spielen. Ein kleiner, dürrer Mann mit einem faltigen Gesicht und einer großen Nase und zwei listigen Augen. Erich Ponto hatte eine enorme Spannweite als Schauspieler. Er spielte den rührenden, leisen Jau in Gerhart Hauptmanns ‹Schluck und Jau›, und er hatte die Schärfe und den Witz für die Rolle des Mephisto.

Frau Peachum war Rosa Valetti, die große Frau des Berliner Kabaretts mit dem zerfurchten Gesicht, der vulgären Stimme und der Berliner Kodderschnauze.

Der Tigerbrown war der riesenhafte, unförmig dicke Kabarettkomiker Kurt Gerron.

Seine Tochter Lucy war die Balladensängerin Kate Kühl mit ihrer tiefen eindringlichen Stimme.

Die kleine Rolle des Polizisten Smith spielte Ernst Busch. Als Brecht und Weill, die in Südfrankreich an Stück und Musik weiterarbeiteten, zurückkamen, waren sie von der Besetzung beeindruckt. Am 1. August begannen die Proben, für den 31. war die Premiere und Eröffnung des Theaters festgesetzt.

Unsere Büroräume waren durch den Hof zu erreichen und lagen in der ersten Etage. In einem mittelgroßen Raum an einem Doppelschreibtisch saßen Fischer und ich uns gegenüber. In einem kleinen daneben die Theatersekretärin und Buchhalterin in einer Person, ein Fräulein Schwarz. Sie war das gesamte Büropersonal des Theaters. Anschließend das kleine Zimmer von Vambery: Die Dramaturgie. Im Parterre lag neben den beiden Stargarderoben und gegenüber einer Tür, die zur Bühne und zur Beleuchtungsbrücke, und einer anderen Tür, die in den Zuschauerraum und in meine Loge führte, das Zimmer Vier, so genannt, weil an seiner Tür ein Schild mit der Nummer Vier angebracht war. Ein Eckschrank, in den die Regisseure ihre Garderobe hingen, ein Sofa, zwei Sessel und mehrere Stühle sowie ein Schreibtisch waren die Einrichtung. Auf allen Möbelstücken, an allen Wänden entlang und auf dem Fußboden standen leere Kaffeetassen und gefüllte Aschbecher. Durch dieses Zimmer Vier ging der Pulsschlag des Theaters. Zu allen Zeiten, auch nachts, wenn in dem Theater gearbeitet wurde, war es vollgestopft von Zugehörigen und Nichtzugehörigen, von Schauspielern und Theaterschülern, Regisseuren, Bühnenautoren und Journalisten, Agenten und Verlegern, Billetthändlern, Schwätzern und Parasiten, die alle zusammen das Arbeitsklima des Theaters ausmachten. Von dort verteilte sich diese Masse in die Büros, in die Gänge und in den Zuschauerraum und flutete wieder zurück. Wir hatten keine Bürostunden. Wir hielten uns zu jeder Tageszeit und oft auch die Nächte in unserem Theater auf. Wir diskutierten und stritten ad hoc im Theater und nicht auf Kongressen und in Versammlungen, wo die Teilnehmer auf einem Podium als Redner glänzen

Kurt Weill beim Komponieren, um 1927.

wollen und das Objekt zweitrangig wird. Unsere Diskussionen gingen nicht nur um Theorien, sondern befaßten sich mit der Perfektionierung der Aufführung, die gerade vorbereitet wurde.

In den ersten Probentagen wurden mir in meinem Büro Kurt Weill und seine Frau gemeldet.

«Ich will Ihnen morgen meine Musik vorspielen, und ich habe noch einen Wunsch, ich möchte, daß meine Frau die Jenny, eine der Huren, spielt.»

Ich war unangenehm berührt. Ich kannte Lotte Lenya als Schauspielerin nicht, hatte auch nie von ihr gehört. «Gut», sagte ich trotzdem, denn sie sah begabt aus, hatte schöne Bewegungen und gefiel mir. «Weill wird mir auch einen Song komponieren», sagte sie in der Tür. Ziemlich unverschämt ist die, dachte ich, und: dem kleinen Weill kommt eine so attraktive Frau gar nicht zu.

In der Requisitenkammer stand ein Klavier. Es wurde auf die Bühne gebracht; Mackeben, Fischer, Vambery und ich hörten zu. Der kleine sanfte, bebrillte Mann mit einer leisen metallenen Stimme, die genau das ausdrückte, was er wollte, fing an zu spielen und zu singen. Ich glaube, wir alle waren zuerst befremdet, dann schlich sich Vambery an mein Ohr und flüsterte: «Die Musik ist eine genauso große Chance für den Erfolg wie das Stück.» Je länger Weill spielte, desto mehr nahm meine Voreingenommenheit ab. Trotz der Fremdheit hatte diese Musik etwas Naives, zugleich Raffiniertes und Aufregendes, das mich anrührte.

Mackeben übernahm die Einstudierung der Songs, die Zusammenstellung einer Jazzband, den Part am Flügel und gleichzeitig die Funktion des Dirigenten. Da in dem Theater nicht gespielt wurde, konnten morgens und abends Proben stattfinden. Am 4. oder 5. August waren alle Mitwirkenden aus den verschiedenen Sommerfrischen zurück, nur die Neher fehlte. Sie war mit dem todkranken Lyriker Klabund verheiratet, der an einer unheilbaren Tuberkulose litt. Beide hielten sich in einem Sanatorium in St. Moritz auf. Wir schrieben, wir telegrafierten und blieben ohne Antwort. Als ich sie endlich telefonisch erreichte, sagte sie mit leiser Stimme, daß Klabund in der Agonie liege, ich sollte aber die Rolle nicht umbesetzen. Wir telefonierten zweimal täglich. Nach einigen Tagen starb er, sie reiste ab und kam zur Probe. In ihrem schwarzen, hochgeschlossenen Kleid mit langen Ärmeln sprach sie die ersten Sätze, und ich sah und hörte, wie sie sich mit der Rolle deckten. Wir probierten einige Zeit, und das Stück sollte zum erstenmal durchlaufen. Es war eine Abendprobe, wir wollten nicht unterbrechen und nicht eingreifen. Es war normal, daß bald auf der Bühne chaotische Zustände ausbrachen, es wurde selbstverständlich unterbrochen, es gab Diskussionen zwischen den Schauspielern, dem Autor und dem Regisseur, es wurde Text umgeschrieben, Stellungen verändert, geschrien und beruhigt, bis plötzlich die Neher erklärte, sie spiele nicht, die Rolle wäre zu klein. Brecht mischte sich sofort ein:

«Ich bringe das in Ordnung, bitte, den Vorhang herunter!» Er ließ auf die Bühne einen kleinen Tisch tragen, die Neher saß neben ihm, und er begann zu schreiben. Im Zuschauerraum warteten geduldig die übermüdeten Schauspieler, denen ich immer wieder gut zuredete. Um fünf Uhr morgens hatte sich ihre Geduld erschöpft. Sie wollten das noch fehlende letzte Bild probieren oder schlafen gehen. Ich ging auf die Bühne, Brecht lieferte eifrig Sätze, und die Neher kassierte sie mit Genuß. Als ich beiden vorschlug, ihre Arbeit in meinem Büro fortzusetzen, stand sie auf, schmiß mir das Manuskript vor die Füße: «Spielen Sie das Zeug allein!» und verließ das Theater. Es war eine Woche vor der Premiere, und wir mußten die weibliche Hauptrolle umbesetzen.

«Nehmen Sie einen Strauß Rosen, das Brautkleid der Polly und den Erich Engel und versuchen Sie, die Neher umzustimmen», sagte Brecht, «Sie wissen selbst, was Sie verlieren, wenn Sie sie nicht zurückholen können.» Da er recht hatte, bat ich Engel, der seine Proben wegen schon eingetretenen Zeitmangels nicht unterbrechen wollte, mich zu begleiten. Mit dem Blumenstrauß und einem Karton mit dem Kleid fuhren wir hin. Wir klingelten, ich gab die Rosen dem Dienstmädchen. Wir wurden in ein kleines Eßzimmer einer bescheiden möblierten Wohnung geführt und zu warten aufgefordert. Es war ein sehr heißer Augusttag, und wir warteten. Wir warteten eine halbe Stunde, öffneten die Tür zum Korridor, riefen mehrmals: «Fräulein» und «Hallo», niemand reagierte. Wir warteten weiter. Nach wieder einer halben Stunde kam das Mädchen und meldete:

«Die gnädige Frau empfängt heute nicht.»

«Sagen Sie der gnädigen Frau, ich bin zu gut erzogen, sonst würde ich ihr die Antwort zukommen lassen, die sie selbst in der gleichen Situation geben würde.»

Wir fuhren mit dem Karton in das Theater zurück. Jetzt mußten wir umbesetzen. Die Zeit drängte. Wir mobilisierten alle Agenten und befreundeten Direktionen; fürchterliche Schauspielerinnen meldeten sich. Die meisten guten Schauspieler waren in den Proben für Premieren, die die Saison eröffneten.

Endlich hatten wir das Glück, Roma Bahn zu finden. Diese grazile, blonde blauäugige Frau war herb und unsentimental; in vier Tagen lernte sie die ungewöhnliche Musik, den schwierigen Text und war in der Premiere fehlerlos.

Wie eine Katze die Maus belauerte Mackeben die Schauspieler, wenn sie während der Proben von der Bühne abgingen, und schleppte sie an das Klavier. Als Stück und Musik zusammengefügt wurden und die Singenden ohne jede Hilfe des Dirigenten mit dem Rücken zum Orchester standen – das Orchester war in eine große Orgelattrappe im Hintergrund der Bühne placiert –, waren sie durch die intensive Arbeit von Mackeben ohne Schwierigkeiten in der Lage, ihre Aufgabe zu erfüllen. In der Pariser Aufführung weigerten sich die französischen Schauspieler, ohne Stütze zu singen; das Orchester war dort wie üblich im Vordergrund, und der Dirigent gab ihnen den Einsatz.

Die klare Landschaft Brechtscher Worte, die dünne Luft Brechtscher Diktion waren für die Schauspieler ungewohnt. Ein ungewöhnlicher Stil und eine ungewöhnliche Musik wirkten befremdend. Sie

Szenenfoto aus dem letzten Akt der ‹Dreigroschenoper› in der
Uraufführung im Berliner Theater am Schiffbauerdamm (31.
August 1928) mit (von links nach rechts) Erich Ponto (Pea-
chum), Roma Bahn (Polly), Harald Paulsen (Macheath) und
Kurt Gerron (Tiger Brown).

fanden nicht den vertrauten Boden des gewohnten Theaterstücks. Eine große Unsicherheit breitete sich über alle Mitwirkenden aus. Dazu kam, daß nichts fertig werden wollte, ich aber dezidiert erklärte, daß ich am 31. August, meinem Geburtstag, meine Eltern zur Premiere eingeladen habe und auch ein halbes Stück spielen werde. Meine Unbefangenheit war mein Glück, sonst wäre die Aufführung endlos verschoben worden. Die erste Auseinandersetzung zwischen Engel und Brecht betraf die Songs. Brecht wollte, daß sie so gesungen werden, als ob sie nicht zur Handlung gehörten. Die Bühne verdunkelte sich, vom Schnürboden pendelten vier altmodische Petroleumlampen herab, der Sänger stand allein im Scheinwerferlicht, im Hintergrund wurde die Orgelattrappe sichtbar, und man sah im Parterre der Orgel in der Mitte den Pianisten Mackeben, rechts und links von ihm je einen Musiker, über diesen beiden noch zwei Musiker. Mehrere von ihnen spielten mehrere Instrumente. Nach dem Song verschwand die Orgel im Dunkel, die Lampen wurden hochgezogen, das Licht blendete so auf, wie es vor dem Song war. Dieses Arrangement wollte Engel unter keinen Umständen akzeptieren. Da Brecht nicht bereit war, Konzessionen zu machen, schlug Engel vor, die Musik zu streichen. Selbstverständlich ging man darauf nicht ein. Der Darsteller des Macheath, Harald Paulsen, der meist in Operetten aufgetreten war, zeigte sich in seinem schwarzen Maßanzug von Hermann Hoffmann, damals ein erstklassiger Herrenschneider. Den Sakko doppelreihig auf Taille im Stil der Jahrhundertwende, die Hosen eng anliegend mit Stegen, Lackschuhe mit weißen Gamaschen, den dünnen Degenstock in der Hand, die Melone auf dem Kopf, federte er über die Bühne. Sein Jackett war hochgeschlossen, ein weißer Stehkragen mit eingebogenen Ecken gab ihm etwas Gediegenes. Dieses Kostüm ergänzte er nach seinem Geschmack mit einer großen, seidenen, hellblauen, flatternden Schleife. Die blaue Schleife in der Farbe seiner Augen, das war die erprobte Sicherheit, auf die er nicht verzichten wollte und die er dem ihm unverständlichen Wahnsinn um ihn herum entgegensetzte. An die blaue Schleife klammerte er sich mit beiden Händen, von ihr wollte er sich nicht trennen, eher von der Rolle. Ein ungeheuerliches Gebrüll ging los, das ganze verdichtete sich zu einer Katastrophe, da Paulsen bereits heiser wurde und die Aufführung gefährdet war. Jetzt hatte Brecht einen Einfall. «Lassen wir ihn so süßlich und charmant», sagte er im Büro, «Weill und ich führen ihn durch eine Moritat ein, die seine grausigen Schandtaten besingt, um so unheimlicher wirkt er mit seiner hellblauen Schleife.» So entstand der populärste Song der ‹Dreigroschenoper›: «Und der Haifisch, der hat Zähne . . .»

Das fünfte Bild, das Bordellbild, kam nicht von der Stelle. Helene Weigel, Brechts Frau, sollte die Madame des Hauses mit gelähmtem Unterleib darstellen. Sie rollte auf einem Gestell mit Rädern auf die Bühne, wurde auf den Tisch gehoben, um von dieser Höhe den Betrieb zu dirigieren. Eine Blinddarmreizung bestimmte ihren Arzt, ihr die hockende Stellung zu verbieten, und so fiel die Rolle aus, die dramaturgisch nicht in diese Szene paßte. Wir schrieben das fünfte Bild während der Mittagspause im Hotel Bristol um.

Angezogen von dem Spektakel «Ritt über den Bodensee» – so wurde das Unternehmen in Theaterkreisen beurteilt –, kamen viele Neugierige zu den Proben. Allgemein war die Ansicht, daß das Schauspiel nicht zu Ende gespielt würde, keinesfalls die Premiere überdauern könnte. Der Regisseur Karl Heinz Martin und andere, wie der Ehemann der Darstellerin der Frau Peachum, Herr Singer, verließen das Theater während der Generalprobe, weil, wie Martin in der Stadt erzählte, ich ihnen so leid tat. Singer unterschrieb einen Vertrag für seine Frau Rosa Valetti mit dem Kabarett der Komiker, der einen Tag nach der Premiere der ‹Dreigroschenoper› begann.

Karl Kraus, der einem großen Teil der Proben in einer Loge versteckt beigewohnt hatte, schrieb die zweite Strophe vom Zankduett, da seiner Meinung nach das Publikum von einer nicht genug haben wird. Brecht akzeptierte gern dieses Geschenk. Die Generalprobe dauerte bis sechs Uhr morgens, die Schauspieler und Musiker und das technische Personal verließen das Theater. Wir setzten uns zusammen, das Stück war eine Dreiviertelstunde zu lang. Verschiedene Songs, darunter der Salomon-Song, hervorragend von Lotte Lenya interpretiert, mußten gestrichen werden. Von dem siebenten Bild, dem Hauptbild des Peachum – Erich Ponto –, fiel die Hälfte weg. Dann gingen alle erschöpft nach Haus. Ich schlief eine Stunde und war um zehn Uhr wieder im Theater. Heute, sagte ich mir, sehe ich diese ganzen aufgeregten Leute nicht vor Anfang der Premiere. Ich wurde im Theater schon erwartet. Ein junger Mann, Naphtali Lehrmann, kam auf mich zu und hatte ein Anliegen. Er war der Darsteller des Filch. Brecht hatte ihn für die Rolle empfohlen, obwohl er kein Schauspieler war, sondern ein stellungsloser Lehrling, der Buchhändler werden wollte. Mit der ganzen Überheblichkeit und Verachtung eines Jungkommunisten gegenüber dem Ausbeuter erklärte er mir:

«Sie haben mich für die tarifliche Mindestgage von zehn Mark pro Tag engagiert. Ich bin kein Schauspieler und will auch keiner werden. Sie können mich nicht auf die schwarze Liste setzen lassen oder mir irgend etwas tun, ich besitze nichts. Ich verlange dreißig Mark pro

Szenenfoto aus dem letzten Akt der ‹Dreigroschenoper› in der Berliner Uraufführung mit Rosa Valetti (links) als Frau Peachum, Harald Paulsen als Macheath und Roma Bahn als Polly.

Abend oder ich verschwinde jetzt, bin heute unauffindbar, und Sie haben keine Premiere.» Ich sagte: «Einverstanden!» und wollte ihn am nächsten Tag umbesetzen.

«Ich verlange sofort einen Vertrag über zwei Monate und einen größeren Vorschuß.» Ich rief Brecht an, in das Theater zu kommen und mit seinem Protegé zu reden. Den Jüngling bat ich zu warten, es sei keine Sekretärin im Haus. Brecht redete ihm lange ins Gewissen. Das Resultat war 20 Mark pro Tag und der Vorschuß.

Als nächster kam Erich Ponto mit zwei Handkoffern in mein Büro. Er hatte gepackt, wollte sich verabschieden, um mit dem Mittagszug nach Dresden zurückzufahren. Man hatte ihm die große Verkürzung im siebenten Bild, die hauptsächlich seinen Text betraf, mitgeteilt. Er weigerte sich, nur einen Teil der Rolle, für die er sich verpflichtet hatte, zu spielen. Jetzt war ich ratlos. Ich konnte ihn nur bitten. «Ihrer Frau und Ihrer Kinder wegen –» er verkehrte in unserem Haus – «packe ich die Koffer wieder aus.»

Ich ging vom Büro auf die Bühne. Ein halbhoher Bühnenvorhang, der nach beiden Seiten aufgezogen wurde und an einem schwarzgefärbten und dadurch unsichtbaren Draht lief, war übermannshoch aufgespannt. Er ersetzte den großen Vorhang, der nur in der Pause und am Schluß gezogen wurde. Hinter diesem Zwischenvorhang bauten die Bühnenarbeiter in Filzschuhen und fast ohne Licht geräuschlos um, während die Musik weiterspielte. Für diesen Vorhang brachte man einen roten, mit Grün umsäumten schweren Seidenstoff, der mit bunten Papageien bestickt war. «Das ist das Leichentuch der Premiere», erklärte ich. Nach erregten Diskussionen gab Caspar Neher, der Bühnenbildner, nach. Zufällig war ungefärbte Sackleinwand in ausreichender Menge im Hause. Sie wurde an Rollen befestigt, zugezogen; Neher nahm einen Topf mit schwarzer Farbe und einen groben Pinsel und malte auf diesen Vorhang den endgültigen Titel ‹Die Dreigroschenoper›. Und jetzt kam das Pferd, besser noch das Roß. Es war ein lebensgroßer, galoppierender Apfelschimmel mit feurigen Nüstern. Auf ihm sollte der reitende Bote der Königin aus dem sich plötzlich öffnenden obersten Teil der Orgel auf zwei Schienen auf die Bühne rutschen. Leider war der Winkel der Schienen falsch berechnet und Bote und Roß wären im Zuschauerraum gelandet. Die Maschinerie zu ändern war vier Stunden vor Anfang der Premiere nicht möglich. «Das Pferd kommt oder das Stück wird nicht gespielt!» erklärte kategorisch Brecht. Er hatte inzwischen dem Pferd vier Räder anschlagen lassen und zog das Tier strahlend auf die Bühne. «So wird es am Abend gemacht. Ein Statist zieht es am Zügel mit dem Gerron im Sattel in die

Erich Ponto (1884–1957) in der Rolle des Jonathan Jeremiah Peachum bei der Berliner Uraufführung der ‹Dreigroschenoper›.

Mitte!» – «Nein», sagte ich, «wir haben hier kein Kindertheater!» – «Dann», schlug Brecht vor, «steht es beim Aufgehen des Vorhangs schon draußen auf der Bühne.» Einer bemerkte richtig: «Der Deus ex machina, der reitende Bote der Königin, der das Hängen verhindert, ist so im Eimer.»

«Dann», sagte Brecht, «wird es einfach zugedeckt und für den reitenden Boten aufgedeckt!» Er ließ Planen holen und deckte es zu.

«Diesen häßlichen Klotz will ich nicht im Schlußbild auf der Bühne haben», sagte ich. Im Zuschauerraum rang die Weigel die Hände und jammerte: «Das Pferd, das Pferd!»

Brecht hatte jetzt alles auf das Pferd gesetzt und hatte wieder eine neue Idee. Aber dazu kam es nicht mehr. Der Maschineriedirektor Sachs kam zu mir: «Eine Anzahl Projektionen ist nicht ausprobiert. Wenn Sie um halb acht anfangen wollen –» es war bereits sechs Uhr, die Reinemachefrauen kamen mit dem Besen in den Zuschauerraum – «brauche ich jetzt die Bühne!»

59

«Bitte, die Bühne räumen und den eisernen Vorhang herunterlassen, die Probe ist jetzt zu Ende!» mußte ich anordnen.

«Dieses Theater habe ich zum letztenmal betreten!» schrie Brecht. «Ich auch», sagten Weill und Neher. «Würden die Herren uns das schriftlich geben?» forderte Fischer sie auf. Und da sie alle richtige Theaterleute waren, kamen sie pünktlich um halb acht Uhr zur Premiere, der reitende Bote der Königin kam zu Fuß und stellte sich auf ein kleines Rasenstück, das ein Statist für ihn ausbreitete.

Die Arbeiten auf der Bühne dauerten noch an, als das Publikum schon im Zuschauerraum war. Ich zog mich im Büro um und ging in meine Loge.

Wir hatten nicht das übliche Programmheft mit Bildern und Inseraten, sondern eine Zeitung, *Das Stichwort* genannt und von Heinrich Fischer redigiert, die Aufsätze über Theater und Literatur enthielt. Alfred Kerr, der Papst unter den Kritikern, schlug neugierig die Zeitung auf, fand auf der ersten Seite zwei Gedichte von seinem Feind Karl Kraus und steckte sie indigniert in die Rocktasche. Da er außerdem durch einen Irrtum neben dem verhaßten und bekämpften Kollegen Herbert Jhering saß, vereisten beide.

Ich gab das Klingelzeichen zum Anfang. Es kam die Ouvertüre in Form einer Fuge. Das Publikum war konsterniert. Der Vorhang ging auf, ein Teil des Ensembles stand um einen Leierkasten und der Schauspieler Gerron, als Drehorgelmann angezogen, begann zu drehen und zu singen «Und der Haifisch, der hat Zähne . . .», aber der Leierkasten gab keinen Laut von sich, man hatte vergessen, ihn anzustellen. Erst in der zweiten Strophe setzte, welche Erlösung, das Orchester ein. Das Ehepaar Peachum zog vorbei, ihre Tochter Polly im Troß. Der dunkle Schatten von Macheath mit seiner lichtblauen Schleife, den Degenstock unter den Arm geklemmt, den Hut schief auf dem Kopf, tauchte auf und überquerte mit leichtem Pantherschritt die Bühne, verfolgt von den gierigen Blicken der Huren, angeführt von Lenya, die mit spitzer Stimme mit dem Satz: «Das war Mackie Messer», das Bild beendete. Das Bild wurde bestaunt, aber nicht applaudiert. Im zweiten Bild belehrte Erich Ponto in seiner präzisen und suggestiven Art die Zuschauer über sein schwieriges Geschäft, den Menschen in den unnatürlichen Zustand zu versetzen, in dem er bereit ist, Geld herzugeben. Die Ablehnung des Bildes war spürbar. Keine Hand regte sich. Ich merkte, wie Fischers Knie, er saß neben mir, zitterte. Das Hochzeitsbild lief an. An keiner komischen Stelle wurde gelacht, das Publikum gefror. Plötzlich, die Männer auf der Bühne hatten den Kanonen-Song gesungen, kam der Durchbruch. Der Zuschauerraum taute nicht langsam auf, er geriet in Siedehitze. Klatschend, rufend, trampelnd verlangte man eine Wiederholung. Ich hatte vor der Vorstellung jede Wiederholung von Songs als unseriös verboten. Aber da man die Schauspieler nicht weiterspielen ließ und sie hilflos in meine Loge sahen, gab ich die Einwilligung zum Dakapo. Von diesem Moment an war jeder Satz und jede Note ein Erfolg.

Die Pause kam. Ich ging hinter die Bühne und traute meinen Ohren nicht. Der ruhige Weill brüllte und tobte: «Dieser Saustall! Dieser Schweinestall! Meine Frau spielt nicht weiter! Ich erlaube es nicht!»

Er hielt mir das Programmheft hin und tatsächlich, die Lenya war im Personenverzeichnis nicht aufgeführt, die Lenya, die soeben mit ihrer Tango-Ballade einen großen Szenenapplaus hatte. Sie war mir behilflich, Weill zu beruhigen, und nach der Vorstellung riefen wir alle Redaktionen an, um das Versäumnis zu berichtigen.

Ich wußte nicht, daß dieser Abend als der größte Erfolg der zwanziger Jahre in die Theatergeschichte eingehen wird. Der erfahrene Theaterpraktiker und Direktor der Volksbühne, Heinrich Neft, gratulierte mir zu dem großen künstlerischen Erfolg und riet mir freundschaftlich, sofort ein anderes Stück zu probieren. Er schätzte die Laufzeit der ‹Dreigroschenoper› auf einen Monat. Carola Neher gratulierte mir: «Wie lange hat die andere Vertrag? Ich muß die Polly spielen!»

Nach der Premiere aß ich mit meinen Eltern und Schwiegereltern. Später in der Nacht traf ich in einem Lokal das Schauspielerehepaar Straub-Reuß. Mit ihnen und meiner Frau fuhr ich, des Schlafens entwöhnt, nach Werder zum Frühstück.

Als wir zurückkamen, kaufte ich das ‹Zwölf Uhr Mittagsblatt›, das bereits früh um neun Uhr erschien, um vor der *BZ am Mittag* einen Vorsprung zu haben. «Das war ein großer Sieg!» Der Kritiker prophezeite eine Serie von 500 Aufführungen. Im Theater wurde an zwei Telefonen telefoniert und Kartenbestellungen entgegengenommen, es war bereits für drei Wochen ausverkauft. Das war gut, denn ich hatte noch 12 000 Mark auf der Bank. Viele unvorhergesehene Ausgaben, zum Beispiel ein neuer Heizungskessel, eine neue Berieselungsvorrichtung und andere notwendige Reparaturen im Theater hatten mein Konto soweit erschöpft.

‹Die Dreigroschenoper› lief bei ausverkauften Häusern, wie es Walter Steinthal, der Kritiker des *Zwölf Uhr Mittagsblattes,* vorausgesagt hatte. Ein Ende war nicht abzusehen.

Am Schluß seiner Kritik der Uraufführung schrieb der bekannte Berliner Theaterkritiker Alfred Kerr: «Dann steht auf dem Zettel: ‹Huren›. Vier Künstlerinnen wirken hier mit – und eine davon scheint aus München zu kommen. Die war sehr, aber sehr gut. Im Stimmklang erinnert sie an Carola Neher. Ja, die war im Artikulieren besonders gut. Mit ehernem Griffel hier verzeichnet.» Da ihr Name irrtümlich auf dem Theaterzettel vergessen worden war, konnte Kerr ihren Namen nicht kennen: Es war Lotte Lenya, die Frau Kurt Weills. Die im Jahre 1898 geborene Wienerin, in ärmlichen Verhältnissen aufgewachsen, lernte Weill in Berlin kennen, gerade als sie dort ihre Bühnenlaufbahn begann. Sie wurde dabei von dem Dramatiker Georg Kaiser gefördert, der für Kurt Weill die Libretti zu den Opern ‹Der Protagonist› (1925) und ‹Der Zar läßt sich photographieren› (1927) schrieb. Lotte Lenyas eigenartige Begabung, die man später mit der Stimme «eines desillusionierten Kindes» verglich, «das auf der Straße vor einer Kneipe singt» (Margot Asquith), machte sich bereits in ihrer Darstellung der Spelunken-Jenny bei der Uraufführung der ‹Dreigroschenoper› geltend. Den folgenden Text, eine persönliche Erinnerung an die Umstände der bis zuletzt gefährdeten Produktion, schrieb sie erst 1955, fünf Jahre nach dem frühen Tod Kurt Weills.

Lotte Lenya-Weill

Das waren Zeiten!

Weill und ich, wir lebten damals in der Pension Haßforth am Luisenplatz. Wir nannten sie «Pension Grieneisen», nach einem bekannten Berliner Beerdigungsinstitut: Bilder von gräßlichen blutigen Hochwildjagden beherrschten unsere beiden Zimmer, und die Möbel waren pechschwarz gestrichen. Weill hatte zwei oder drei Schüler. Er schrieb Kritiken über die Musikprogramme des Rundfunks, um unseren mageren Einkünften ein wenig aufzuhelfen. Ich war froh, wenn ich ab und zu an einem Vorstadttheater ein Engagement fand. Kurt setzte sich jeden Morgen um neun Uhr an seinen Schreibtisch, um zu komponieren. Das Klavier benutzte er dabei übrigens so gut wie nie, außer, um seiner Pfeife eine kleine Pause zu gönnen. Wenn er sich ganz und gar in seine Arbeit vertieft hatte, war er zufrieden wie ein Kind. Seine festen Arbeitsstunden waren ihm heilig; er brach mit ihnen höchstens einer Theaterprobe zuliebe, wenn es gar nicht anders ging. Brecht kam nur selten zu uns in die Pension; es war ihm lieber, wenn man zu ihm ging.

Kurt paßte das ausgezeichnet. Nur wenn es ums Komponieren ging, zog er seine eigenen vier Wände vor.

Brecht wohnte damals in einem Dachatelier mit Oberlicht am Knie. Dort gab es weder Teppiche noch Gardinen. Dafür war ein mächtiger gußeiserner Ofen vorhanden, ein massiver Tisch, auf dem die Schreibmaschine thronte, eine Staffelei mit Kostümentwürfen und Bühnenbildern und an der Wand eine überdimensionale Couch. Auf dieser Couch und auf sämtlichen vorhandenen Sesseln rekelten sich die Schülerinnen und Schüler, von denen Brecht ständig umgeben war. Nur er selber, der in jenen Tagen zart und zerbrechlich wirkte, saß nicht. Er schritt auf und ab, eingehüllt ins blaue Gewölk seiner selten ausgehenden Virginia; bald stellte er einem der Sitzenden eine blitzschnelle Frage, bald warf er einem anderen eine hurtige, beiläufige Antwort zu. Ständig blinzelte er mit seinen tiefliegenden braunen Augen. Seine schmalen weißen Hände gestikulierten unaufhörlich und übertrugen jeden Satz sogleich in die Sprache des Theaters. Manchmal schüttelte ihn ein lautloses Gelächter. Dann ließ er sich in einen Sessel fallen, schlug sich auf die Knie und bog sich, bis ihm das Lachen vergangen war, rieb sich dann mit beiden Handrücken die Augen aus und sagte: «Ja, das Leben . . .»

Wenn Weill zu ihm kam, wenn es ernsthaft ans Arbeiten ging, machten sich die Schüler bald davon. Nur Elisabeth Hauptmann und ich, wir blieben öfters da. Dann begann die Diskussion der beiden. Nie im Leben ist mir jemand begegnet, der so gut zuhören konnte wie Kurt. Er ging geradezu im Lauschen auf. Hinter seinen dicken Brillengläsern wirkte er dann wie ein junger Seminarist. Mit ruhiger, leiser, tiefer Stimme gab er seine exakten Antworten. Eine Spur von Spott schien darin zu liegen. Manche Leute hielten für Arroganz, was in Wirklichkeit nur Schüchternheit war. Brecht und Weill begegneten einander mit der größten Hochachtung, auch wo sie verschiedener Meinung waren, obgleich sich ihre Beziehung nie zu einer festen Freundschaft vertiefte, wie sie später Weill mit Georg Kaiser und Maxwell Anderson verband. Manchmal nahm Brecht seine Gitarre zur Hand und schlug ein paar Saiten an, um Kurt eine Vorstellung von seiner Auffassung zu geben. Weill notierte sich diese Einfälle mit seinem kleinen, ernsthaften Lächeln. Er sagte nie nein dazu; immer versprach er, er wolle versuchen, die Anregungen Brechts zu verarbeiten, wenn er zu Hause ans Komponieren ginge.

Ohne daß wir es wußten, hatte Anfang 1928 ein junger Schauspieler beschlossen, auf eigene Faust ein Theater zu gründen. Er hatte sich zu diesem Zweck das Theater am Schiffbauerdamm gemietet. Dieses prächtige alte Haus ist wie durch ein Wunder der Vernichtung entgangen. Es steht heute noch wie damals, ganz in Rot und Weiß und Gold, mit seinen Nymphen, Tritonen und Gipsengeln, mit seinem ganzen himmlischen Kitsch. Damals war es beinahe in Vergessenheit geraten, obgleich es in der besten Theatergegend lag, kaum ein paar Schritte von der quicklebendigen Friedrichstraße entfernt. Hinter den großen Geschäftshäusern war es seinerzeit in eine Art Dornröschenschlaf verfallen. Ernst Josef Aufricht, so hieß der junge unternehmungslustige Schauspieler, machte sich sofort auf die Suche nach einem neuen Stück, mit dem er das Theater neu eröffnen und mit einem Schlag berühmt machen wollte. Er engagierte Heinrich Fischer als Dramaturgen und Caspar Neher als Bühnenbildner, lief den Bühnenverlegern die Tür ein, hing sich an die maßgebenden Agenten und suchte unermüdlich die paar Cafés heim, in denen sich die längst zur Legende gewordene Bohème des damaligen Berlin zu treffen pflegte.

Tatsächlich fand die erste Begegnung Aufrichts mit Brecht in einem dieser Cafés, und zwar im Café Schlichter, statt. Sicher, sagte Brecht, er sei mitten in der Arbeit an einem neuen Stück, aber es sei noch gar nicht abzusehen, wann es fertig würde; im übrigen habe er es schon einem anderen Regisseur versprochen. Schade. Aber Moment mal, er hatte da noch eine andere Sache bei der Hand, die hatte er so nebenbei angefangen. Sechs Szenen seien bereits fertig, und seinetwegen könne Aufricht gerne einen Blick hineinwerfen. Ein paar Tage später, es war an einem verregneten Nachmittag, schickte Aufricht sein Dienstmädchen zu Brecht in dessen Atelier. Sie nahm das Manuskript mit. Aufricht behauptete später, es sei halb durchweicht gewesen, als er es in die Hand bekommen hatte. Aufricht las es, der Dramaturg Fischer las es, und erstaunlicherweise hatten sie alle beide Lust, das Stück zu bringen. Die Uraufführung sollte schon zu Anfang der Spielzeit steigen. Über die Musik schien sich niemand Gedanken zu machen. Kürzlich erzählte mir Aufricht, davon sei anfangs überhaupt nicht die Rede gewesen. Erst viel später habe ihm Brecht, als er ihm weitere Szenen brachte, erklärt, es gäbe dazu eine Bühnenmusik von einem gewissen Kurt Weill. Aufricht war entsetzt. War das etwa derselbe Weill, der als das enfant terrible der atonalen Musik in ganz Deutschland berüchtigt war? Schließlich gab Aufricht Brecht zu verstehen, die Sache ginge in Ordnung. Jedoch beauftragte er in aller Heimlichkeit einen jungen Musiker namens Theo Mackeben, sich die Originalmusik von Pepusch einmal genauer anzusehen. Wenn dann Weill mit einer «unmöglichen» Partitur ankam, konnte man immer noch auf die alte, neu aufgemöbelte Musik zurückgreifen.

Die Mitwirkenden der ersten Verfilmung der ‹Dreigroschenoper› – rechts
unten Lotte Lenya – in der Regie von Georg Wilhelm Pabst (1930).
Ursprünglich hatte Brecht dafür ein Filmexposé verfaßt (‹Die Beule›).
Es verschärfte aber die verborgene sozialkritische Tendenz des Stücks so
stark, daß die Filmgesellschaft sich weigerte, es zu akzeptieren. Laszlo
Vajda, Leo Lania und Béla Balázs schrieben das Drehbuch («frei nach
Brecht»). Die sozialkritischen Tendenzen konnte Brecht erst ausdrück-
lich in seinem ‹Dreigroschenroman› von 1934 verwirklichen.

Als nächstes setzte sich Aufricht in den Kopf, die Premiere auf den 28. August vorzuverlegen. Brecht, dem es vor festen Terminen graute, fiel aus allen Wolken. Es gab aufgeregte Konferenzen. Man kam zu dem Ergebnis, daß Brecht und Weill sofort aus Berlin verschwinden mußten. Wenn sie in der Stadt blieben, würden sie mit der Arbeit, die noch zu tun war, nie und nimmer fertig werden. Irgend jemand schlug einen kleinen Ort an der Riviera vor, der den beiden Zuflucht bieten sollte. Auf der Stelle wurden telegrafisch ein paar Zimmer bestellt, und am 1. Juni brachen wir auf. Kurt und ich nahmen den Schnellzug, Brecht fuhr mit Helene Weigel und seinem Sohn Stefan im Auto nach Süden. Brechts hatten sich ein Haus am Strand gemietet, wir hatten uns ein Zimmer in einer Hotel-Pension ganz in der Nähe genommen. Die beiden arbeiteten Tag und Nacht wie die Verrückten, schrieben, änderten, strichen, schrieben aufs neue und unterbrachen ihre Arbeit nur, um ein paar Minuten ans Meer hinunterzugehen.

Ich sehe Brecht heute noch, wie er durch das Wasser watete, die Hosen aufgekrempelt, die Mütze auf dem Kopf, im Mund die vertraute Virginia. Ich kann mich nicht erinnern, Brecht je ganz und gar untergetaucht gesehen zu haben. Er muß ein wenig wasserscheu gewesen sein.

Mir hatte man die Rolle der Spelunken-Jenny gegeben. Später hat mir Aufricht erzählt, daß er von der Idee, die alte Pepusch-Musik zu verwenden, erst abgekommen ist, als er mich in der Tango-Ballade gehört hatte. Helene Weigel sollte die Frau Peachum spielen. Wir lernten also unsere Rollen. Als wir wieder in Berlin waren, hatten Brecht und Weill ihre Arbeit praktisch abgeschlossen. Engel, der die Regie übernommen hatte, konnte zufrieden sein. Auch Nehers Entwürfe lagen seit ein paar Wochen vor, und das Bühnenbild stand einigermaßen fest. Jetzt ging es ans Probieren. Dann begann die Pechsträhne. Eine derartige Kette von Katastrophen hat, glaube ich, in der ganzen Theatergeschichte kein Stück, so kurz vor der Premiere, erlebt. Ganz Berlin sprach davon, daß der arme Aufricht bis zum Hals in der Tinte saß. Ein Mißgeschick jagte das nächste. In Davos lag Klabund im Sterben. Seine Frau Carola Neher, die eine ideale Polly abgegeben hätte, mußte alle Proben absagen und fuhr zu ihm in die Schweiz. Aufricht telefonierte verzweifelt herum, um die Rolle neu zu besetzen. Schließlich gab er sie der jungen Roma Bahn. Dann schmiß der Schauspieler, der den Peachum spielen sollte – täusche ich mich, oder war es Peter Lorre? – seine Rolle hin. Erich Ponto wurde aus Dresden zu Hilfe gerufen. Unser Mackie, der Operettenstar Harald Paulsen, und unsere Mrs. Peachum, Rosa Valetti, die beliebte Kabarettistin, machten in einem fort ihrer Empörung über das «unglaubliche Stück» Luft. Ausgerechnet die Valetti, deren eigenes Repertoire alles andere als stubenrein war, schrie und drohte, sie werde diese «Schweinereien» in der Ballade von der sexuellen Hörigkeit um keinen Preis singen. Am letzten Probetag unterschrieb sie einen Vertrag mit einem anderen Theater, weil sie fest davon überzeugt war, daß sich die ‹Dreigroschenoper› höchstens eine Woche lang würde auf dem Spielplan halten können. Helene Weigel kam auf einmal mit einer ungeheuerlichen Idee an, wie sie ihre Kuppelmutter spielen wollte – als Beinamputierte à la Lon Chaney in einem altertümlichen Rollstuhl; da bekam sie plötzlich eine Blinddarmentzündung, und auch ihre Rolle mußte umbesetzt werden. Paulsen, der selbst für einen Schauspieler überaus eitel war, wollte seinen ersten Auftritt als Mackie Messer auch vom Text her besonders effektvoll vorbereitet haben. Er wünschte sich einen Song, in dem einzig und allein von ihm die Rede sein sollte, als Entrée. Darin sollte möglichst auch noch die himmelblaue Krawatte vorkommen, die er sich umzubinden gedachte. Brecht hörte ihm mürrisch zu und sagte kein Wort. Aber schon am nächsten Tag brachte er die Strophen der Moritat vom Mackie Messer mit und gab sie Weill zur Vertonung. Wir ahnten nicht, daß dieses Lied auf der ganzen Welt zu einem Schlager werden sollte. Sein Vorbild waren die Zugstücke der Bänkelsänger, die auf den Jahrmärkten so umständlich wie nur möglich die heimlichen Verbrechen berüchtigter Missetäter ans Licht zu rücken pflegten. Weill schrieb nicht nur über Nacht die Melodie dazu, er machte auch sofort den Drehorgelmann ausfindig, der die Handorgel für die Aufführung stellen konnte. Der Mann hieß Bacigalupo. Paulsen durfte die Moritat nicht selber singen. Sie wurde Kurt Gerron in den Mund gelegt, der eine Doppelrolle hatte: er spielte den Tiger Brown und dazu noch den Straßensänger.

Ich weiß nicht mehr, wer damals in den Kulissen des Theaters aus und ein ging, um zu kiebitzen. Nur an Lion Feuchtwanger erinnere ich mich genau. Er steuerte einen ganz glänzenden Vorschlag bei: er war es nämlich, der den Titel ‹Die Dreigroschenoper› erfunden hat. Brecht war damit auf der Stelle einverstanden, und noch am selben Tag wurde der neue Titel ganz groß draußen vor dem Theater angeschlagen. Fritz Kortner, Aufricht und Engel waren allesamt gegen den großen Schlußchoral. «Der Choral muß weg», sagten sie. «Das hört sich ja an wie Bach, und Bach hat in der ‹Dreigroschenoper› nichts verloren.» Aber Weill wollte nicht. Neher war dafür, daß der Choral blieb. «Wenn Sie nachgeben und ihn streichen, dann ist es aus zwischen uns», sagte er zu Kurt. Der Choral blieb. Die Generalprobe am Vorabend der Premiere war ein Witz. Sie dauerte bis fünf Uhr früh. Wir waren alle miteinander vollständig erledigt. Alles schrie und fluchte durcheinander. Nur Kurt Weill verlor seine Gemütsruhe nicht. Kurz vor fünf war es endlich so weit, daß ich meinen Salomo-Song anstimmen konnte. Kaum hatte ich damit angefangen, schrie der Regisseur: «Schluß jetzt! Halt! Der Song wird gestrichen. Das Stück ist ohnehin viel zu lang.» Wir erfuhren, daß Aufricht draußen bereits alle Welt fragte, ob niemand ein neues Stück für ihn wüßte, er bräuchte auf der Stelle eine Novität, sonst sei er verloren. Anerkannte Berliner Theaterauguren erzählten, kaum daß sie aus der Generalprobe kamen, jedem, der es hören wollte, Brecht und Weill wollten das Publikum mit einem wüsten Durcheinander vor den Kopf stoßen, das weder eine Oper noch eine Operette, weder ein Kabarett noch ein Drama, sondern von allem etwas sei, das Ganze eingetunkt in eine exotische Jazz-Sauce, mit einem Wort ungenießbar. Sie meinten, es wäre das Gescheiteste, das Stück noch vor der Premiere abzuservieren.

Bis zur letzten Minute vor der Uraufführung hatten wir keinen ruhigen Augenblick. Mittags waren wir bereits wieder im Theater versammelt. Wir ließen das ganze Stück noch einmal durchlaufen. Diesmal ging es ruhiger zu. Niemand hatte mehr die Kraft, sich aufzuregen. Zu allem Überfluß hatten wir in jenem Jahr einen ungewöhnlich heißen Sommer. Im Theater herrschte eine unerträgliche Hitze. Am späten Nachmittag ertönte ein neuer Wutschrei. Die Stimme war den meisten nicht vertraut, sie erhob sich zum erstenmal in solcher Lautstärke. Kurt Weill hatte entdeckt, daß mein Name aus Versehen auf dem Theaterzettel fehlte. Während seiner ganzen Theaterkarriere war das das erste und einzige Mal, daß Kurt vollständig die Beherrschung verlor. Er tobte, aber er tobte meinet-, nicht seinetwegen. Gut, daß ich zur Stelle war, um ihn zu beruhigen, ein anderer hätte es wohl kaum fertiggebracht. Ich schwor ihm, daß mich nichts davon abhalten würde weiterzumachen, Theaterzettel hin, Theaterzettel her.

Über jene Uraufführung ist schon so viel geschrieben worden, daß ich mich kurz fassen kann. Sie ist in den Bereich der Sage eingegangen. Bis zur zweiten Szene, die in einem Pferdestall spielt, blieb das Publikum kühl und teilnahmslos. Die Leute machten den Eindruck, als wären sie von vornherein überzeugt davon, daß die Aufführung eine Pleite würde. Dann kam der Kanonen-Song. Ein unglaublicher Sturm erhob sich. Das Publikum raste. Von diesem Moment an konnte nichts mehr schiefgehen. Die Zuschauer gingen begeistert mit. Wir trauten unsern Augen und Ohren nicht. Bis zum nächsten Morgen wollten wir nicht recht an unsern Erfolg glauben. Dann lasen wir die ersten Kritiken. Sie waren sehr unterschiedlich. Ein Rezensent schrieb, er habe den ganzen Abend verschlafen. Alfred Kerr, der beste Kopf der Berliner Theaterkritik, war ziemlich beeindruckt, fragte sich aber mit einer gewissen Skepsis, ob denn die Zukunft des Theaters wirklich so und nicht anders aussehen sollte. Kurt Weill und ich überflogen die Kritik bis zum letzten Absatz, der die Überschrift trug: «*Wer war die*». «Wo kommt sie her?» ging es weiter. «Dem Tonfall ihrer Stimme nach muß sie aus Österreich sein . . . Die muß man im Aug behalten. Bald wird sie jedes Kind kennen.» Als wir sämtliche Kritiken gelesen hatten, fanden wir, es sei an der Zeit, aus der Pension fort und in eine eigene kleine Wohnung zu ziehen.

Berlin war vom ‹*Dreigroschenoper*›-Fieber gepackt. Überall, selbst auf der Straße, wurden ihre Melodien gepfiffen. Eine Dreigroschen-Bar tat sich auf, in der keine andere Musik gespielt wurde. Sofort wurde der Brecht-Stil und der Weill-Stil, oder was man darunter verstand, von allen möglichen Schreiberlingen bis zur Bewußtlosigkeit nachgeahmt. Was mir Alfred Kerr prophezeit hatte, wurde fast über Nacht Wirklichkeit. Als ich einmal durch den Tiergarten spazierenging, kam ich an einem blinden Bettler vorbei. Er rief mir nach: «Fräulein Lenya, Sie haben wohl bloß auf der Bühne etwas für blinde Bettler übrig?» Und, was das Komischste war, alle möglichen Leute behaupteten nun auf einmal steif und fest, sie hätten es gleich gewußt, daß ‹*Die Dreigroschenoper*› ein Bombenerfolg werden würde. Dabei wußte ich ganz genau, daß die meisten von ihnen nicht einmal in der Premiere gewesen waren! Heute noch suchen mich alte Berliner in meiner Garderobe im Theater de Lys in New York auf und sagen: «Das weiß ich noch, als wäre es gestern gewesen! Das war eine Uraufführung! Das waren Zeiten!» – «Das waren Zeiten», sage ich dann und nicke ihnen zu, obwohl ich ganz genau weiß, daß das Schiffbauerdammtheater vor achtundzwanzig Jahren auch nicht mehr Plätze gehabt hat als heute, nämlich nicht einmal achthundert. Aber was macht das schon! Wenn ich an die verrückten Tage von damals denke, fällt mir oft die leere Zeile auf jenem Theaterzettel ein; dann frage ich mich manchmal, ob ich's mir nicht selber am Ende nur einbilde, daß ich dabei gewesen bin.

III. Kommentare von Bertolt Brecht und Kurt Weill

Bertolt Brecht

Über ‹Die Dreigroschenoper›

1

‹*Die Dreigroschenoper*›, in England durch zwei Jahrhunderte unter dem Titel ‹*The Beggar's Opera*› in allen englischen Theatern gespielt, führt in das Milieu von den Verbrechervorstädten Londons, Soho und Whitechapel, die vor zweihundert Jahren so wie heute die Zufluchtsstätte der ärmsten und nicht immer durchsichtigsten Schichten der Londoner Bevölkerung waren.

Herr Jonathan Peachum schlägt aus dem Elend auf seine originelle Weise Kapital, indem er gesunde Menschen künstlich zu Krüppeln herausstaffiert und sie betteln schickt, um aus dem Mitleid der wohlhabenden Stände seinen Profit zu ziehen. Er tut das keineswegs aus angeborener Schlechtigkeit. «Ich befinde mich auf der Welt in Notwehr», das ist sein Grundsatz, der ihn in allen seinen Handlungen zur schärfsten Entschiedenheit zwingt. Er hat in der Londoner Verbrecherwelt nur einen ernsthaften Gegner, und das ist der junge, von den Dämchen vergötterte Gentleman Macheath. Dieser hat Peachums Tochter Polly entführt und auf eine ganz groteske Weise in einem Pferdestall geheiratet. Als Peachum von der Heirat seiner Tochter erfährt – die ihn nicht so sehr aus moralischen Gründen schmerzt wie aus sozialen –, beginnt er einen Krieg auf Tod und Leben mit Macheath und seiner Gaunerplatte, dessen Hin und Her den Inhalt der ‹*Dreigroschenoper*› bildet. Aber schließlich wird Macheath in des Wortes wirklichster Bedeutung vom Galgen herab gerettet, und in einem

Szenenfoto aus der ersten Inszenierung der ‹Dreigroschenoper› in Brechts Geburtsstadt Augsburg (1929).

großen, etwas parodistischen Opernschluß geht die ganze Affäre gut aus.

‹The Beggar's Opera› wurde im Jahre 1728 zum erstenmal im Lincoln's Inn Theatre aufgeführt. Der Titel bedeutet nicht etwa, wie manche deutsche Übersetzer geglaubt haben: «Die Bettleroper», das heißt eine Oper, in der eben Bettler vorkommen, sondern: «Des Bettlers Oper», das heißt eine Oper für Bettler. ‹The Beggar's Opera›, auf Anregung des großen Jonathan Swift verfaßt, war eine Händel-Travestie und hatte, wie berichtet wird, den großartigen Erfolg, daß Händels Theater ruiniert wurde. Da uns heute ein so großer Anlaß zur Parodie wie die Händelsche Oper fehlt, wurde jede Absicht zu parodieren aufgegeben: Die Musik ist vollständig neu komponiert. *Nicht* fehlen uns Heutigen die soziologischen Anlässe von ‹The Beggar's Opera›: Wie vor zweihundert Jahren haben wir eine Gesellschaftsordnung, in der so ziemlich alle Schichten der Bevölkerung, allerdings auf die allerverschiedenste Weise, moralische Grundsätze berücksichtigen, indem sie nicht in Moral, sondern natürlich von Moral leben. Formal stellt ‹Die Dreigroschenoper› den Urtypus einer Oper dar: Sie enthält die Elemente der Oper und die Elemente des Dramas.

9. Januar 1929

2 [Antwort auf eine Rundfrage]

Ich verstehe nichts vom Operettengewerbe; und man sollte keine Kunst in dasselbe investieren.

Was ‹Die Dreigroschenoper› betrifft, so ist sie – wenn nichts anderes – eher ein Versuch, der völligen Verblödung der Oper entgegenzuwirken. Die Oper scheint mir bei weitem dümmer, wirklichkeitsfremder und in der Gesinnung niedriger als die Operette.

Februar 1929

Bertolt Brecht

Anmerkungen zur ‹Dreigroschenoper›

1 Das Lesen von Dramen

Es besteht kein Grund, das Motto des John Gay für seine ‹Beggar's Opera›: «Nos haec novimus esse nihil»* für ‹Die Dreigroschenoper› zu ändern. Was ihren Abdruck betrifft: Er bringt kaum mehr als das Soufflierbuch eines den Theatern völlig überlieferten Stücks, wendet sich also eher an den Fachmann als an den Genießer. Wobei zu sagen ist, daß eine Umwandlung von möglichst vielen Zuschauern oder Lesern in Fachleute durchaus anzustreben ist – sie ist auch im Gange. ‹Die Dreigroschenoper› befaßt sich mit den bürgerlichen Vorstellungen nicht nur als Inhalt, indem sie diese darstellt, sondern auch durch die Art, wie sie sie darstellt. Sie ist eine Art Referat über das, was der Zuschauer im Theater vom Leben zu sehen wünscht. Da er jedoch gleichzeitig auch einiges sieht, was er nicht zu sehen wünscht, da er also seine Wünsche nicht nur ausgeführt, sondern auch kritisiert sieht (er sieht sich nicht als Subjekt, sondern als Objekt), ist er prinzipiell imstande, dem Theater eine neue Funktion zu erteilen. Da aber das Theater selber seine Umfunktionierung Widerstand entgegensetzt, ist es gut, wenn der Zuschauer Dramen, die nicht nur den Zweck verfolgen, auf dem Theater aufgeführt zu werden, sondern auch den, es zu verändern, selbst liest: aus Mißtrauen gegen das Theater. Wir haben heute das absolute Primat des Theaters über die dramatische Literatur. Das Primat des Theaterapparats ist das Primat der Produktionsmittel.

---

* *Wir wissen, daß dies nichts ist.*

«Die Hochzeit im Pferdestall» mit Rudolf Forster (Macheath), Rein-
hold Schünzel (Tiger Brown) und Carola Neher (Polly) aus der ersten,
von Brecht mißbilligten Verfilmung der ‹Dreigroschenoper›, für die der
Regisseur Georg Wilhelm Pabst eine gemilderte Version der Brechtschen
Aggressivität schuf (1930).

Der Theaterapparat widersteht seinem Umbau für andere Zwecke
dadurch, daß er, mit dem Drama zusammentreffend, dieses sofort
verändert, so daß es in ihm keineswegs ein Fremdkörper bleibt – außer
an Punkten, wo es sich selber erledigt. Die Notwendigkeit, die neue
Dramatik richtig zu spielen – wichtiger für das Theater als für die
Dramatik –, wird dadurch abgeschwächt, daß das Theater *alles* spielen
kann: es «theatert» alles «ein». Selbstverständlich hat dies Primat
wirtschaftliche Gründe.

2 Titel und Tafeln

Die Tafeln, auf welche die Titel der Szenen projiziert werden, sind ein primitiver Anlauf zur *Literarisierung des Theaters*. Diese Literarisierung des Theaters muß, wie überhaupt die Literarisierung aller öffentlichen Angelegenheiten, in größtem Ausmaß weiterentwickelt werden.

Die Literarisierung bedeutet das Durchsetzen des «Gestalteten» mit «Formuliertem», gibt dem Theater die Möglichkeit, den Anschluß an andere Institute für geistige Tätigkeit herzustellen, bleibt aber einseitig, solange sich nicht auch das Publikum an ihr beteiligt und durch sie «oben» eindringt.

Gegen die Titel ist vom Standpunkt der Schuldramatik aus geltend zu machen, daß der Stückeschreiber alles zu Sagende in der Handlung unterzubringen habe, daß die Dichtung aus sich heraus alles ausdrücken müsse. Dies entspricht einer Haltung des Zuschauers, in der er nicht über die Sache denkt, sondern aus der Sache heraus. Aber diese Manier, alles einer Idee unterzuordnen, die Sucht, den Zuschauer in eine einlinige Dynamik hineinzuhetzen, wo er nicht nach rechts und links, nach unten und oben schauen kann, ist vom Standpunkt der neueren Dramatik aus abzulehnen. Auch in die Dramatik ist die Fußnote und das vergleichende Blättern einzuführen.

Das komplexe Sehen muß geübt werden. Allerdings ist dann beinahe wichtiger als das Imflußdenken das Überdenflußdenken. Außerdem erzwingen und ermöglichen die Tafeln vom Schauspieler einen neuen Stil. Dieser Stil ist *der epische Stil*. Beim Ablesen der Tafelprojektionen nimmt der Zuschauer die Haltung des Rauchend-Beobachtens ein. Durch eine solche Haltung erzwingt er ohne weiteres ein besseres und anständigeres Spiel, denn es ist aussichtslos, einen rauchenden Mann, der also hinlänglich mit sich selbst beschäftigt ist, «in den Bann ziehen» zu wollen. Sehr rasch hätte man so ein Theater voll von Fachleuten, wie man Sporthallen voll von Fachleuten hat. Unmöglich, daß solchen Leuten die Schauspieler jene elenden paar Pfund Mimik vorzusetzen wagten, die sie heute in ein paar Proben ohne jedes Nachdenken «irgendwie» zurechtmachen! Niemals würde ihnen ihr Stoff in solch rohem Zustand, so unverarbeitet abgenommen. Der Schauspieler müßte jene Vorgänge, die durch die Titel schon angezeigt, also ihrer stofflichen Sensation schon beraubt sind, ganz anders auffällig machen.

Leider steht zu fürchten, daß Titel und Raucherlaubnis doch nicht ganz genügen, um das Publikum zu einer ergiebigeren Benutzung des Theaters zu bringen.

3 Die Hauptpersonen

Der Charakter des Jonathan Peachum darf nicht auf die gewöhnliche Formel «Geizhals» gebracht werden. Er hält nichts von Geld. Ihm, der alles bezweifelt, was Hoffnung erwecken könnte, erscheint auch das Geld als ein ganz unzulängliches Verteidigungsmittel. Er ist zweifellos ein Schurke, und zwar ein Schurke im Sinn älteren Theaters. Sein Verbrechen besteht in seinem Weltbild. Dieses Weltbild ist in seiner Scheußlichkeit würdig, neben die Leistungen irgendeines anderen der großen Verbrecher gestellt zu werden, und doch folgt er nur dem «Zug der Zeit», wenn er Elend als Ware betrachtet. Praktisch gesprochen: Peachum wird etwa das Geld, das er Filch in der ersten Szene abnimmt, durchaus nicht in einer Kassette verschließen, sondern es einfach in die Hosentasche stecken: Er kann weder durch dieses Geld noch durch anderes gerettet werden. Es ist Gewissenhaftigkeit von ihm und beweist seine allgemeine Hoffnungslosigkeit, daß er es nicht einfach wegwirft, er kann nicht das geringste wegwerfen. Über eine Million Schilling würde er nicht anders denken. Nach seiner Meinung reicht weder sein Geld (auch nicht alles Geld der Welt) noch sein Kopf aus (und auch alle Köpfe der Welt reichen nicht aus). Dies ist auch der Grund, weshalb er nicht arbeitet, sondern mit einem Hut auf dem Kopf und die Hände in den Hosentaschen durch sein Geschäft läuft, lediglich kontrollierend, daß nichts wegkommt. Kein wirklich Geängstigter arbeitet. Es ist nicht kleinlich von ihm, wenn er die Bibel auf seinem Pult an eine Kette schließt aus Furcht, sie könne gestohlen werden. Er betrachtet seinen Schwiegersohn niemals, vor er ihn an den Galgen gebracht hat, da kein persönlicher Wert irgendeiner Art denkbar wäre, der ihn zu einer anderen Haltung gegenüber einem Mann verlocken könnte, der ihm seine Tochter wegnimmt. Die sonstigen Verbrechen des Mackie Messer sind ihm nur insofern interessant, als sie ihm eine Handhabe für seine Erledigung bieten. Was seine Tochter betrifft, so ist sie wie die Bibel: nichts als eine Hilfsquelle. Dies wirkt weniger abstoßend als erschütternd, wenn man jenen Grad der Verzweiflung erwägt, bei dem von den Dingen der Welt nur mehr jener kleinste Teil verwendbar wird, der einen Untergehenden retten könnte.

Die Darstellerin der Polly Peachum tut gut, die vorstehende Charakteristik des Herrn Peachum zu studieren: sie ist seine Tochter.

Der Räuber Macheath ist vom Schauspieler darzustellen als bürgerliche Erscheinung. Die Vorliebe des Bürgertums für Räuber erklärt sich aus dem Irrtum: ein Räuber sei kein Bürger. Dieser Irrtum hat als Vater einen anderen Irrtum: ein Bürger sei kein Räuber. So ist also kein

Unterschied? Doch: ein Räuber ist manchmal kein Feigling. Die Assoziation «friedfertig», die dem Bürger auf dem Theater anhaftet, wird
wieder hergestellt durch die Abneigung des Geschäftsmanns Macheath gegen Blutvergießen, wo es nicht – zur Führung des Geschäfts –
unbedingt nötig ist. Die Einschränkung des Blutvergießens auf ein
Minimum, seine Rationalisierung ist Geschäftsprinzip: Im Notfall legt
Herr Macheath Beweise außerordentlicher Fechtkunst ab. Er weiß,
was er seinem Ruf schuldig ist: eine gewisse Romantik dient, wenn
gesorgt wird, daß sie sich herumspricht, dieser obenerwähnten Rationalisierung. Er sieht streng darauf, daß sämtliche kühnen oder zumindest Schrecken einflößenden Taten seiner Untergebenen ihm selber
zugeschrieben werden, und duldet so wenig wie ein Hochschulprofes-
sor, daß seine Assistenten eine Arbeit selbst zeichnen. Frauen gegenüber wirkt er weniger als der schöne Mann, weit mehr als der gutsitu-
ierte Mann. Englische Originalzeichnungen zur ‹Beggar's Opera› zeigen einen etwa vierzigjährigen untersetzten, aber stämmigen Mann mit
einem Kopf wie ein Rettich, schon etwas kahl, nicht ohne Würde. Er
ist durchaus gesetzt, hat überhaupt keinen Humor, und seine Solidität
spricht sich schon dadurch aus, daß er sein geschäftliches Augenmerk,
mehr noch als auf die Beraubung Fremder, auf die Ausbeutung seiner
Angestellten richtet. Mit den Hütern der öffentlichen Ordnung steht er
sich, selbst wenn dies Kosten verursacht, gut, und dies nicht *nur* aus
Gründen seiner eigenen Sicherheit – sein praktischer Sinn sagt ihm,
daß seine eigene Sicherheit und die Sicherheit dieser Gesellschaft
innigst verknüpft sind. Eine Maßnahme gegen die öffentliche Ordnung, wie sie Peachum zum Beispiel der Polizei androht, würde Herrn
Macheath tiefsten Abscheu erregen. Sein Verkehr mit den Damen von
Turnbridge bedarf seiner eigenen Ansicht nach sicherlich einer Entschuldigung, jedoch reicht zu dieser Entschuldigung die besondere Art
seines Geschäfts aus. Den rein geschäftlichen Verkehr hat er gelegentlich zu Zwecken der Erheiterung ausgenutzt, wozu er als Junggeselle in
gemäßigtem Umfang berechtigt ist; was jedoch diese intime Seite
betrifft, so schätzt er seine regelmäßigen und mit pedantischer Pünktlichkeit eingehaltenen Besuche in einem bestimmten Turnbridger Kaf-
feehaus hauptsächlich, weil sie *Gewohnheiten* sind, die zu pflegen und
mehren beinahe das Hauptziel seines eben bürgerlichen Lebens darstellt.

Jedenfalls darf der Darsteller des Macheath dieses Aufsuchen eines
öffentlichen Hauses unter keinen Umständen als Ausgangspunkt seiner Charakterisierung wählen. Es ist einer der nicht seltenen, dennoch
unverständlichen Fälle bürgerlicher Dämonie.

Seinen eigentlichen geschlechtlichen Bedarf deckt Macheath natürlich am liebsten, wo er damit gewisse Annehmlichkeiten häuslicher Art vereinen kann, also bei Frauen, die nicht ganz unvermögend sind. In seiner Ehe sieht er eine Sicherung seines Geschäfts. Vorübergehende Abwesenheit von der Hauptstadt macht sein Beruf, so wenig er sie schätzen mag, unvermeidbar, und seine Angestellten sind sehr unzuverlässig. In seine Zukunft blickend, sieht er sich keineswegs am Galgen, sondern an einem ruhigen und ihm gehörenden Fischwasser.

Der Polizeipräsident Brown ist eine sehr moderne Erscheinung. Er birgt in sich zwei Persönlichkeiten: als Privatmann ist er ganz anders als als Beamter. Und dies ist nicht ein Zwiespalt, trotz dem er lebt, sondern einer, durch den er lebt. Und mit ihm lebt die ganze Gesellschaft durch diesen seinen Zwiespalt. Als Privatmann würde er sich niemals zu dem hergeben, was er als Beamter für seine Pflicht hält. Als Privatmann könnte (und müßte) er keiner Fliege ein Haar krümmen ... Seine Liebe zu Macheath ist also durchaus echt, gewisse geschäftliche Vorteile, die ihr entspringen, können diese Liebe nicht verdächtigen: das Leben beschmutzt eben alles ...

4 Winke für Schauspieler

Der Zuschauer soll nicht auf den Weg der Einfühlung verwiesen werden, was die Übermittlung des Stoffs betrifft, sondern zwischen dem Zuschauer und dem Schauspieler findet ein Verkehr statt, und bei aller Fremdheit und allem Abstand wendet der Schauspieler sich doch letzten Endes direkt an den Zuschauer. Dabei soll der Schauspieler dem Zuschauer über die Figur, die er darzustellen hat, mehr erzählen, als «in seiner Rolle steht». Er muß natürlich jene Haltung einnehmen, durch die es sich der Vorgang bequem macht. Er muß jedoch auch noch Beziehungen zu anderen Vorgängen als denen der Fabel eingehen können, also nicht nur die Fabel bedienen. Die Polly ist etwa in einer Liebesszene mit Macheath nicht nur die Geliebte des Macheath, sondern auch die Tochter des Peachum; und immer nicht nur Tochter, sondern auch die Angestellte ihres Vaters. Ihre Beziehungen zum Zuschauer müssen beinhalten ihre Kritik der landläufigen Vorstellungen des Zuschauers über Räuberbräute und Kaufmannstöchter und so fort.*

---

* *Es folgen an dieser Stelle eine Reihe detaillierter Hinweise auf die Darstellung einzelner Textpassagen des Stückes.*

5 Über das Singen der Songs*

Indem er singt, vollzieht der Schauspieler einen Funktionswechsel.
Nichts ist abscheulicher, als wenn der Schauspieler sich den Anschein
gibt, als merke er nicht, daß er eben den Boden der nüchternen Rede
verlassen hat und bereits singe. Die drei Ebenen: nüchternes Reden,
gehobenes Reden und Singen, müssen stets voneinander getrennt bleiben, und keinesfalls bedeutet das gehobene Reden eine Steigerung des
nüchternen Redens und das Singen eine solche des gehobenen Redens.
Keinesfalls also stellt sich, wo Worte infolge des Übermaßes der Gefühle fehlen, der Gesang ein. Der Schauspieler muß nicht nur singen,
sondern auch einen Singenden zeigen. Er versucht nicht so sehr, den
Gefühlsinhalt seines Liedes hervorzuholen (darf man eine Speise andern anbieten, die man selbst schon gegessen hat?), sondern er zeigt
Gesten, welche sozusagen die Sitten und Gebräuche des Körpers sind.
Zu diesem Zweck benutzt er beim Einstudieren am besten nicht die
Worte des Textes, sondern landläufige, profane Redensarten, die ähnliches ausdrücken, aber in der schnoddrigen Sprache des Alltags. Was
die Melodie betrifft, so folgt er ihr nicht blindlings: es gibt ein Gegen-
die-Musik-Sprechen, welches große Wirkungen haben kann, die von
einer hartnäckigen, von Musik und Rhythmus unabhängigen und
unbestechlichen Nüchternheit ausgehen. Mündet er in die Melodie ein,
so muß dies ein Ereignis sein; zu dessen Betonung kann der Schauspieler seinen eigenen Genuß an der Melodie deutlich verraten. Gut für
den Schauspieler ist es, wenn die Musiker während seines Vortrags
sichtbar sind, und gut, wenn ihm erlaubt wird, zu seinem Vortrag
sichtbar Vorbereitungen zu treffen (indem er etwa einen Stuhl zurecht-
rückt oder sich eigens schminkt und so fort). Besonders beim Lied ist
es wichtig, daß «der Zeigende gezeigt wird».

6 Warum zwei Verhaftungen des Macheath und nicht eine?

Diese erste Gefängnisszene ist, aus dem Gesichtswinkel der deutschen
Pseudoklassik betrachtet, ein *Umweg*, nach unserer Ansicht ein Beispiel primitiver epischer Form. Sie ist nämlich ein Umweg, wenn man
wie diese rein dynamische Dramatik, der Idee das Primat zuerteilend,
den Zuschauer ein immer bestimmteres Ziel wünschen macht – was

* *Vgl. dazu den Hinweis auf einen Beitrag von Roswitha Trexler in der Bibliographie des
vorliegenden Bandes.*

hier der *Tod* des Helden wäre –, sozusagen eine immer größere Nach-
frage nach dem Angebot schafft und, schon um eine starke Gefühls-
beteiligung des Zuschauers zu ermöglichen – Gefühle trauen sich nur
auf völlig gesicherte Terrains heraus, vertragen keinerlei Enttäuschung –, eine Zwangsläufigkeit in gerader Linie braucht. *Die epische
Dramatik, materialistisch eingestellt*, an Gefühlsinvestierungen ihres
Zuschauers wenig interessiert, kennt eigentlich kein Ziel, sondern nur
ein Ende und kennt eine andere Zwangsläufigkeit – in der der Lauf
nicht nur in gerader Linie, sondern auch in Kurven, ja sogar in
Sprüngen erfolgen kann. Die dynamische, ideell gerichtete, das Individuum behandelnde Dramatik war, als sie ihren Weg begann (bei den
Elisabethanern), in allen für sie entscheidenden Punkten radikaler als
zweihundert Jahre später bei der deutschen Pseudoklassik, welche die
Dynamik der Darstellung mit der Dynamik des Darzustellenden ver-
wechselt und sein Individuum schon «geordnet» hat. (Die heutigen
Nachfahren der Nachfahren sind schon nicht mehr zu treffen: die
Dynamik der Darstellung hat sich inzwischen in die empirisch gewonnene schlaue Anordnung eines Haufens von Effekten verwandelt, und
das Individuum, in voller Auflösung begriffen, wird immer noch aus
sich heraus, aber nur mehr zu Rollen vervollständigt – während der
spätbürgerliche Roman wenigstens die Psychologie ausgearbeitet hat,
wie er glaubt, um das Individuum analysieren zu können –, als ob nicht
das Individuum schon lang einfach auseinandergefallen wäre.) Aber
diese große Dramatik war weniger radikal in der Ausmerzung der
Materie. Die Konstruktion beseitigte hier nicht die Abweichungen der
Individuen von ihrem geradlinigen Lauf, welche «durch das Leben»
verursacht werden (hier spielen allerorten noch Beziehungen nach
außen herein, zu anderen «nicht vorkommenden» Angelegenheiten,
der Ausstich des Spatens ist ein viel größerer), sondern sie verwendet
diese Abweichungen als Motoren der Dynamik. Bis in das Individuelle
hinein schlägt diese Irritierung, in ihm wird sie überwunden. Die ganze
Wucht dieser Dramatik kommt von dem Aufsammeln der Widerstände. Noch bestimmt eben nicht der Wunsch nach einer billigen
ideellen Formel die Anordnung der Materie. Hierin lebt ein Etwas
jenes Baconschen Materialismus, und auch das Individuum selber hat
noch Fleisch und Bein und widerstrebt der Formel. Überall aber, wo
es Materialismus gibt, entstehen epische Formen in der Dramatik, im
Komischen, das immer materialistischer, «niedriger» eingestellt ist, am
meisten und öftesten. Heute, wo das menschliche Wesen als «das
Ensemble aller gesellschaftlichen Verhältnisse» aufgefaßt werden muß,
ist die epische Form die einzige, die jene Prozesse fassen kann, welche

einer Dramatik als Stoff eines umfassenden Weltbildes dienen. Auch der Mensch, und zwar der fleischliche Mensch, ist nur mehr aus den Prozessen, in denen er und durch die er steht, erfaßbar. Die neue Dramatik muß methodologisch den «Versuch» in ihrer Form unterbringen. Sie muß die Zusammenhänge nach allen Seiten benutzen dürfen, sie braucht Statik und hat eine Spannung, die unter ihren Einzelteilen herrscht und diese gegenseitig «lädt». (Diese Form ist also alles andere eher als eine revuehafte Aneinanderreihung.)

7 Warum muß der reitende Bote reiten?

‹Die Dreigroschenoper› gibt eine Darstellung der bürgerlichen Gesellschaft (und nicht nur «lumpenproletarischer Elemente»). Diese bürgerliche Gesellschaft hat ihrerseits eine bürgerliche Weltordnung produziert, also eine ganz bestimmte Weltanschauung, ohne die sie nicht ohne weiteres auskommt. Das Auftauchen des reitenden Boten des Königs ist, wo das Bürgertum seine Welt dargestellt sieht, ganz unumgänglich. Herr Peachum bemüht, wenn er das schlechte Gewissen der Gesellschaft finanziell ausnutzt, nichts anderes. Theaterpraktiker mögen nachdenken, warum nichts dümmer ist, als das *Pferd* des reitenden Boten zu unterschlagen – wie dies beinahe sämtliche modernistischen Regisseure der ‹Dreigroschenoper› gemacht haben. Bei der Darstellung eines Justizmordes müßte doch, damit der Rolle des Theaters in der bürgerlichen Gesellschaft Genüge getan wird, der Journalist, der die Unschuld des Ermordeten enthüllt, zweifellos von einem Schwan gezogen in den Gerichtssaal einziehen. Sieht man denn nicht, wie taktlos es ist, das Publikum dazu zu verführen, über sich selbst zu lachen, indem man das Auftauchen des reitenden Boten der Heiterkeit preisgibt? Ohne das Auftauchen eines in irgendeiner Form reitenden Boten würde die bürgerliche Literatur zu einer bloßen Darstellung von Zuständen herabsinken. Der reitende Bote garantiert ein wirklich ungestörtes Genießen selbst an sich unhaltbarer Zustände und ist also eine conditio sine qua non für eine Literatur, deren conditio sine qua non die Folgenlosigkeit ist.

Selbstverständlich ist das dritte Finale mit vollkommenem Ernst und absoluter Würde zu spielen.

1931

Bertolt Brecht

Aufbau der ‹Dreigroschenoper›-Bühne

Eine Bühne für ‹Die Dreigroschenoper› ist um so besser aufgebaut, je größer der Unterschied zwischen ihrem Aussehen beim Spiel und ihrem Aussehen beim Song ist. Die Berliner Aufführung (1928) stellte in den Hintergrund eine große Jahrmarktsorgel, in die auf Stufen die Jazzband eingebaut war und deren bunte Lampen aufglühten, wenn das Orchester arbeitete. Rechts und links von der Orgel waren zwei riesige Leinwandtafeln in roten Samtrahmen aufgestellt, auf welche die Neherschen Bilder projiziert wurden. Während der Songs standen auf ihnen groß die Songtitel, und aus dem Schnürboden gingen Lampen nieder. Um Patina mit Neuheit, Prunk mit Schäbigkeit zu mischen, war dementsprechend der Vorhang ein kleiner, nicht zu sauberer Nesselfetzen, an Blechschnüren auf- und zugezogen. Die Pariser Aufführung (1937) verlegte Prunk und Patina nach vorn. Auf einer roten Samtdraperie mit goldenen Fransen waren seitlich und oben große Karussellampen aufgehängt, welche während der Songs brannten. Der Vorhang war mit Figuren bemalt, mit zwei überlebensgroßen Bettlergestalten, die auf den Titel ‹Die Dreigroschenoper› zeigten. Ganz vorn, rechts und links, standen Tafeln mit gemalten Bettlerfiguren.

Peachums Bettlergarderobe

Peachums Bettlergarderobe muß so ausgestattet werden, daß dieser eigentümliche Laden dem Zuschauer verständlich wird. Die Pariser Aufführung hatte im Hintergrund zwei Schaufenster, in denen Schaufensterpuppen mit Bettlerrequisiten standen. An einer Holzstellage im Laden hingen, mit weißen Nummern und Täfelchen versehen, Modellkleidungsstücke und spezielle Kopfbedeckungen. Auf einer kleinen, flachen Staffelei standen einzelne zerlumpte Schuhe, ebenfalls numeriert wie Modelle, die man sonst in Museen unter Vitrinen sieht. Das Moskauer Kammertheater zeigte, wie normale Leute, die Klienten des Herrn Peachum, die Boxen betraten und als schreckliche Wracks sie wieder verließen.

Etwa 1937

Bertolt Brecht

Über die Verwendung von Musik für ein episches Theater

Für episches Theater wurde, soweit es meine eigene Produktion betrifft[1], in folgenden Stücken Musik verwendet: ‹Trommeln in der Nacht›, ‹Lebenslauf des asozialen Baal›, ‹Leben Eduards des Zweiten von England›, ‹Mahagonny›, ‹Die Dreigroschenoper›, ‹Die Mutter›, ‹Die Rundköpfe und die Spitzköpfe›.

In den ersten paar Stücken wurde Musik in ziemlich landläufiger Form verwendet; es handelte sich um Lieder oder Märsche, und es fehlte kaum je eine naturalistische Motivierung dieser Musikstücke. Jedoch wurde durch die Einführung der Musik immerhin mit der damaligen dramatischen Konvention gebrochen: das Drama wurde an Gewicht leichter, sozusagen eleganter; die Darbietungen der Theater gewannen artistischen Charakter. Die Enge, Dumpfheit und Zähflüssigkeit der impressionistischen und die manische Einseitigkeit der expressionistischen Dramen wurde schon einfach dadurch durch die Musik angegriffen, daß sie Abwechslung hineinbrachte. Zugleich ermöglichte die Musik etwas, was schon lange nicht mehr selbstverständlich war, nämlich «poetisches Theater». Diese Musik schrieb ich noch selbst. Fünf Jahre später schrieb sie für die zweite Berliner Aufführung der Komödie ‹Mann ist Mann› am Staatstheater Kurt Weill. Die Musik hatte nunmehr Kunstcharakter (Selbstwert). Das Stück enthält Knockaboutkomik, und Weill montierte eine kleine Nachtmusik ein, zu der Projektionen von Caspar Neher gezeigt wurden, außerdem eine Schlachtmusik und ein Lied, dessen Strophen bei dem offenen Umbau der Szene gesungen wurden. Aber inzwischen waren schon die ersten Theorien über die *Trennung der Elemente* aufgestellt worden.

Die Aufführung der ‹Dreigroschenoper› 1928 war die erfolgreichste Demonstration des epischen Theaters. Sie brachte eine erste Verwendung von Bühnenmusik nach neueren Gesichtspunkten. Ihre auffälligste Neuerung bestand darin, daß die musikalischen von den übrigen Darbietungen streng getrennt waren. Dies wurde schon äußerlich dadurch bemerkbar, daß das kleine Orchester sichtbar auf der Bühne aufgebaut war. Für das Singen der Songs wurde ein Lichtwechsel

---

[1] Auch Piscator verwendet Musik, und zwar im ‹Kaufmann von Berlin› (Eisler), in ‹Konjunktur› (Weill), ‹Hoppla, wir leben!› (Meisel).

vorgenommen, das Orchester wurde beleuchtet, und auf der Leinwand des Hintergrunds erschienen die Titel der einzelnen Nummern, etwa «Lied über die Unzulänglichkeit menschlichen Strebens» oder «Fräulein Polly Peachum gesteht in einem kleinen Lied ihren entsetzten Eltern ihre Verheiratung mit dem Räuber Macheath» – und die Schauspieler nahmen für die Nummer einen Stellungswechsel vor. Es gab Duette, Terzette, Solonummern und Chorfinales. Die Musikstücke, in denen das balladeske Moment vorherrschte, waren meditierender und moralisierender Art. Das Stück zeigte die enge Verwandtschaft zwischen dem Gemütsleben der Bourgeois und dem der Straßenräuber. Die Straßenräuber zeigten, auch in der Musik, daß ihre Empfindungen, Gefühle und Vorurteile dieselben waren wie die des durchschnittlichen Bürgers und Theaterbesuchers. Ein Thema war etwa die Beweisführung, daß nur der angenehm lebe, der im Wohlstand lebe, wenn dabei auch auf manches «Höhere» verzichtet werden müsse. In einem Liebesduett wurde auseinandergesetzt, daß äußere Umstände, wie die soziale Herkunft der Partner oder ihre Vermögensanlage auf die Wahl des Ehegatten, keinen Einfluß haben dürften! In einem Terzett wurde das Bedauern darüber ausgedrückt, daß die Unsicherheit auf diesem Planeten es dem Menschen nicht möglich macht, seinem natürlichen Hang zur Güte und zu anständigem Benehmen nachzugeben. Das zarteste und innigste Liebeslied des Stücks beschrieb die immerwährende unzerstörbare Neigung zwischen einem Zuhälter und seiner Braut. Die Liebenden besangen nicht ohne Rührung ihren kleinen Haushalt, das Bordell. Die Musik arbeitete so, gerade indem sie sich rein gefühlsmäßig gebärdete und auf keinen der üblichen narkotischen Reize verzichtete, an der Enthüllung der bürgerlichen Ideologien mit. Sie wurde sozusagen zur Schmutzaufwirblerin, Provokatorin und Denunziantin. Diese Songs gewannen eine große Verbreitung, ihre Losungen tauchten in Leitartikeln und Reden auf. Viele Leute sangen sie zu Klavierbegleitung oder nach Orchesterplatten, so wie sie Operettenschlager zu singen pflegten.

Der Song dieser Art wurde kreiert, als ich Weill aufforderte, für die Baden-Badener Musikfestwoche 1927, wo Operneinakter gezeigt werden sollten, einfach ein halbes Dutzend schon vorliegender Songs neu zu vertonen. Weill hatte bis dahin ziemlich komplizierte, hauptsächlich psychologisierende Musik geschrieben, und als er in die Komposition mehr oder weniger banaler Songtexte einwilligte, brach er mutig mit einem zähen Vorurteil der kompakten Majorität ernsthafter Komponisten. Der Erfolg dieser Anwendung moderner Musik für den Song war bedeutend. Worin bestand das eigentliche Neue dieser Musik, wenn man von ihrer bisher ungewohnten Verwendungsart absieht? Das epische Theater ist hauptsächlich interessiert an dem Verhalten der Menschen zueinander, *wo es sozialhistorisch bedeutend (typisch) ist.* Es arbeitet Szenen heraus, in denen Menschen sich so verhalten, daß die sozialen Gesetze, unter denen sie stehen, sichtbar werden. Dabei müssen praktikable Definitionen gefunden werden, das heißt solche Definitionen der interessierenden Prozesse, durch deren Benutzung in diese Prozesse eingegriffen werden kann. Das Interesse des epischen Theaters ist also ein eminent praktisches. Das menschliche Verhalten wird als veränderlich gezeigt, der Mensch als abhängig von gewissen ökonomisch-politischen Verhältnissen und zugleich als fähig, sie zu verändern. Um ein Beispiel zu geben: Eine Szene, in der drei Männer von einem vierten Mann zu einem bestimmten illegalen Zweck gemietet werden (‹*Mann ist Mann*›), muß vom epischen Theater so geschildert werden, daß man sich das dabei zum Ausdruck kommende Verhalten der vier Männer auch anders vorstellen kann, das heißt, daß man entweder sich politisch-ökonomische Verhältnisse vorstellen kann, unter denen diese Männer anders sprechen würden, oder eine Haltung dieser Männer den gegebenen Verhältnissen gegenüber, die sie ebenfalls anders sprechen ließe. Kurz, der Zuschauer erhält die Gelegenheit zur Kritik menschlichen Verhaltens vom gesellschaftlichen Standpunkt aus, und die Szene wird als historische Szene gespielt. Der Zuschauer soll also in der Lage sein, Vergleiche anzustellen, was die menschlichen Verhaltungsweisen anbetrifft. Dies bedeutet, vom Standpunkt der Ästhetik aus, daß der Gestus der Schauspieler besonders wichtig wird. Es handelt sich für die Kunst um eine Kultivierung des Gestus. (Selbstverständlich handelt es sich um gesellschaftlich bedeutsame Gestik, nicht um illustrierende und expressive Gestik.) Das mimische Prinzip wird sozusagen vom gestischen Prinzip abgelöst.

Dies kennzeichnet eine große Umwälzung der Dramatik. Die Dramatik folgt auch in unseren Zeiten nach den Rezepten des Aristoteles zur Erzeugung der sogenannten Katharsis (seelischen Reinigung des Zuschauers). In der aristotelischen Dramatik wird der Held durch die Handlungen in Lagen versetzt, in denen er sein innerstes Wesen offenbart. Alle gezeigten Ereignisse verfolgen den Zweck, den Helden in seelische Konflikte zu treiben. Es ist ein vielleicht blasphemischer, aber nützlicher Vergleich, wenn man hier an die Broadway-Burleske denkt, wo das Publikum, sein «Take it off!» brüllend, die Mädchen zur immer kompletteren Schaustellung ihres Körpers zwingt. Das Individuum, dessen innerstes Wesen herausgetrieben wird, steht dann natürlich für

*Eine Verlagsanzeige der Wiener Universal-Edition, dem Ver-
lag Kurt Weills, zum Erfolg der ‹Dreigroschenoper›.*

«den Menschen schlechthin». Jeder (auch jeder Zuschauer) würde da dem Zwang der vorgeführten Ereignisse folgen, so daß man, praktisch gesprochen, bei einer ‹*Ödipus*›-Aufführung einen Zuschauerraum voll von kleinen Ödipussen, bei einer Aufführung des ‹*Emperor Jones*› einen Zuschauerraum voll von Emperor Jonesen hat. Nichtaristotelische Dramatik würde die Ereignisse, die sie vorführt, keineswegs zu einem unentrinnbaren Schicksal zusammenfassen und diesem den Menschen hilflos, wenn auch schön und bedeutsam reagierend, ausliefern, sie würde im Gegenteil gerade dieses «Schicksal» unter die Lupe nehmen und es als menschliche Machenschaften enthüllen.

Diese Erörterung, angeknüpft an die Untersuchung einiger kleiner Songs, könnte als etwas weitschweifend erscheinen, wenn nicht diese Songs die (eben noch sehr kleinen) Anfänge eines anderen, neuzeitlichen Theaters wären, oder der Anteil der Musik an diesem Theater. Der Charakter dieser Songmusik als einer sozusagen gestischen Musik kann kaum anders als durch solche Erörterungen erklärt werden, die den gesellschaftlichen Zweck der Neuerungen herausarbeiten. Praktisch gesprochen ist gestische Musik eine Musik, die dem Schauspieler ermöglicht, gewisse Grundgesten vorzuführen. Die sogenannte billige Musik ist besonders in Kabarett und Operette schon seit geraumer Zeit eine Art gestischer Musik. Die «ernste» Musik hingegen hält immer noch am Lyrismus fest und pflegt den individuellen Ausdruck. [. . .]*

1935

---

* *Es folgen noch Ausführungen zur Oper ‹Aufstieg und Fall der Stadt Mahagonny›, zu der ebenfalls Kurt Weill die Musik geschrieben hat.*

Kurt Weill

Über ‹Die Dreigroschenoper›

Lieber Herr Weill!
Der sensationelle Erfolg der ‹Dreigroschenoper›, der ein Werk eines
ganz neuartigen, in die Zukunft weisenden Stiles plötzlich zum Kas-
senschlager werden läßt, bestätigt aufs erfreulichste die Prophezeiun-
gen, die in diesem Blatte wiederholt geäußert wurden. Die neue, volkstümliche Opern-Operette, die aus den artistischen und sozialen
Voraussetzungen der Gegenwart den richtigen Schluß zieht, ist da in
einem schönen Musterbeispiel gelungen.

Dürfen wir Sie, der Sie unseren soziologischen und ästhetischen
Ableitungen die eindeutige Legitimation praktischer Leistung und
bewiesenen Erfolges voraushaben, bitten, über den hier beschrittenen
Weg nun auch theoretisch sich in unserm Blatt zu äußern?

Lieber *Anbruch*!*
Ich danke Ihnen für Ihren Brief und will Ihnen gern einiges sagen über
den Weg, den wir, Brecht und ich, mit diesem Werke eingeschlagen
haben und den wir weiterzugehen gedenken.

Sie weisen in Ihrem Brief auf die soziologische Bedeutung der ‹Dreigroschenoper› hin. Tatsächlich beweist der Erfolg unseres Stückes, daß
die Schaffung und Durchsetzung dieses neuen Genres nicht nur für die
Situation der Kunst im rechten Moment kam, sondern daß auch das
Publikum auf eine Auffrischung einer bevorzugten Theatergattung
geradezu zu warten schien. Ich weiß nicht, ob unsere Gattung nun an
die Stelle der Operette treten wird. Warum sollen nicht, nachdem nun
auch Goethe durch das Medium eines Operettentenors wieder auf
Erden erschienen ist, noch eine weitere Reihe geschichtlicher oder
zumindest fürstlicher Persönlichkeiten am zweiten Aktschluß ihren
tragischen Aufschrei von sich geben? Das erledigt sich von selbst, und
ich glaube gar nicht, daß hier eine Lücke frei wird, die es auszufüllen
lohnt. Wichtiger für uns alle ist die Tatsache, daß hier zum erstenmal
der Einbruch in eine Verbrauchsindustrie gelungen ist, die bisher einer
völlig anderen Art von Musikern, von Schriftstellern reserviert war.
Wir kommen mit der ‹Dreigroschenoper› an ein Publikum heran, das
uns entweder gar nicht kannte oder das uns jedenfalls die Fähigkeit

* *Es handelt sich um die Wiener Musikzeitschrift «Musikblätter des Anbruch».*

absprach, einen Hörerkreis zu interessieren, der weit über den Rahmen des Musik- und Opernpublikums hinausgeht.

Von diesem Standpunkt aus gesehen, reiht sich die ‹Dreigroschen-oper› in eine Bewegung ein, von der heute fast alle jungen Musiker ergriffen werden. Die Aufgabe des l'art pour l'art-Standpunktes, die Abwendung vom individualistischen Kunstprinzip, die Filmmusik-Ideen, der Anschluß an die Jugendmusikbewegung, die mit alldem in Verbindung stehende Vereinfachung der musikalischen Ausdrucks-mittel – das alles sind Schritte auf dem gleichen Wege.

Nur die Oper verharrt noch in ihrer *splendid isolation*. Noch immer stellt das Opernpublikum eine abgeschlossene Gruppe von Menschen dar, die scheinbar außerhalb des großen Theaterpublikums stehen. Noch immer werden «Oper» und «Theater» als zwei völlig getrennte Begriffe behandelt. Noch immer wird in neuen Opern eine Dramatur-gie durchgeführt, eine Sprache gesprochen, werden Stoffe behandelt, die auf dem Theater dieser Zeit völlig undenkbar wären. Und immer wieder muß man hören: «Das geht vielleicht im Theater, aber nicht in der Oper!» Die Oper ist als aristokratische Kunstgattung begründet worden, und alles, was man «Tradition der Oper» nennt, ist eine Betonung dieses gesellschaftlichen Grundcharakters dieser Gattung. Es gibt aber heute in der ganzen Welt keine Kunstform von so ausge-sprochen gesellschaftlicher Haltung mehr, und besonders das Theater hat sich mit Entschiedenheit einer Richtung zugewandt, die man wohl eher als gesellschaftsbildend bezeichnen kann. Wenn also der Rahmen der Oper eine derartige Annäherung an das Zeittheater nicht erträgt, muß eben dieser Rahmen gesprengt werden.

Nur so ist es zu verstehen, daß der Grundcharakter fast aller wirk-lich wertvollen Opernversuche der letzten Jahre ein rein destruktiver war. In der ‹Dreigroschenoper› war bereits ein Neuaufbau möglich, weil hier die Möglichkeit gegeben war, einmal ganz von vorn anzufan-gen. Was wir machen wollten, war die Urform der Oper. Bei jedem musikalischen Bühnenwerk taucht von neuem die Frage auf: Wie ist Musik, wie ist vor allem Gesang im Theater überhaupt möglich? Diese Frage wurde hier einmal auf die primitivste Art gelöst. Ich hatte eine realistische Handlung, mußte also die Musik dagegensetzen, da ich ihr jede Möglichkeit einer realistischen Wirkung abspreche. So wurde also die Handlung entweder unterbrochen, um Musik zu machen, oder sie wurde bewußt zu einem Punkte geführt, wo einfach gesungen werden mußte. Dazu kam, daß uns dieses Stück Gelegenheit bot, den Begriff «Oper» einmal als Thema eines Theaterabends aufzustellen. Gleich zu Beginn des Stücks wird der Zuschauer aufgeklärt: «Sie werden heute

*Der Anfang der Moritat von «Mackie Messer»
in Kurt Weills Partiturhandschrift.*

abend eine Oper für Bettler sehen. Weil diese Oper so prunkvoll gedacht war, wie nur Bettler sie erträumen können, heißt sie die ‹Dreigroschenoper›.» Daher ist auch das letzte Dreigroschenfinale keineswegs eine Parodie, sondern hier wurde der Begriff «Oper» direkt zur Lösung eines Konflikts, also als handlungsbildendes Element herangezogen und mußte daher in seiner reinsten, ursprünglichsten Form gestaltet werden.

Dieses Zurückgehen auf eine primitive Opernform brachte eine weitgehende Vereinfachung der musikalischen Sprache mit sich. Es galt, eine Musik zu schreiben, die von Schauspielern, also von musikalischen Laien gesungen werden kann. Aber was zunächst eine Beschränkung schien, erwies sich im Laufe der Arbeit als eine ungeheure Bereicherung. Erst die Durchführung einer faßbaren, sinnfälligen Melodik ermöglichte das, was in der ‹Dreigroschenoper› gelungen ist, die Schaffung eines neuen Genres des musikalischen Theaters. Ihr ergebener

Kurt Weill
(Januar 1929)

Kurt Weill

Zu der «unterdrückten Arie» der Lucy*

In einer Szene des letzten Aktes der ‹Dreigroschenoper› sitzt Lucy, die Tochter des Polizeipräsidenten, in ihrem Zimmer und erwartet den Besuch ihrer Nebenbuhlerin Polly. Sie brütet finstere Mordpläne. Für diese Soloszene der Lucy wurde die vorliegende «Arie» geschrieben, gewissermaßen ein Gegenstück zu dem Eifersuchtsduett im zweiten Akt. Dieser Eifersuchts-Monolog der Lucy konnte zu einer Art von Gesangsarie ausgebaut werden, weil für die Rolle der Lucy bei der Berliner Uraufführung eine Darstellerin mit guten stimmlichen Fähigkeiten vorgesehen war. Da diese Besetzung nicht zustande kam, wurde die «Arie» gestrichen. Sie wäre ohnehin gestrichen worden, weil sich im Laufe der Proben herausgestellt hatte, daß die ganze Szene überflüssig war. Erst bei späteren Neueinstudierungen wurde die Szene wieder eingefügt – jetzt allerdings ohne die Arie, die für die Darstellerin der Lucy gesanglich zu schwer war.

(November 1932)

---

* *Die Arie ist in der Zeitschrift «Die Musik» (November 1932) zum erstenmal publiziert. Sie ist von Weill nicht instrumentiert, sondern lediglich in Klaviernotation ausgeführt worden.*

IV. Zur Wirkungsgeschichte

Der unerwartete Erfolg der ‹Dreigroschenoper› beschäftigte auch die Musikschriftsteller. Unter den zahlreichen Stimmen ragte die des Frankfurter Philosophen und Musikers Theodor W. Adorno (1903–69) hervor. Obwohl er Kompositionsschüler Alban Bergs war, der die Musik Kurt Weills gar nicht mochte, erkannte er sofort und unvoreingenommen die außerordentliche Eigenart und Qualität des Stücks und vor allem seine bösartige, verfremdete Sinnlichkeit. Adorno bezeichnete sie, nicht zuletzt wegen des musikalischen Tonfalls, den Weill hier anschlug, als «gefährlich» und sogar als «aufrührerisch». Entscheidend war für Adorno schließlich die Einschätzung der ‹Dreigroschenoper›, daß sich ihre Resistenzkraft in einmaliger Weise gegen jegliche Form der Vereinnahmung durchsetzen könne, und sei es auch der Genuß, den das Publikum (bis heute) daran finde, denn es sei noch sehr die Frage, wie dem Publikum die Mahlzeit bekomme.

Theodor W. Adorno

Zur Musik der ‹Dreigroschenoper› (1929)

Der Erfolg der ‹Dreigroschenoper›, groß wie nur der einer Operette, verführt zum Glauben, mit einfachen Mitteln, in purer Verständlichkeit sei hier schlicht die Operette gehoben und für den Bedarf eines wissenden Publikums genießbar gemacht, das sich nicht zu langweilen braucht, ohne doch der Kurzweil sich schämen zu müssen. Man meint, auf den platten Speisetisch der Gesellschaft sei mit sicherem Stoß das Kolumbusei einer Kunst gestellt, die in sich selber stimme oder, wie

91

man das so nennt, die Niveau habe, und die zugleich von der Gesellschaft zu verzehren wäre. Wer soziologisch der schönen Übereinstimmung mißtraut, sieht sich zunächst von der Tatsache des Erfolgs eben widerlegt – eines Erfolgs, den die Harmlosen tragen und die fortgeschrittensten Intellektuellen legitimieren. Man ist also gehalten, Zweifel wider die angeblich gehobene Operettenform des Werkes an ihm selber zu erhärten und damit seinen Erfolg als Mißverständnis zu enthüllen; endlich das Werk, wofern es standhält, gegen seinen Erfolg in Schutz zu nehmen. Der Erfolg bedeutender Werke bei ihrem Erscheinen ist allemal Mißverständnis. Nur unter der Hülle des Bekannten und Geläufigen vermögen neue Ursprungsgehalte sich mitzuteilen und in Kontakt zu kommen mit denen, die sie vernehmen, wofern sie nicht im Dunkel des Werkes zuvor sich verhüllen; die Rede von Mahlers Banalität, vom Romantiker und dann vom Impressionisten Schönberg bezeugt es. Vielleicht liegt die Spannung von Werk und Vernehmendem, wie sie die Geschichte des Werkes eröffnet, durchaus nur im Mißverständnis, und es wäre von der ‹Dreigroschenoper› nichts Abenteuerliches behauptet, wenn man solches Mißverständnis in ihr suchte. Denn der Deutung als neuer Operette kommt ihre Oberflächengestalt sehr entgegen. Jeder vermag die Melodien nachzusingen, die für Schauspieler geschrieben sind; die Rhythmik, einfacher als die des Jazz, von dem viel Farbe stammt, hämmert sich in Sequenzen ein; das ganz homophone Gefüge läßt sich vom Laien durchhören; die Harmonik hält mit der Tonalität, zumindest mit den tonalen Akkorden Haus. Das klingt zunächst, als sei der Weg ins Paradies der Verständlichkeit mit allen Errungenschaften der Neuzeit gepflastert und frischweg begangen; wohl also sind, um Westphals Ausdruck zu gebrauchen, zwischen den Akkorden die funktionellen Drähte durchschnitten, weil man das doch gerne tut, in neuer Sachlichkeit, die sie kahl zweckmäßig aneinanderrückt, wohl sind sie mit Groteske gewürzt, mit Jazz gelockert; jedoch sie selber, die Akkorde, bleiben schließlich wie sie sind. Kurz, es läßt sich an, als sei dem behaglich gebildeten Mann ein Vorwand geliefert, öffentlich das schön zu finden, was er sich bislang insgeheim vom Grammophon vorspielen ließ.

Allein schon der zweite Blick, der auf das Werk geht, findet, daß es sich nicht so verhält. Wohl hat die ‹Dreigroschenoper› zunächst die Gebärde der Opern- und mehr noch der Operettenparodie; aus Oper und Operette bewahrt sie die Mittel, indem sie sie verzerrt. Aber gerade, daß sie jene Formen so stumpf mitnimmt, so durchaus unbehelligt läßt, wie es nur einer Haltung möglich ist, die mit den freigewählten Formen wenig zu schaffen hat, während ja Edeljazzkomponisten solche Elemente behend modernisieren und geläufig verfeinern – daß also Oper und Operette in starrem Grinsen gleichsam hier vorkommen, sollte gegen die glückliche Popularität bedenklich stimmen. Denn so blank hergeholt aus dem Vergangenen kann ja nichts, was sich da begibt, buchstäblich genommen werden. Und auch der Begriff der Parodie, der helfen möchte, dies nach außen simple Zitieren zu verstehen, führt nicht weit. Welchen Sinn, welche Aktualität gar sollte es haben, die Oper zu parodieren, die tot ist, oder auch die Operette, über deren Sphäre so wenig Täuschung möglich ist, daß sie nicht erst demaskiert zu werden braucht, ihr hohles Gesicht zu zeigen?

Was eigentlich sich begibt, wird man eher erkennen an dem, was weitab von sinnfälliger Aktualität und parodischer Absicht geschieht, nicht keß und schnittig, nicht bargerecht, sondern altmodisch eher, staubig, zeitfremd und schal, 1890, 1880 sogar. Man kennt das Liebesduett von Mackie und Polly, im Stall; eine Valse lente, keinen Boston, wohlverstanden; so innig abgestanden und weinerlich tröstend, wie es nur noch auf der Drehorgel vorkommt; auch die schnaufenden Zäsuren erinnern daran, sind Löcher in der Walze; und ein Pathos der Liebe lebt sich aus wie von der ersten großen elektrischen Ausstellung; einen hohen Busen müßte die Frau haben und dicke, g'schamig präsentierte Waden; hinten vielleicht eine Tournüre oder wenigstens einen Cul de Paris. Der Kavalier trägt in der einen Hand einen Chapeau claque und in der anderen ein künstliches Bukett; er tut es nicht, da er ja im neusachlichen Stall sich befindet, aber die Musik tut es doch für ihn. Dazu singen sie vom Schriftstück vom Standesamt, das sie nicht haben, und möchten wissen, wer uns getraut, gleich dem guten alten Zigeunerbaron, der ja immerhin den Dompfaff dafür in Anspruch nimmt; trübselige Libertinage des Anno dazumal, als die Großmutter ein Verhältnis hatte und keiner es sich träumen ließ. Das will nun eben geträumt werden und nicht parodiert, sowenig jemals Totes der Parodie sich gibt. Wohl aber kehrt es zurück als *Gespenst*. Man weiß von Fotos, Modebildern, auch solchen Melodien; wieviel an Oberflächengut aus der zweiten Hälfte des 19. Jahrhunderts uns bereits von sich aus gespenstisch wurde. Die Oberfläche eines Lebens, das scheinhaft geschlossen war und verfiel, ist durchsichtig geworden, nachdem Leben entwich; die verwesende Gemütlichkeit jenes Bürgertums geistert als Angst in unseren Träumen; der Traumfetzen, wie wir sie einzig davon noch haben, vermag Kunst sich zu bemächtigen; sie darf ihren dämonischen Grund aufdecken, dem der Name noch fehlt, auf ihn als ihren Gegenstand sich richten, und ihn namenlos im Bild ergreifen, heißt bereits ihn deuten und zerstören. Dies ist mit der ‹Dreigroschen-

oper⟩ gemeint, mag immer es nicht bewußte Absicht der Autoren gewesen sein, die in der Gestalt dachten und Erkenntnis in der Gestalt bewährten. In der Opern- und Operettenform seiner kompositorischen Oberfläche faßt das Werk die kleinen Gespenster jener Bürgerwelt und läßt sie zu Asche werden, indem es sie dem grellen Licht der wachen Erinnerung aussetzt. Die Sprünge der Musik von 1890, daraus deren Gehalt floh; die Falschheit der Gefühle darin; was immer Zeit an Bruchstellen in die gewesene Oberfläche schlägt – Weill, der es von heut und hier, von drüben also und in dreidimensionaler Perspektive schaut, auf den Hintergrund der verlorenen Zeit, Weill muß gleichsam real auskomponieren, was an jenen Dingen die Zeit fürs Bewußtsein vorkomponiert hat. Die Melodien von damals sind brüchig, und ihre metrische Kasernenordnung hören wir als Aneinandergefügtsein von Bruchstücken; darum komponiert Weill seine neuen Melodien, die alten zu deuten, selber schon in Brüchen, fügt die Trümmer der Floskeln aneinander, die die Zeit zerschlagen hat. Die Harmonien, die fatalen verminderten Septimakkorde, die chromatischen Alterationen von diatonisch getragenen Melodieschritten, das Espressivo, das nichts ausdrückt, sie klingen uns falsch – also muß Weill die Akkorde selber, die er da herholt, falsch machen, zu den Dreiklängen einen Ton hinzusetzen, der so falsch klingt wie uns eben die reinen Dreiklänge aus leichter Musik von 1890 klingen; muß die Melodieschritte verbiegen, weil jene simpeln erinnerten uns verbogen sind, muß die Stupidität jener Modulationen selber gestalten, indem er gar nicht moduliert, sondern sich folgen läßt, was nicht zusammengehört und auch nicht zusammengehörte, als dazwischen moduliert wurde; oder muß, in den kunstvollsten Stellen der Partitur, die modulatorischen Schwergewichte so verschieben, daß die harmonischen Proportionen umkippen, um in den dämonischen Abgrund der Nichtigkeit jener von Nichts zu Nichts modulierenden Kompositionsweise einzustürzen. Von solcher Technik führt ein sehr genauer Weg zum besten, radikalen Strawinsky; dem des ⟨Soldaten⟩ oder der vierhändigen Klavierstücke, die ja auch gutes Teiles als Parodien anheben. Nur beeilt sich Strawinsky, jene Formwelt zu verlassen, mit Laune und Ausfall sie zu überspielen, und sucht rasch anderswo sein Heil als hier, wo zwischen Wahnsinn und Trivialität nur wenig Platz gelassen ist; während Weills Verfahrungsart um so tiefer in die Gespensterregion eindringt, je dichter er sich an deren zerspellten Wänden entlangtastet; je treuer also er scheinbar nimmt, was die alte Operette ihm darbietet. Derart versteht sich die musikalische Geste; das fremde, beziehungslose Nebeneinander der banalen Klänge, deren Versetztsein mit falschen Tönen, die fotografische, fast pornographische Glätte des rhythmischen Ablaufs; das beharrliche Aufgebot eines musikalischen Ausdrucks, der nichts möchte als ins völlig Sinnleere sich ergießen. Es mag von großer und aufklärender Macht sein, wenn dem 19. Jahrhundert darin die Formeln des Jazz sich gesellen, der hier, unterm Monde von Soho, schon so abgeschieden klingt wie nur dies «Wer uns getraut». Zur deutenden Form der Oper stimmt völlig, daß sie sich ihren Stoff von einer anderen Oper vorgeben läßt und ebenso, daß sie diesen Stoff im Lumpenproletariat beläßt, das selbst wieder in einem Hohlspiegel die gesamte fragwürdige Ordnung der bürgerlichen Oberwelt reflektiert; Lumpen und Trümmer, das allein ist fürs erhellte Bewußtsein von jener gründlich entzauberten Oberwelt übriggeblieben, Lumpen und Trümmer nur vermag es vielleicht im Bilde zu erretten. Die gewesene Operette enthüllt sich der ‹Dreigroschenoper› als satanisch; darum bloß ist sie als gegenwärtige Operette möglich. Mit der Gemütlichkeit der praktikabeln Operette, mit der frischfröhlichen Gebrauchsmusik hat es ein jähes Ende.

Dies allerdings ereignet sich nicht im klaren Vorsatz und nicht einmal durchaus eindeutig. Es scheint das Schicksal jedes deutenden Künstlers, der sich in jene dämonische Sphäre des Verfallenen ernstlich hineinwagt, daß er ihr um so gefährlicher erliegt, je tiefer er sie erreicht, Strawinsky erging es nicht anders. Dafür, daß die ‹Dreigroschenoper› die leichte Musik von 1890 im Bilde gestaltet und trifft, hat sie mit dem Preis zu zahlen, daß sie über weite Strecken die leichte Musik von 1930 wird. Eine Fülle an ungebrochen Vitalem aus der Jazzregion steckt darin, die jene anreizt, welche als Leichen auf der Bühne sich begegnen müßten; dicht genug, spiegelnd und bunt ist die parodische Oberfläche, um die an Spaß glauben zu machen, die ein wenig besser, aber doch nicht gar zu scharf hinsehen. Und die Melodien, die können sie tatsächlich nachsingen. Die Kindlein, sie hören es gerne, wenn auch die Zuhälter ihre Moral haben, die man belacht, weil sie beruhigt; und wenn die Verbrecher sich als ebensolche Spießer herausschälen wie die anständigen Leute im Parkett, die sie zugleich ihrer Freizügigkeit wegen beneiden. Auch darf der erotische Affektionswert des feschen Mackie Messer nicht unterschätzt werden. Schließlich kommen die Zuschauer, die den Erfolg machen, vom Kurfürstendamm und nicht von der Weidendammer Brücke, wo man das Stück spielt, dem ehrwürdigen Requisit der Armeleutepoesie. Aber damit ist gegen den aufrührerischen, auch überstofflich aufrührerischen Charakter der ‹Dreigroschenoper› nichts bewiesen. Viele Wege hat die Gesellschaft, mit unbequemen Werken fertig zu werden. Sie kann sie ignorieren, sie kann sie kritisch vernichten, sie kann sie schlucken, so, daß nichts mehr davon übrigbleibt. Die ‹Dreigroschenoper› hat ihr zum letzten Appetit gemacht. Indessen, es ist noch die Frage, wie ihr die Mahlzeit bekommt. Denn noch als Genußmittel bleibt die ‹Dreigroschenoper› gefährlich: keine Gemeinschaftsideologie kommt davor, stofflich nicht und auch musikalisch nicht, da nichts Edles und Verklärendes als Kollektivkunst gesetzt, sondern der Abhub von Kunst aufgehoben wird, dem Abhub der Gesellschaft den Laut zu finden. Und wer hier die abgeworfenen kollektiven Gehalte deutet, ist durchaus einsam, nur bei sich selber; vielleicht gefällt es ihnen nur darum so gut, weil sie seine Einsamkeit wie die eines Clowns belachen können. Mit keiner Melodie der ‹Dreigroschenoper› kann man Wiederaufbau spielen; ihre ausgehöhlte Einfachheit ist nichts weniger als klassisch. Eher könnte sie schließlich doch in Bars gespielt werden, deren Halbdunkel sie jäh erleuchtet, als auf der Wiese gesungen. Wohl gilt die ‹Dreigroschenoper› dem Kollektiv – und welche Kunst von Wahrheit, wäre es auch die einsamste, hätte es nicht in sich –, jedoch nicht das vorhandene, nicht existente, dem sie diente, sondern ein nicht vorhandenes, existentes, das sie mit aufrufen möchte. Die Deutung des Gewesenen, die glückt, wird ihr zum Signal eines Zukünftigen, das sichtbar wird, weil das Alte deutbar geworden ist. So nur und in keinem banaleren Sinne läßt sich die ‹Dreigroschenoper› trotz Singbarkeit und Kasse als Gebrauchsmusik ansehen. Es ist Gebrauchsmusik, die heute, da man im Sicheren ist, zwar als Ferment genossen, nicht aber gebraucht werden kann, das zu verdecken was ist. Wo sie aus Deutung in unmittelbare Sprache umschlägt, fordert sie offen: «. . . denn es ist kalt: Bedenkt das Dunkel und die große Kälte.»

Der Philosoph Ernst Bloch (1885–1977) hörte aus Weills Musik zur ‹Dreigroschenoper› außer dem vulgären Schmiß und der Kraft des unmittelbar sinnlichen Tonfalls vor allem die Zersetzung heraus, mit der Weill der sogenannten «leichten» Musik hier zu Leibe rückt und ihr dadurch überhaupt erst die entscheidende «gesellschaftlich-polemische» Schlagkraft verleiht. Freilich ist damit keine unmittelbare politische Wirkung gemeint, sondern allenfalls «dicke Luft im Amüsement», aber immerhin eine zweideutige Sinnlichkeit, durch die der Wind pfeift, und zwar «der ehrliche Wind, der ist, wo ringsum die Zeit noch keine Wirklichkeit ist». Bloch zielt damit durchaus auch auf eine Tendenz des Stücks, die zwar nicht ausdrücklich dort angesprochen ist, aber wohl doch mitgedacht war: der Angriff auf die gesellschaftliche Gegenwart der sogenannten «golden twenties» und die (implizite) Perspektive auf revolutionäre Veränderung der Verhältnisse.

Ernst Bloch

Lied der Seeräuber-Jenny in der ‹Dreigroschenoper› (1929)

Kurt Weill und Lotte Lenya mit Gruß

Noch leuchtet nicht des Mondes Silberfackel . . .
‹Figaros Hochzeit›

Ja, etwas Lustiges wollen wir singen. Sie sind die Gäste, genauso saßen die in der Spelunke am Hafen. Und vorndran stand das arme Abwaschmädchen Jenny und sang, wie sie die Gläser wusch. Wann kommt denn dein Schiff, Jenny? muß man fragen. Und die Gäste lachen zu der Antwort von so einer, wie Sie auch lachen werden, wenn Sie können.

Was das Volk zu seiner Arbeit singt, macht immer Spaß. Schlichte treue Weisen aus der Zeit, da noch jeder seine Pflicht tat. Auch der Inhalt des kleinen Liedchens, das das Abwaschmädchen Jenny sang, darf als bekannt vorausgesetzt werden. Drum doppeltes Ergo bibamus:

«Meine Herren, heute sehn Sie mich Gläser aufwaschen und ich mache das Bett für jeden und Sie geben mir einen Penny und ich bedanke mich schnell und Sie sehn meine Lumpen und dies lumpige

97

Hotel und Sie wissen nicht, mit wem Sie reden. Aber eines Abends wird ein Geschrei sein am Hafen und man fragt; was ist das für ein Geschrei? – und man wird mich lächeln sehn bei meinen Gläsern und man sagt: was lächelt die dabei? – Und ein Schiff mit acht Segeln und mit fünfzig Kanonen wird liegen am Kai. – Man sagt, wisch deine Gläser, mein Kind! Und man reicht mir den Penny hin. Und der Penny wird genommen, und das Bett wird gemacht, es wird keiner mehr drin schlafen in dieser Nacht. Und sie wissen immer noch nicht, wer ich bin. Aber eines Abends wird ein Getös sein am Hafen, und man fragt: Was ist das für ein Getös? Und man wird mich stehen sehn hinterm Fenster, und man sagt: was lächelt die so bös? – Und das Schiff mit acht Segeln und mit fünfzig Kanonen wird beschießen die Stadt. – Meine Herren, da wird wohl Ihr Lachen aufhören, denn die Mauern werden fallen hin. Und die Stadt wird gemacht dem Erdboden gleich. Nur ein lumpiges Hotel wird verschont von jedem Streich, und man fragt: Wer wohnt Besonderer darin? Und in dieser Nacht wird ein Geschrei um das Hotel sein, und man fragt: Warum wird das Hotel verschont? Und man wird mich sehen treten aus der Tür gen Morgen, und man sagt: Die hat darin gewohnt? – Und das Schiff mit acht Segeln und mit fünfzig Kanonen wird beflaggen den Mast. – Und es werden kommen Hundert gen Mittag an Land und werden in den Schatten treten und fangen einen jeglichen vor jeglicher Tür und legen in Ketten und ihn bringen zu mir und mich fragen: Welchen sollen wir töten? Und an diesem Mittag wird es still sein am Hafen, wenn man fragt, wer wohl sterben muß. Und dann werden Sie mich sagen hören: Alle! Und wenn dann der Kopf fällt, sag ich Hoppla! – Und das Schiff mit acht Segeln und mit fünfzig Kanonen wird entschwinden mit mir.»

Das ist das Liedchen der Seeräuber-Jenny, von Polly an ihrem Hochzeitstag vorgetragen. Ein unschuldiger Scherz, er bringt bei derartigen Festen immer Stimmung, und man nimmt die gute Absicht für die Tat. Schade, daß man den wunderschönen Rhythmus, auch die schicke Melodie Weills nicht mit hierhersetzen kann. Sie geht ins Blut und dürfte sich bei frohen Anlässen als Nationalhymne empfehlen.

Darf man auf Feinheiten aufmerksam machen, so nebenbei? Wie sie selber nebenbei scheinen, im Rhythmus des Viervierteltaktes, der so leicht zum Trauermarsch wird. Auch das freche Moll spricht an, das zwischen Chanson und Trauermarsch verbindet, die Gewürze des Harmoniewechsels, die hübsch einschneidende Intervall-Sekunde bei der Frage: «Töten?», die unsägliche Arpeggien bei «Schiff» und «Segel», der Orgeldreiklang des «Mir», mit dem das Schiff entschwindet.

Das Schiff, das Brecht der Seeräuber-Jenny auf den Leib geschrieben hat, mit kurzweiligen und atemberaubenden Versen, die nie mehr vergehen. Ein Dichter gab ihr ganz zu sagen, wie sie leidet, was sie freut. Jazzorchester sitzt auf einer Bühne, die zwischen Bar und Kathedrale, Kathedrale als Bar, ununterscheidbar. Blümchen wachsen aus dem faulsten Operettenzauber, aus Kitzelchansons von 1900, aus der Herrlichkeit amerikanischer Jazzfabrikate, mit der Hand nachgemacht, vorgemacht. Ein neuer Volksmond bricht durch die Schmachtfetzen am Dienstmädchen- und Ansichtskartenhimmel. In diesem Schmalz hielt sich eine unsägliche Theologie; wie lehrreich, sie in Aspik zu setzen. Und hört man nicht Heilsarmeelieder in der Dreigroschenluft um Jenny, den Jesus in der Drehorgel und das Vaterunser als Gassenhauer? Vom ganz anderen Ende her hatte die Heilsarmee schon Verbindung zur Gasse geschaffen; darauf spuckte sie ihn aus, den alten Sündenschleim, an der nächsten Straßenecke schwenkte sie in den Himmel. Ausstellung der Hallelujahmädchen, großer Feuer- und Schwefelgalopp, Herabkunft des Teufels um 11 Uhr, Abfeuern der großen Golgathakanone um Mitternacht: dies erste Programm der Heilsarmee ist schon Jenny-Stil, wenn auch nur demagogisch und mit Zuckerwasser am Ende. Im Weill-Brecht-Land macht sich aber nicht nur die Frömmigkeit gemein, sondern die Blasphemie rechtgläubig. *Der himmlische Bräutigam erscheint der Schubertschen Nonne, die hier die Seeräuber-Jenny ist, als Pirat, und das Hoppla ist so apokalyptisch, wie man nur will.* Und der reitende Bote des Königs, mit dem die ‹Dreigroschenoper› als «Opernparodie» schließt, ist aus der Fidelio-Gegend, sehr fühlbar; schlägt das Retterpathos auch nur durch wie Butterbrot durchs Papier. Ja, fast kommt der Kerl der Seeräuber-Jenny als reitender Bote des Königs wieder, viel zahmer, begnügt sich, den Banditenchef zu retten und die anderen zum Zeichen des Triumphes einen Choral singen zu lassen; dennoch gehen auch im Schlußchoral trauriger cantus firmus und Piraten-Credo ineinander. «Denn es ist kalt. Bedenkt das Dunkel und die große Kälte in diesem Tale, das von Jammer schallt» – gerade diesem Tal steht die Schiffsvision ausgezeichnet, bis zuletzt. Wenn die reitenden Boten des Königs nur öfter kämen: die Niedrigen werden erhöht, die Hohen erniedrigt werden, der Herr bricht ein um Mitternacht, zu Schiff statt zu Pferd und mehr gegen als vom König, mit fünfzig Kanonen wird das sicherer und unter acht Segeln schneller.

Wer versteht denn das kleine Liedchen am besten? Die Kinder würden den Finger strecken, daß sie es sind, und dann die Mädchen im Elternhaus, und dann die Jungens in der Schule. Auch sie haben ihre unendliche Erzählung, in der sie gesittete Mordbrenner sind, das begleitet und spinnt sich aus auf dem Schulweg, vorm Einschlafen, es kann ein Kriegsschiff «Argo» sein und der Träumer selbst der «Fürstadmiral», hat sich längst aus dem verfluchten Stall geholt, verteilt die Welt an sich und die Türkei. Aber so gut kommt im kleinen Lied auch das Zünd' an, Zünd' an, das Hexenhafte des Weibes auf seine Rechnung, und jene, die den Herren gemacht wird. Haben nicht Flintenweiber, Petroleusen zu vielen Zeiten die Revolution begleitet und paßt nicht dem Weib die Räuberbraut vorzüglich auf den Leib, in jeder besseren Kolportage und dem Leben, das einmal kolportagehaft scharf wird? Das «Böse», Unterirdische des Weibs, sein geheimes Einverständnis mit der Unterwühlung, die es ruft und erwartet: «Man wird mich lächeln sehn bei meinen Gläsern und man sagt: was lächelt die dabei? Man wird mich stehen sehn hinterm Fenster und man sagt: was lächelt die so bös?» – dies Lächeln war schon oft mit dem roten Terror verbunden oder wurde von ihm gebraucht. Ein ziemlicher gerader Weg führt von diesem Lächeln nicht nur zu Senta, die das Bild ruft, oder zur sanften Elsa, die so lange an seiner Sphäre saugt, bis der Retter erscheint, sondern eben auch zu den Hexen, von denen die gesetzte Christenheit zitterte, ja zum Rebellensymbol der Paradiesschlange, mit der sich Eva so gut versteht. Man wird die Seeräuber-Jenny weniger verurteilen, wenn man die Rolle des luziferischen Tieres in der Geschichte der Revolutionen und mancher Religionen bedenkt: die Paradiesschlange ist dann sozusagen die Raupe der Göttin Vernunft. Und die «Seele» nicht zu vergessen, die allemal weiblich ist, das Mädchen Psyche im entsetzlichen Vaterhaus der Welt. Aber eines Tages erscheint (so legten christliche Ketzer die Bibel aus) ein Mann Jesus, gerade aus der völligen Fremde, aus Übersee, er wird die Seele holen, schon fühlt sie den Ring am Finger, gegen ihren Vater, die Eltern, die Welt und den Vater aller Dinge. Auch ein Fetzen dieser Verlobung ist im Lied, die Kolportage schneidet mit dem mystischen Piraten manichäische Gegenden wieder und noch mehr; da ist viel dabei, aber nichts antiquarisch. Ulkig, wie die gnädige Frau das so hinlegt: Rächer, Entführer, Schiffs-Messias von dereinst.

Also: wer gut zuhört, der schmeckt, was immer los ist, weil es noch nie los war. In diesem Weillschen «Gebet einer Jungfrau» sind die Fluchtmotive nicht nur sentimental und die «Frömmigkeit» ist nicht romantisch. Man spürt den unstatischen Hintergrund der Zeit. Vor einem Dutzend Jahren wäre Senta noch nicht als Braut des roten Freibeuters erschienen, auch in Strawinskys ‹Geschichte vom Soldaten› nicht, die das Original guter Musik aus Abfall, Traum und Lumpen ist.

Auch das: «sie wissen immer noch nicht, wer ich bin» hätte nicht seine süßen und gefährlichen Hintergründe, wäre kein revolutionärer Zustand in der Welt und der unterdrückte Mensch nicht in jedem Sinn auf dem Marsch, sich zu konkretisieren. Die Gäste lachen zwar über Jennys Lied und finden es nett, die Bürger reagieren sich ab und helfen der ‹Dreigroschenoper› zu einem Erfolg, den ihr Bierulk, aber nicht diese starke Dynamitstelle verdient hätte. Der Kerl der Seeräuber-Jenny kommt leider nicht als Bote des Schlusses und beschießt die Stadt (was die revolutionäre Logik des Stückes gewesen wäre): es ist dennoch unzuverlässige Musik, dicke Luft im Amüsement, die satte Kunst ist hin, die Substanz erscheint als Dreck, im Abwaschzuber und in dem, was die denkt, die davor steht. Glüh' Heil'ge Flamme, glüh' – an Lumpen brennt sie am besten. Schlage doch, gewünschte Stunde, gewünschte Stunde, schlage doch – auch die Seeräuber-Jenny singt Kantaten, soweit sich von einer so ungebildeten und geschundenen Person überhaupt etwas erwarten läßt. Ihr Pietismus ist etwas drohend, aber ihr Liedchen gehört in die Wochen vor Weihnachten. Echte Adventsstimmung, den Anforderungen des neuzeitlichen Geschmacks entsprechend.

Ernst Bloch

Zur ‹Dreigroschenoper› (1935)

Sehr viele sprach diese besonders heiter an. Sie hatten vergnügten Ulk, nahmen ihn mit nach Hause. Schlager dazu, süße und bittere, merkwürdig geschärfte, doch nicht angreifend. Dies Ungefährliche scheint dort vor allem, wo der Bürger lacht. Die Schlager scheinen dieselben, die er auch sonst tanzt, nur besser zubereitet. Und die Bettler scheinen mit einer Lage einverstanden, die sie so lustig noch singen und spielen läßt. Zum frischen Ton tanzt manches, das es nicht nötig hätte.

Alles richtig, doch mit dem frischen Ton ist es wieder nicht so weit her. Weill gelang eher, auf sehr lebendige Art, die faulen Wasser auszuschöpfen, gerade die des Schlagers. «Anstatt daß, anstatt daß sie zu Hause bleiben, brauchen sie Spaß»: die falschen Töne, versetzten Rhythmen dieses Spaßes werden auskomponiert und enthüllt. Dadurch wird die Triebbefriedigung, die das Publikum sonst an Schlagern findet, verraten und verräterisch umgesetzt; nämlich die *Ware* als Schlager hört auf, und er erscheint als verhinderter Ersatz für ein *Gut*.

Weill erreichte in leichter, ja vulgärer Maske viele, an die die vorge-
schrittene Musik nicht herankam. Sind diese Vielen auch nur zum
kleinsten Teil Proleten, so macht sich Weill aus dem besseren Klassen-
gemisch, das zuhört, doch nicht «Volk», das zu singen wäre, sondern
Zersetzung, die der leichten Musik bis auf den Grund geht. Weill ist
nicht radikal eintönig und genau wie Eisler erst recht nicht «musikan-
tisch», nämlich falsch unmittelbar, wie die sozialdemokratische Urna-
tur Hindemith; er nimmt doch weniger den Schlager in Songgestalt
auf, als wäre er ein neues Volkslied. Ist er doch längst industrialisierte
Ware; gerade der neue, aus armen Negern und eleganteren Urgefühlen,
wurde besonders genormt und abgehoben, besonders anonym und
gegenstandslos in seiner Triebbefriedigung. Doch ebenso ist im Schlager ein Seitensprung, ein Stück Hurengasse und Juxkabinett neben der
Prachtstraße; macht der Schlager als Rhythmus, Melodie und Text
auch völlig den genormten Zeitzug mit, so hat er darunter noch ein
schiefes Gesicht, ein kolportagehaftes, das mit größter Oberflächlich-
keit die Oberflächen sich abschminkt. Das Lumpenhafte des Schlagers
bewirkt nicht bloß, daß er länger im Gedächtnis bleibt als das Mittel-
gut seiner Zeit (noch ganz frühe Schlager, wie Fischerin, du kleine, die
Holzauktion im Grunewald, Male, Male, lebt denn meine Male noch,
der Rixdorfer, hängen im verwandten Unterbewußtsein). Die ‹Dreigroschenoper› konnte auch an dies Lumpenhafte sich, kraft der gären-
den Zeit, besonders genau anschließen: ihre Bettler und Gauner sind
nicht mehr solche der Opera buffa, gar des Lumpenballs, gar der
Wohltätigkeit, sondern der zersetzten Gesellschaft in Person. Daher, o
falsche Freunde, diese Töne, daher Brechts höhnische Süße, geschärfte
Leichtheit noch einmal, daher die Weisen Mackie Messers und dieser
Tiger-Brown. Daher die Stimme der Lotte Lenya, süß, hoch, leicht,
gefährlich, kühl, mit dem Licht der Mondsichel; daher die Seeräuber-
Jenny und die dämonische Ballade, zu der sie endlich Luft bekommt.
Ohne den kühn gemachten Zerfall in Strawinskys ‹Geschichte vom
Soldaten› wäre die ‹Dreigroschenoper› nicht; aber ohne den gemeinen
Zerfall, ohne die Schlager seit 1880 erst recht nicht. Das «Prickelnde»
wie der Schmalz haben keine bessere Musik mehr über sich, als die,
worin sie zitiert werden; die brechende Schönheit der Trompetenmelodie, beim Abschied Pollys vom Räuber, wird zum Zitat eines Lebens,
das noch keinen Platz hat. Der Versuch der ‹Dreigroschenoper› hat die
schlechteste Musik in den Dienst der heute vorgeschrittensten gestellt;
und sie zeigt sich gefährlich. Aus der Hure im bürgerlichen Straßendienst wurde eine anarchistische Schmugglerin, wenigstens eine anarchistische.

Verschiedene Züge mengen sich miteinander, reiben sich. Der kantige Ton und die dicke Luft, die geschlossene Nummer und der aufsässige Inhalt. Die vereinfachten Ausdrucksmittel und der äußerst vielstimmige Traum der Seeräuber-Jenny, die frohen Melodien und die blühende Verzweiflung; zuletzt ein Choral, der sprengt. Der Song handelt nicht, sondern berichtet zuständlich, wie die alte Arie; doch ausnahmslos berichtet er einen verfluchten Zustand (und den «verdammten Fühlst-du-mein-Herzschlagen-Text»). Hier setzt sich ein alter Keller als Haus, zuweilen auch setzt sich ein neues Dach unmittelbar auf den Boden; aus dem Querschnitt beider läßt sich die Zukunft einer Gesellschaft freilich noch nicht vorhersagen, gar betreiben. Der Genuß überhaupt, den solche Musik mit sich führt, steht der Verwandlung der Gesellschaft – wenn nicht im Weg, so nicht immer auf dem Weg; ihr Ton hat nur bisweilen sein Schwert. Hier sind künstlerische Grenzen überhaupt gezogen, auch Stärkerem als dem Versuch der ‹Dreigroschenoper› und ihren befreiten Schlagerwaffen. Der Nagel, den noch die politisch gezielteste Musik und Dichtung auf den Kopf treffen, ist der gegebenen Wirklichkeit nur sehr mittelbar einer zum Sarg. Aber kann Musik Gesellschaft nicht ändern, so kann sie, wie Wiesengrund mit Recht sagt, ihre Veränderung vorweg bedeuten, indem sie «aufnimmt» und lautspricht, was unter der Oberfläche sich auflöst und bildet. Vor allem illuminiert sie die Antriebe derer, die auch ohne Musik in die Zukunft marschieren, doch mit ihr leichter. Weills Musik hat als einzige heute gesellschaftlich-polemische Schlagkraft und der Wind pfeift durch, der ehrliche Wind, der ist, wo ihn keine Gebäude aufhalten, wo ringsum die Zeit noch keine Wirklichkeit ist. Den «musikantischen» Sängern hat Weill, in ihrem eigenen «Volk», das packende Konzept verdorben. Der Kanonen-Song zeigte, daß auch links Soldaten wohnen, aber die richtigen. Und die Seeräuber-Jenny kam, auf Augenblicke, dem Herzen des Volks so nahe wie früher die Königin Luise. Nichts zeigt klarer, wessen Schlager und die Lust des mischenden Stregreifs jetzt fähig sind.

Ähnlich wie Adorno und Bloch es bereits in erster Stunde formuliert haben, leitet auch Hellmut Kotschenreuther in seinem 1962 erschienenen Buch über Kurt Weill die Musik zur ‹Dreigroschenoper› von gewissen kompositorischen Verfahren Igor Strawinskys ab, die dieser in seiner ‹Geschichte vom Soldaten› (1918) etwa, im Anschluß an die bewußten Deformationen von Raum und Gegenständen in der kubistischen Malerei, für die Musik entwickelt hat. Doch unterscheidet sich Weills Vorgehen im einzelnen von Strawinsky durch den polemischen Charakter der musikalischen Verfremdungen, mit denen er seine Stilmodelle – stammen sie nun aus der Schlager- oder Tanzmusik, oder aus dem Jazz – aus ihrer ursprünglichen («niederen») Sphäre herausreißt und in ein neues, grelles Licht rückt. Andererseits mußte Weill, obwohl er in der melodischen Erfindungskraft Strawinsky ungleich überlegen war, hinter dessen Willen zu meisterhafter musikalischer Konstruktion, zur kunstvollen Re-Komposition absichtlich gewählter Bruchstücke aus vorhandenem musikalischen Material, sei es historisch bereits abgenutztes, sei es gesellschaftlich präformiertes (zum Beispiel Tanzformen), denn doch zurückstehen. Weills kompositionstechnische «Defekte» verteidigt indessen Kotschenreuther hellsichtig als Abbilder der gesellschaftlichen, die ja auch Brecht auf die Bühne bringt, also als soziologisch determinierte und dadurch ästhetisch legitimierte Verfahren der künstlerischen Gestaltung. Zielt Strawinsky – jedenfalls in der musikalischen Montage der Partitur zur ‹Geschichte vom Soldaten› – auf den primär ästhetisch motivierten Bruch, so richtet sich Weill direkt gegen den Zeitgeist des drohenden Faschismus. Daß freilich die grellen Trompeten-Fanfaren des «Kanonen-Songs» nicht, wie beabsichtigt, die politische Revolution von links ankündigten (wie noch Bloch dachte), sondern statt dessen den «Terror bestialischen Untermenschentums», lag nicht an den Verfassern der ‹Dreigroschenoper›, denn, so Kotschenreuther, «schärfer als im ‹Kanonen-Song› ist die Soldateska-Barbarei unseres Jahrhunderts mit musikalischen Mitteln noch nicht karikiert worden». Unter diesem Aspekt gesehen war der ungeheure Erfolg der ‹Dreigroschenoper› auch ein ungeheures Mißverständnis.

Hellmut Kotschenreuther

Weills Musik zur ‹Dreigroschenoper›

Kurt Weill definierte die Aufgaben, die Brechts Buch ihm gestellt hatte, in der Monatsschrift *Anbruch* so: «Ich hatte eine realistische Handlung, mußte also die Musik dagegensetzen, da ich ihr jede Möglichkeit einer realistischen Wirkung abspreche. So wurde also entweder die Handlung unterbrochen, um Musik zu machen, oder sie wurde bewußt zu einem Punkte geführt, wo einfach gesungen werden mußte . . . Erst die Durchführung einer sinnfälligen, faßbaren Melodik ermöglichte das, was in der ‹Dreigroschenoper› gelungen ist, die Schaffung eines neuen Genres des musikalischen Theaters.»

Weills Haltung gegenüber dem Buch der ‹Dreigroschenoper› hat Theodor W. Adorno – in Übereinstimmung mit Brecht, Weill und den Theorien des epischen Theaters – als die eines «Musikregisseurs» definiert: «Daß er um den durchkomponierten Stil und das herkömmliche musikdramatische Wesen sich nicht kümmerte, war nicht einmal das wichtigste. Nummernopern haben damals auch andere, wie Hindemith im Cardillac, geschrieben. Aber die Nummern sind bei Weill nicht, wie vor Wagner, selbständige musikalische Einheiten, sondern genau eingepaßt in den dramatischen Verlauf, den sie unterbrechen oder stillstellen.»

Die Intelligenz, mit der sich der Musikregisseur Weill seiner Aufgaben entledigte, wird nur noch von der Sensibilität übertroffen, mit der er sich in das innerste Wesen des Brechtschen Textes einfühlte. Diese Sensibilität wirkt mitunter fast feminin, vorausgesetzt, daß dies nicht in abschätzigem Sinne verstanden werde. So findet die aus kraftvollem Luther-Deutsch, aus verschlissenen Klischees der bürgerlichen Umgangssprache und aus den drastischen Wendungen des Verbrecherjargons geschaffene Kunstsprache Brechts ihre genaueste Entsprechung in der Musiksprache Weills, in die Elemente der barocken Musik, abgenutzte Formeln der bürgerlichen Unterhaltungsmusik und Wendungen aus Moritaten und Küchenliedern eingeschmolzen sind. Und wie Brecht Formulierungen gelangen, die sich dem Bewußtsein einer ganzen Generation eingeprägt haben und noch heute in Leitartikeln und Schlagzeilen wiederkehren, so gelangen Weill in seiner Musiksprache Formulierungen, deren bohrende Eindringlichkeit bis heute nicht erreicht, geschweige denn übertroffen worden ist.

Ein Beispiel für die schlagende Prägnanz des Einfalls, die Weills bester Teil ist, gibt – nach der Ouvertüre, die sich dem Hörer als eine mehr im Klangbild als im Satzbild leicht karikierte barocke Intrada in majestätischem Dreivierteltakt darstellt – schon die zweite Nummer des Werkes, die berühmte «Moritat vom Mackie Messer». Die scheinbare Primitivität der Melodie erweist sich bei näherem Zusehen als Raffinement, die Harmonik arbeitet mit den einfachsten Mitteln: die Sixte ajouté, ein paar Nebendreiklänge, einige Vorhalte und die «falschen» Quartbässe im dritten und vierten Takt genügen Weill, die Banalität der musikalischen Grundtatsachen zu verfremden und ins Hintergründige zu wenden.

Mit den sechzehn Takten der Melodie hat der Komponist zugleich einen neuen Gestalttypus geschaffen: den Song, in dem Elemente der alten Moritat, des Dienstmädchenlieds, des Volkslieds und des Bänkelsangs mit zeittypischen harmonischen und rhythmischen Zutaten zusammengeschmolzen und auf diese Weise aktualisiert und für die gesellschaftskritische Polemik tauglich gemacht sind. Die «Moritat vom Mackie Messer» ist das Urbild des Songs, und der Begriff Urbild sei hier durchaus im Sinne Goethes verstanden. Lösungen von einer so genialen Schlüssigkeit sind Weill vorher kaum und später nicht allzu oft gelungen.

Auch die Süße, deren Brechts Verse manchmal fähig sind, wird von Weills Musik nicht bloß aufgefangen und widergespiegelt, sondern «ausgelegt», wie es die Prinzipien des epischen Musiktheaters fordern. Erst die zwielichtige Neapolitaner-Harmonik und der mehrfach wiederholte Wechsel zwischen Quinte und kleiner Sexte im Refrain des «Barbara-Songs» legen die sexuelle Hörigkeit der Polly als schicksalhaft, als Fatum aus: die Musik gibt der Figur die Tiefendimension, die der Text nur andeutet; sie macht das Verhalten der Polly erst verständlich. Ähnliches leistet die Musik zu Beginn des zweiten Aktes in Pollys Lied «Hübsch als es währte» und im folgenden «Melodram». Die verzehrende Melancholie der Melodie zu der Textstelle «Die Liebe dauert oder dauert nicht» hat die Wirkung eines süßen Narkotikums. Sie antizipiert nicht bloß die «Tristesse» der «Saganisten», die fünfundzwanzig Jahre später so viel von sich reden machten, sondern sie desavouiert sie als eine modische Arabeske. Man könnte sogar noch weitergehen und sagen, daß die Melancholie, die Weill der Figur der Polly beigibt, die moralische Rehabilitation dieser Figur einleitet: wer so zu empfinden vermag, kann nicht bloß Nutznießer der «Verhältnisse» sein, die, nach Peachum, nicht so sind, wie sie sein sollten; er ist Nutznießer und Opfer zugleich.

Im «Barbara-Song», in der Abschiedsszene Polly–Macheath und sogar noch in der drastischen «Zuhälter-Ballade» besorgt der Komponist die Gesellschaftskritik auf indirektem Wege. Hier macht er es seinem Publikum leicht, ihn mißzuverstehen und über der schmerzlichen Süße der Musik ihre latente Aggressionskraft zu übersehen. Auch in dem kunstvoll ins Plärrig-Ordinäre stilisierten «Eifersuchts-Duett» des zweiten Aktes wird die Gesellschaftskritik überdeckt, in diesem Falle von der Typen-Parodie. Im Song der Seeräuber-Jenny, im «Kanonen-Song» und im zweiten «Dreigroschenfinale» wirft die Musik die Maske ab. Zum Vorschein kommt ein Antlitz, das Hohn und Zorn zur Fratze verzerrt haben. Das Mitleid mit den Unterdrückten hat sich in Haß gegen die Unterdrücker, die Trauer ob des Elends in Wut auf die Schuldigen an diesem Elend verwandelt.

In diesen Nummern gewinnt die Musik etwas Bedrohliches, Verhängnisvolles. Es zeugt abermals für Weills durchaus singuläre Begabung, daß er die verschiedenen Aspekte, unter denen das große Verhängnis in der vorfaschistischen Epoche sichtbar wurde, nicht nur zu erkennen, sondern auch musikalisch zu artikulieren vermochte. Die unheimliche Stille in den letzten fünf Takten des Songs von der Seeräuber-Jenny, denkbar einfach mit Hilfe einer Quintparallele und einer im Sinne der traditionellen Schul-Harmonisierung «falschen» I-V-IV-Folge beschworen, ist identisch mit der Schreckensstarre vor dem sozialistischen Weltgericht, das Weill und Brecht damals nahe herbeigekommen wähnten. Diese fünf Takte wirken, als wären sie mit angehaltenem Atem komponiert worden.

Auf das so leise wie umheimlich grollende Aufrührer-Pathos der Seeräuber-Jenny weist Ernst Bloch in einem Essay hin: «Im Brecht-Weill-Land macht sich aber nicht nur die Frömmigkeit gemein, sondern die Blasphemie rechtgläubig. Der himmlische Bräutigam erscheint der Schubertschen Nonne, die hier die Seeräuber-Jenny ist, als Pirat, und das ‹Hoppla› ist so apokalyptisch, wie man nur will ... Auch das: ‹sie wissen immer noch nicht, wer ich bin› hätte nicht seine süßen und gefährlichen Hintergründe, wäre kein revolutionärer Zustand in der Welt und der unterdrückte Mensch nicht in jedem Sinn auf dem Marsch, sich zu konkretisieren. Die Gäste lachen zwar über Jennys Lied und finden es nett, die Bürger reagieren sich ab und helfen der ‹Dreigroschenoper› zu einem Erfolg, der ihr Bierulk, aber nicht diese starke Dynamitstelle verdient hätte. Der Kerl der Seeräuber-Jenny kommt leider nicht als Bote des Schlusses und beschießt die

Stadt (was die revolutionäre Logik des Stückes gewesen wäre): es ist
dennoch unzuverlässige Musik, dicke Luft im Amüsement, die satte
Kunst ist hin, die Substanz erscheint als Dreck, im Abwaschzuber und
in dem, was die denkt, die davor steht. Glüh' Heil'ge Flamme, glüh' –
an Lumpen brennt sie am besten. Schlage doch, gewünschte Stunde,
gewünschte Stunde, schlage doch – auch die Seeräuber-Jenny singt
Kantaten, soweit sich von einer so ungebildeten und geschundenen
Person überhaupt etwas erwarten läßt. Ihr Pietismus ist etwas drohend, aber ihr Liedchen gehört in die Wochen vor Weihnachten. Echte
Adventsstimmung, den Anforderungen des neuzeitlichen Geschmacks
entsprechend.»

Die wuchtig stoßenden, aggressiven punktierten Moderato-assai-
Rhythmen des zweiten Dreigroschenfinales steigern den beißenden
Sarkasmus des Textes zur höhnisch-gellenden Anklage. Der Fortis-
simo-Schrei «Der Mensch lebt nur von Missetat allein», mit dem die
Nummer schließt, kündigt die Revolution derer an, die, mit Peachum,
forderten, «zum Essen Brot zu kriegen und nicht einen Stein».

Nun, die Revolution ist in den zwanzig Jahren ausgeblieben. Statt
dessen kam, von Weill mit den grellen Trompeten-Passagen des «Kanonen-Songs» angekündigt, etwas anderes: der Terror bestialischen
Untermenschentums, das, wie Brecht es formulierte, aus jeder ihm
nicht genehmen Rasse sein «Beefsteak Tatar» gemacht hat. Schärfer
als im «Kanonen-Song» ist die Soldateska-Barbarei unseres Jahrhunderts mit musikalischen Mitteln noch nicht karikiert worden. Daß die
Karikatur von der Wirklichkeit gräßlich übertrumpft wurde, kann
nicht Weill, sondern allenfalls denen vorgeworfen werden, die seine
Musik bloß als Reizmittel und nicht als Menetekel begriffen.

Einige von den Mitteln, mit denen Weill die Gesellschaftskritik
betrieb, hatte bereits Strawinsky vorgeprägt, als er gewisse Modelle
der Vulgärmusik gewissermaßen demontierte und die Bruchstücke –
analog den Praktiken der modernen Maler von Picasso bis Schwitters
– nach den Spielregeln einer verabsolutierten Ästhetik neu zusammen-
fügte und in das unbarmherzig gleißende Licht eines spekulativ expe-
rimentierenden Kunstverstands tauchte. Ähnlich verfuhr Weill, indem
er die Formen der damals eingebürgerten Gesellschaftstänze Foxtrott,
Tango und Shimmy verfremdete und auf diese Weise der Sphäre der
Gebrauchs- und Unterhaltungsmusik entriß, der sie entstammen. Die
Mittel, mit denen Weill die Verfremdung erzielte, sind eine erbar-
mungslose Rhythmik, schroffe, manchmal schockartige Harmonie-
wechsel und nicht zuletzt die Instrumentation. Wenn Weill beispielsweise den Schlußchoral des Werkes von einem Orchester begleiten

läßt, dessen Besetzung der einer mittelgroßen Tanzkapelle ähnelt, dann entsteht der Verfremdungseffekt ganz zwanglos aus dem Kontrast zwischen dem Ausdruckscharakter und dem Klangbild der Musik.

Die Rolle, die der Jazz im Schaffen Weills spielt, ist lange Zeit überschätzt worden, auch vom Komponisten selber. Was den Jazz zum Jazz macht, sind die Improvisation, die jazzgerechte Intonation, also das Pressen und Einfärben des Instrumentaltones, und die permanente Spannung zwischen dem starr festgehaltenen Grundrhythmus der *rhythm section* und dem Rhythmus der *melodic section*, der den Grundrhythmus aufzubrechen versucht. Im Grunde hat Weill vom Jazz nur den starren Grundrhythmus und einen Teil des Instrumentariums entlehnt. Die ‹Dreigroschenoper› in den Bereich des Jazz zu verweisen, wäre unter diesen Umständen ein böses Mißverständnis. Über den Analogien zwischen Strawinsky und Weill darf die Unterschiedlichkeit ihrer Resultate keinesfalls vergessen werden. Ein Stück wie Strawinskys ‹Zirkuspolka› verharrt im Ästhetischen; es meint sich selber. Ein Stück wie Weills «Tango-Ballade» hingegen bricht aus dem Ästhetischen aus und wirkt ins Gesellschaftliche herein; es zielt auf einen Partner, auf einen Gegner, ja man könnte mit guten Gründen behaupten, daß Weills Musik nicht zuletzt von dem Gegner lebt, den sie angreift. Auf kurze Formel gebracht: Strawinskys Musik meditiert, Weills Musik polemisiert.

Ein Unterschied zwischen Strawinsky und Weill besteht ferner hinsichtlich der Beherrschung des kompositorischen Rüstzeugs. Weill war dem Russen, der, wie Brecht, gern fremde Einfälle adaptierte, an melodischer Erfindungskraft zweifellos überlegen, obschon auch er den «Morgenchoral des Peachum» der alten ‹Beggar's Opera› entlehnte; was die architektonische Gestaltungskraft, die Ökonomie in der Verwertung des Themenmaterials und die Konsistenz der Form und des Tonsatzes angeht, konnte er sich keinesfalls mit Strawinsky messen. Schon eine flüchtige Analyse der Partitur zeigt, daß es in der ‹Dreigroschenoper›-Musik Fehlharmonisierungen, Stimmführungsfehler und notdürftig verkittete Bruchstellen gibt. Auch die musikalische Orthographie ist manchmal fehlerhaft, und die schlecht ausgehörte Modulation an der Stelle «Issest dein Brot» im Liebeslied Polly–Macheath, die die Zentraltonart G-Dur (?) jäh nach es-moll wendet, ist kein Einzelfall.

So beginnt der Song der Seeräuber-Jenny in c-moll und schließt mit der Dominante von h-moll, und der «Salomon-Song» fängt in C-Dur an und endet, nach einer rastlos schweifenden Modulationen-Folge, in F-Dur.

Diese Defekte sind nicht allein durch Ungelenkheit und die Hast zu erklären, mit der einige Nummern des Werks komponiert werden mußten. Es hat vielmehr den Anschein, als habe Weill Form und Satzbild mitunter absichtlich demoliert, etwa wenn er in der «Zuhälter-Ballade» den f-moll-Schluß des Gesangsteils und den Beginn des e-moll-Nachspiels in einem einzigen Takt übereinandermontiert. Gesangsteil und Nachspiel überlappen einander wie die Flicken auf Peachums kunstvoll präparierten Bettlergewändern. Derlei Nahtstellen und Satz-Schludereien erwecken den Eindruck, als habe Weill einen der Brechtschen ‹Dreigroschenoper›-Welt adäquaten «Dreigroschen-Tonsatz» schreiben wollen. Darauf deutet auch die Tatsache hin, daß Weill die fehlenden Stifte in der Orgelwalze absichtlich durch Pausen auskomponierte. Die Defekte der Musik entsprechen also den Defekten der Gesellschaft. Sie sind damit wenn nicht musikalisch, so doch soziologisch legitimiert.

«Ohne den kühn gemachten Zerfall in Strawinskys ‹Geschichte vom Soldaten›», schrieb Ernst Bloch in seinem Essay ‹Zur Dreigroschenoper› im Jahre 1935, «wäre die ‹Dreigroschenoper› nicht; aber ohne den gemeinen Zerfall, ohne die Schlager seit 1880 erst recht nicht. Das ‹Prickelnde› wie der Schmalz haben keine bessere Musik über sich als die, worin sie zitiert werden; die brechende Schönheit der Trompetenmelodie, beim Abschied Pollys vom Räuber, wird zum Zitat eines

Lebens, das noch keinen Platz hat. Der Versuch der ‹Dreigroschenoper› hat die schlechteste Musik in den Dienst der heute vorgeschrittensten gestellt; und sie zeigt sich gefährlich. Aus der Hure im bürgerlichen Straßendienst wurde eine anarchistische Schmugglerin, wenigstens eine anarchistische.»

Es ist fraglich, ob das Publikum, das der Uraufführung beiwohnte
und danach dem Theaterdirektor Ernst Josef Aufricht monatelang ein
volles Haus bereitete, überhaupt begriff, was da auf der Bühne vor sich
ging und was das Wesen der Weillschen Musik eigentlich ausmacht.
Die Zuhörer, denen die «Moritat von Mackie Messer» allzu leicht ins
Ohr ging, überhörten, daß die ‹Dreigroschenoper›-Musik eine Menete-
kel-Musik ist, daß aus den lumpenhaft-stockfleckigen Klängen ein
todtrauriges «gewogen und zu leicht befunden» heraustönt. Sie über-
hörten den grimmigen Hohn und hielten das apokalyptische «Hoppla»
der Seeräuber-Jenny für einen guten Witz oder einen wirksamen Gag.
Sie verwechselten Verzweiflung mit mondäner Melancholie, tödliche
Verlorenheit mit süßer Schwermut und den Aufschrei derer, die zum
Essen Steine und nicht eben Brot kriegen, mit einem Preislied auf die
Armeleutepoesie; kurzum: wo immer es anging, verwechselten sie die
Maske mit dem, was sie maskiert. Damit handelten sie wie die, die vom
Wörtchen Galgenhumor stets den Galgen wegdenken.

Der ungeheure Erfolg der ‹Dreigroschenoper› war also primär ein
Mißverständnis und danach erst einer der Musik und der Inszenierung
Erich Engels mit Rosa Valetti, Roma Bahn, Kate Kühl, Lotte Lenya,
Harald Paulsen, Kurt Gerron und Erich Ponto in den wichtigsten
Rollen. Die Kritiker waren sich selten so uneinig wie vor diesem Werk.
Kurt Tucholsky nannte die Welt des Mackie Messer ein «stilisiertes
Bayern», Alfred Kerr resümierte: «Und alles zusammen, Brecht, Jazz,
Volkstexte von Weill durchtrieben gesetzt, Inhalte von 1728, Kleidung
von vielleicht 1880 – das alles ist kein verschollenes Chinesentum.
Sondern heutige Mandschurei.»

Das *Tageblatt* rühmte die Musik mit den Worten: «Grell wie der
Text, von großer Energie, von einem schlagenden aufpeitschenden
Rhythmus, scharfer Intelligenz, geschickter Technik, raffinierter Verwendung der Pausen, Orgel neben Saxophon, verbissen und verbittert
wie die Worte; das Revolutionäre, Aufwieglerische des Textes verdop-
pelnd, die bürgerlichen Momente und Stimmungen untermalend.»

Es ist charakteristisch für das Werk wie für die politische Situation
im Jahre 1928, daß die ‹Dreigroschenoper› von der äußersten Rechten
und von der äußersten Linken fast mit der nämlichen Heftigkeit, wenn
auch mit unterschiedlichen Argumenten, abgelehnt wurde. Der *Völki-*

sche Beobachter schimpfte: «Der in irgendeinem Winkel jeder Groß-stadt besonders konzentrierte Drecksumpf kann für die Kinoromantik der Klettermaxekultur gerade noch gut genug sein und ist im übrigen aber wirklich nur eine Angelegenheit des polizeilichen Straßenreini-gungsverfahrens.» Hier war übersehen worden, daß ein Werk auch durch die Kraft des «negativen Beispiels» wirken kann.

Die *Rote Fahne* kritisierte wiederum, daß die ‹*Dreigroschenoper*› der «gesellschaftlichen Konkretheit» ermangele, und als Erich Engel 1960, zweiunddreißig Jahre nach der Uraufführung, das Werk im Theater am Schiffbauerdamm abermals inszenierte, schrieb Henryk Keisch im *Neuen Deutschland*: «Diejenigen, die früh mit dem Haifischsong auf-wachten und abends mit der Ballade vom angenehmen Leben ein-schliefen, gehörten in weitaus überwiegender Zahl einer intellektuellen oder halbintellektuellen Schicht von meist kleinbürgerlicher Prägung an, die seit dem Ersten Weltkrieg ihre Wurzeln verlor. Das waren Menschen, die sich dem Proletariat näherten, ohne noch alle Konse-quenzen solcher Annäherung auf sich nehmen zu können oder zu wollen. Die anarchistischen Züge der ‹*Dreigroschenoper*›, das Äußer-lich-Provokante, die Bürgerschreckelemente ersetzten ihnen wirksame revolutionäre Taten. Zwar ging Brecht ohne Zweifel bereits einige beträchtliche Schritte über den nur-formalen Protest mancher Litera-tur- und Kunstbewegungen jener Zeit hinaus. Aber er befand sich doch erst auf dem Weg zu seinen späteren marxistischen Positionen. Die ‹*Dreigroschenoper*› ist das Werk eines Moralisten, daher eines Hassers der Bourgeoisie. Sie ist noch nicht das Werk eines Klassenkämpfers.»

Das ist sie in der Tat nicht. Denn Brecht war Ende der zwanziger Jahre noch nicht bereit, seine Kunst in den Dienst an der orthodoxen marxistischen Klassenkampf-Doktrin zu stellen, und Weill dachte zeit-lebens nicht daran, es zu tun. Der höhnisch grimassierende Protest, der aus der ‹*Dreigroschenoper*›-Musik tönt, ist nicht ideologisch determi-niert. «Keine Gemeinschaftsideologie», erkannte Adorno schon 1929, «kommt da vor, stofflich nicht und auch musikalisch nicht, da nichts Edles und Verklärendes als Kollektivkunst gesetzt, sondern der Abhub von Kunst aufgehoben wird, dem Abhub der Gesellschaft den Laut zu finden . . . Mit keiner Melodie der ‹*Dreigroschenoper*› kann man Wie-deraufbau spielen; ihre ausgehöhlte Einfachheit ist nichts weniger als klassisch.»

Der Verzicht auf jedes orthodox-marxistische Reglement gibt der Musik einerseits jene verführerische Vieldeutigkeit, die es dem Publi-kum leichtmacht, die Melodien Pollys und des Räubers Macheath als bloßes atmosphärisches Genußmittel zu konsumieren; er gibt ihr andererseits aber auch eine Dauer, die die der Klassenkampf-Ideologie möglicherweise übertrifft. In der Wohlstandsgesellschaft Mitteleuropas und Nordamerikas haben die marxistischen Klassenkampf-Parolen ihre Wirkung verloren. Die ‹Dreigroschenoper›-Musik hat die ihre noch längst nicht eingebüßt.

Lotte Lenya, deren Artikulation Alfred Kerr in seiner Kritik «mit ehernem Griffel» gerühmt wissen wollte, berichtet, daß Berlin nach der Uraufführung von einem wahren ‹Dreigroschenoper›-Fieber geschüttelt wurde. Ein smarter Gastronom eröffnete eine Dreigroschen-Bar, in der ausschließlich Weills Musik gespielt wurde, zahllose Nachfolger und Nachahmer traten auf den Plan und variierten das Brecht-Weillsche Song-Modell bis zum Überdruß, die Melodie der «Moritat von Mackie Messer» wurde zum Erkennungssignal wie vordem Siegfrieds Horn-Motiv, mit einem Wort: in der ‹Dreigroschenoper› erkannten sich eine ganze Epoche und ihre Gesellschaft wieder, und es bliebe nur noch zu untersuchen, ob das für das Werk oder für die Gesellschaft spricht.

In seinen Überlegungen zur ‹Tradition und Reform in der Oper› – einem
Abschnitt aus seiner ‹Musikästhetik› von 1967 – bezeichnet der Berliner
Musikhistoriker Carl Dahlhaus (geb. 1928) die Oper mit Recht als
zusammengesetzte Kunstform und bezieht eben darauf die Absicht
Brechts, in der ‹Dreigroschenoper› (und auch in ‹Aufstieg und Fall der
Stadt Mahagonny› kurz darauf) eine vergleichsweise «konventionelle»
Musik – zumindest eine, die das Hörverhalten nicht nachhaltig stört –
mit einer progressiven Operndramaturgie zu verbinden, bei der sich die
einzelnen Ebenen von Text, Musik, Gestik und Szene gegenseitig «durch-
kreuzen», also verfremden. Dahlhaus sieht darin den genau umgekehrten
Fall wie in Arnold Schönbergs (unvollendeter) Oper ‹Moses und Aron›,
komponiert Anfang der dreißiger Jahre, bei der es gerade eine grundle-
gend neuartige musikalische Sprache sei – die Oper ist streng in der
sogenannten «Zwölftontechnik» geschrieben –, die mit einer älteren
Opernform – der des Wagnerschen Musikdramas nämlich – zusammen-
treffe. Ob allerdings die These stimmt, daß es Brecht darauf abgesehen
habe, das populäre Hörverhalten – das heißt: das bloße Amüsement –
gewissermaßen für kritische Zwecke verführerisch auszunutzen, indem
er die eingängige Musik Weills mit schnöden Texten verknüpfte, er-
scheint allerdings sehr fraglich. Denn Weill dachte bei seiner Musik zur
‹Dreigroschenoper› sicher nicht nur an deren Schmissigkeit oder gar
Eingängigkeit, sondern – und darin erwies sich seine Musik ebenfalls, wie
Brechts Musiktheaterkomposition, als dialektisch – an ihre Gebrochen-
heit. Und die Einheit von melodischer Erfindungskraft und gebrochenem
Tonfall ist es erst, die überhaupt die Qualität der Weillschen Musik
ausmacht. Dahlhaus' Trennung von Beschaffenheit und Funktion trifft
nicht den Sachverhalt.

Carl Dahlhaus

Zur «Verfremdung» in der ‹Dreigroschenoper›

Da die Oper eine zusammengesetzte Kunstform ist, kann Neues, die
geschichtliche Entwicklung Weitertreibendes sowohl in der Musik als
auch im Text und in der Szene oder in den Beziehungen zwischen den
Momenten begründet sein. Es wäre verfehlt zu erwarten, daß eine
Umwandlung der Oper, um revolutionär zu sein, immer auf einer tief
eingreifenden Veränderung der musikalischen Sprache beruhen oder
auch nur mit ihr zusammentreffen müsse. Der Operntypus Bertolt

Brechts und Kurt Weills war um 1930 unleugbar progressiv; durch das Unglück, daß seine Entfaltung schon nach wenigen Jahren durch äußeren Eingriff abgebrochen wurde, wird sein Anspruch, revolutionär gewesen zu sein, nicht widerlegt. Die Folgerung aber, daß darum auch die Musik zu ‹Mahagonny› oder zur ‹Dreigroschenoper› als progressiv gelten müsse, wäre irrig. Brecht änderte zwar die Beziehungen zwischen Text und Musik; die Gewohnheit des Publikums aber, in der Oper musikalisch konventioneller zu empfinden als im Konzert, wurde von ihm nicht nur unangetastet gelassen, sondern sogar ausgenutzt. Er setzte der Konzeption des Gesamtkunstwerks, in dem nach Wagners Absicht die einzelnen Künste sich widerspruchslos ineinanderfügen und mit gleichem Ziel zusammenwirken, den Gedanken eines musikalischen Theaters entgegen, in dem Text, Musik, Gestik und Szene sich gegenseitig durchkreuzen und «verfremden». Die Verfremdung soll das Gewöhnliche auffallend machen; unser alltägliches Verhalten, das uns allgemein menschlich und so natürlich erscheint, als könne es gar nicht anders sein, soll als ein befremdliches gezeigt werden, das sich ändern läßt. Das allgemein Menschliche ist nach Brecht nichts anderes als die Maske eines geschichtlichen Zustands, der miserabel genug ist, um den Willen zu seiner Veränderung zu rechtfertigen.

Die Phrase der Populärästhetik, daß Musik eine allgemein menschliche Sprache sei, also auch einen Zustand, den sie in Töne faßt, als einen allgemein menschlichen fühlbar mache, wird von Brecht beim Wort genommen; aber er benutzt sie in kritischer Absicht. Indem er eine Melodie, die schöne Gefühle bezeugt, durch einen Text verfremdet, der schäbige Gedanken verrät, versucht Brecht zu demonstrieren, daß die Gefühle, das allgemein Menschliche, bloße Masken von Interessen seien. Um aber zur Verfremdung durch den Text brauchbar zu sein, muß die Musik so konventionell wirken wie die Gefühle, die sie darstellt. Anders formuliert: Um ihre Rolle im progressiven Kunstwerk spielen zu können, muß die Musik, für sich genommen, gerade regressiv sein – so sentimental, wie es die Populärästhetik von ihr behauptet. Beschaffenheit und Funktion klaffen auseinander.

Kleines Zwischenspiel mit Noten und Banknoten

Strawinsky und das Geld . . .

... über dieses Thema gibt es zahlreiche Anekdoten. Er konnte großzügig sein wie ein russischer Großfürst; bei anderer Gelegenheit raubte ihm der Verlust eines Dollars den Schlaf.

Bertolt Brecht entwickelte sich schon früh zum konsequenten Kritiker des bürgerlichen Gewinnstrebens. Nicht verhindern konnte er, daß seine international erfolgreiche ‹Dreigroschenoper› einiges mehr einspielte als Kleingeld – wie auch ‹The Rake's Progress› von Igor Strawinsky.

Der eine liebt das Geld, der andere verachtet es. Dem Geld scheint das egal zu sein: Der Anleger bedeutet ihm nichts, die Anlage alles.

Pfandbrief und Kommunalobligation

Meistgekaufte deutsche Wertpapiere - hoher Zinsertrag - bei allen Banken und Sparkassen

Verbriefte  Sicherheit

Der Frankfurter Opernspezialist Leo Karl Gerhartz (geb. 1937) zieht in dem abschließenden Aufsatz, den wir für unsere Dokumentation der ‹Dreigroschenoper› ausgewählt haben, einen direkten Vergleich zwischen ihrer historischen Vorlage und dem, was Weill und Brecht genau zweihundert Jahre später daraus machten. Die soziologische Fragestellung der Vorlage, sich nicht nur gegen die höfische opera seria – das heißt: die italienische Oper Händels in London – zu richten, sondern – positiv gewendet – ein völlig neues, nämlich bürgerliches Publikum anzusprechen, indem nun eine neue Form der «Unterhaltung» auf die Bühne trat, verschärft sich, infolge der geänderten gesellschaftlichen Bedingungen in den «roaring twenties» unseres Jahrhunderts, in der ‹Dreigroschenoper› zur Aufhebung des reinen Kunstcharakters in ästhetischem Sinne. Die Oper konnte als Gattung des Theaters – so sahen es jedenfalls Weill und Brecht – nur noch durchgehen, wenn sie den Genuß ausschaltete und an dessen Stelle dazu aufrief, die vermittelten Inhalte kritisch abwägend aufzunehmen und zu überdenken, sie auf Stichhaltigkeit hin zu überprüfen. Was die ‹Dreigroschenoper› mit ihrer historischen Vorgängerin jedoch auch verbindet, ist ihre enorme Breitenwirkung auf Grund einer völlig zweckgebundenen Ästhetik ohne künstlerischen Niveauverlust. War die ‹Beggar's Opera› eine Art Vorform des heutigen «Musicals», dann ist die ‹Dreigroschenoper› so etwas wie eine «Oper für Schauspieler», eine funktional gebundene Bühnenmusik, ein Stück «Musikalisches Theater» (Weill) an Stelle der Oper des 19. Jahrhunderts und ein immer noch aktueller Beitrag zur Frage nach der Lebensfähigkeit und den Möglichkeiten der Gattung Oper heute.

Leo Karl Gerhartz

Protest gegen die Gattung Oper: Gay/Pepusch ‹The Beggar's Opera› und Brecht/Weill ‹Die Dreigroschenoper›

Der gesellschaftliche Widerspruch oder: ‹Des Bettlers Oper›

1728 erlebt London eine echte Theatersensation. Der Schriftsteller John Gay, der Komponist Johann Christopher Pepusch und der Produzent am Lincoln's Inn Fields Theatre John Rich präsentieren den

117

Engländern Musiktheater nicht im ansonsten obligatorischen Italienisch, sondern in der Landessprache. Statt Helden bevölkern Flittchen und Ganoven die Szene. Im zweiten Akt marschiert gar, ausgerechnet zur Musik des Kreuzfahrermarsches aus Händels ‹Rinaldo›, eine komplette Räuberbande von der Bühne. Und das Singen all der Taschendiebe, Huren, Falschmünzer und Säufer hat nichts zu tun mit den Koloraturen der «Primi Uomini» und der «Primadonnen»; es entsteht vielmehr aus dem natürlichen Reden der Leute, ist – fern von jeder instrumentalen Bravour – der notwendige Abschluß volkstümlicher Unterhaltungen.

Die Novität geriet auf Anhieb zur Attraktion. Der Erfolg war überwältigend. Das Stück erlebte in seiner Premierenproduktion nicht weniger als 62 Aufführungen, davon 32 in Folge.

Wir haben uns angewöhnt, in der ‹Bettleroper› den entscheidenden Angriff auf die zu Ende gehende Herrschaft der Barockoper zu sehen. Dabei hat die unbestrittene Rolle des Stücks im Londoner Streit um Händels Operndirektion den Blick für Wichtigeres zumindest getrübt. Mehr nämlich als eine Parodie der italienischen Barockoper ist ‹The Beggar's Opera› ein ebenso übermütiges wie vitales Plädoyer für eine neue Form der Unterhaltung an eine bislang ungewohnte gesellschaftliche Adresse. Der aristokratischen Oper wird ein Amüsiertheater für den kleinen Mann an die Seite gestellt. Der englische Mittelstand, zum Beispiel die kleineren Geschäftsleute in der Großstadt London, verstanden nichts von italienischen Opernstoffen und italienischen Libretti, auch nichts von ernster Musik. Allerdings erfuhren sie bei nahezu jeder ihrer Unternehmungen, wie sehr das korrupte Regime des Premierministers Sir Robert Walpole sie auspowerte. In der ‹Beggar's Opera› konnten sie über ihre Unterdrücker (und damit über die Probleme ihres Alltags) lachen. «Laster zu entlarven und die Leute zum Lachen zu bringen» – das waren mit den Worten des Romanschriftstellers Jonathan Swift die zentralen Triebkräfte einer neuen Theaterform für neue gesellschaftliche Schichten.

«Des Bettlers Oper» (so die wörtliche Übersetzung) ist mithin die einer aufstrebenden Kleinbürgerklasse, die nachhaltig den Anspruch auf eigene (und eigenständige) Unterhaltung anmeldet. In einfachen und allgemeinverständlichen Inhalten und Formen sucht ein neues Publikum die Bestätigung seines Selbstwertgefühls. Schon in Gays Text ist auffällig oft von Freude, Vergnügen und Lust die Rede. Sogar beim Weg ins Gefängnis und in Erwartung des Galgens spricht Macheath noch von «pleasure». «Love and Joy» stimulieren auch zu Beginn des zweiten Aktes die Ganoven in der Kneipe nahe beim

Gefängnis Newgate («Fill ev'ry Glass; for Wine inspires us and fires us with Courage, Love and Joy» / «Füllt jedes Glas, denn Wein entflammt uns zu Liebe, Kampf und Lust»). Zwar mußte in der Vergangenheit so mancher kleiner Gauner ins Gras beißen, «but the present is us» («aber die gegenwärtige Zeit gehört uns, und keinem Menschen auf der Welt gehört mehr»).

Erst recht unterstreicht die Musik den Anspruch der kleinen Leute auf ihr eigenes Amüsement. Denn die wesentlichen Formen dieser Musik, Lied und Tanz, sind nicht nur dem Mann auf der Straße unmittelbar zugänglich, beide verschmelzen vielmehr auch auf eine äußerst sinnfällige Weise und gehen damit auf in unmittelbarem Bühnenspaß. Die nach dem Trinklied zu Beginn im weiteren Verlauf des zweiten Aktes folgenden «Nummern» verdeutlichen das praktisch in jedem Augenblick. Denn ob nun die Ganoven zum Chormarsch nach Händels ‹Rinaldo› aus der Kneipe bei Newgate zu neuen Geschäften aufbrechen («Let us take the Road» / «Auf zur Straßenschlacht»), ob danach Macheath zum Getriller von Geige und Flöte im Stil einer barocken Trisonate klarmacht, warum er den Sex liebt und dafür unbegrenzt viele Frauen braucht («If the Heart of a Man is deprest with Cares, the Mist is dispell'd when a Woman appears» / «Ist das Herz eines Mannes von Sorgen schwer, so entflieht aller Gram, kommt ein Mädchen daher»), ob weiter dieser Macheath zu einem französischen Rundtanz mit seinen Konkubinchen ein übermütiges Refrainlied anstimmt («Youth's the Season made for Joys, Love ist then our Duty!» / «Jugend ist die Zeit der Lust, Pflicht ist's dann zu lieben!») oder ob später das Freudenmädchen Jenny zum entsprechenden Gekrähe der Blasinstrumente dieses Geturtel als Treiben im Hühnerhof verspottet («Before the Barn-Door crowing, the Cock by Hens attendet» / «Vor seiner Stalltür kräht er, von Hennen rings umflattert, der Hahn, der Schwerenöter») – immer drängen Gesang und Szene zur kleinen, in sich abgeschlossenen, wörtlich spektakulären Theaternummer.

In ihr grenzt auch das Singen und seine Begleitung. Nie entwickelt der Gesang (im fundamentalen Unterschied zur Oper) einen autonom musikalischen Anspruch, sondern er verharrt mit dem Tanz sozusagen im Dienst einer szenischen Show. Ihr jedoch ist das parodistische Verhältnis zur Oper, das 1728 viele im Publikum sowieso überhaupt nicht oder doch nur ungenau verstanden, durchaus sekundär. Viel entscheidender ist die Subordination aller musikalischen Mittel von der Triosonate bis zum pathetischen Opernmarsch unter ihren neuen Zweck: das gesamte musikalische Vokabular der Zeit wird – nicht anders als zweihundert Jahre später die unterschiedlichsten europäischen und amerikanischen Traditionen bei den Spektakeln des Broadways – zum Vehikel für eine Theaterproduktion. Dabei tendiert die Melodie stets zum Song, das Theater zu Revue und Varieté. Mit der «Ballad Opera» als Bindeglied ahnt man über die Jahrhunderte hinweg bereits die Ästhetik des «Musicals».

Mit ihrer ‹Bettleroper› plädieren Gay und Pepusch für eine Aufhebung der *splendid isolation*, in der die aristokratische Barockoper gesellschaftlich lebte. Ästhetisch lief das auf eine große Vereinfachung hinaus: die komplizierte Arie wurde zum Song, das Drama zumindest latent zur unmittelbar eingängigen Revue.

Der Widerspruch gegen eine «Kunst als solche» oder: Bertolt Brecht und Kurt Weill

1928, exakt zweihundert Jahre nach der Premiere der ‹Bettleroper› in London, feierten Brecht und Weill im Berliner Theater am Schiffbauerdamm mit einer Adaption des Stücks von Gay und Pepusch einen spektakulären Triumph. Weill sah eine zentrale Ursache für den Erfolg der ‹Dreigroschenoper› in ihrer Absage an Tradition und Wirklichkeit der Gattung «Oper». In den *Musikblättern des Anbruch* sagte der Komponist im Januar 1929 dazu: «Die Oper ist als aristokratische Kunstgattung begründet worden, und alles, was man ‹Tradition der Oper› nennt, ist eine Betonung dieses gesellschaftlichen Grundcharakters dieser Gattung. Es gibt aber heute in der ganzen Welt keine Kunstform von so ausgesprochen gesellschaftlicher Haltung mehr, und besonders das Theater hat sich mit Entschiedenheit einer Richtung zugewandt, die man wohl eher als gesellschaftsbildend bezeichnen kann. Wenn also der Rahmen der Oper eine derartige Annäherung an das Zeittheater nicht erträgt, muß eben dieser Rahmen gesprengt werden.»

Gesellschafts*bildend* und eben nicht gesellschafts*bestätigend* zu wirken war der erste und wichtigste Impetus des Theatermusikers und Komponisten Kurt Weill. Nur wenn er sich versprechen durfte, ein möglichst breites, möglichst aktuelles Publikum zu erreichen, nur wenn er hoffen durfte, lebendige Beziehungen zu möglichst vielen zuhörenden und zuschauenden Menschen herstellen zu können, machten für ihn das Komponieren und das Aufführen von Musik Sinn. Der schwarzamerikanische Schriftsteller Langston Hughes formulierte das so: «Kurt Weill war ein großer Volkskünstler und ein großer Schöpfer musikalischer Kommunikation.»

Ganz unbestreitbar hat sich Weill ein Leben lang darum bemüht, seine Werke einem bestimmten Publikum, bestimmten Zeit- und Gesellschaftsverhältnissen zuzuschreiben. Für den in den zwanziger Jahren gerade entstandenen Rundfunk schuf er Kompositionen, die nicht nur der begrenzten Schicht von gebildeten Konzertsaal-Besuchern zugänglich, sondern («durch musikalische Ausdrucksmittel, die dem primitiven Hörer keine Schwierigkeiten bereiten dürfen») auch imstande sein sollten, «eine große Menge von Menschen aller Kreise zu interessieren». Im amerikanischen Exil scheute er sich nicht, die «Broadway-Oper» ‹Street Scene› gezielt mit einem nationalen Idiom zu versehen, das «vom amerikanischen Volk spontan verstanden wurde und es zu Mitleid, Anteilnahme und Selbstverständnis aufrüttelte» (Hughes). Zwischen 1927 und 1933 schließlich, in den Jahren der Zusammenarbeit mit dem Stückeschreiber Bertolt Brecht, bezog er seine Bühnenmusiken immer wieder auf das, was damals besonders en vogue war, auf vom Jazz beeinflußte Modetänze, auf das populäre Genre der Küchenlieder, auf den kessen und wortwitzigen Berliner Schlager.

Die «Ballade von der sexuellen Hörigkeit» ist da nur eines von vielen Beispielen. Wie hier bringt Weill auch in zahlreichen anderen Liedern seiner ‹Dreigroschenoper› Jazz-Materiale (Saxophon parallel zur Melodie, Wau-Wau-Trompete, Rhythmusgruppe) in eine raffinierte Verbindung mit dem spezifischen Ton des Schlagers in den vielbeschworenen *roaring twenties*. Scharf kalkulierte Intrumentationseffekte, «schräge» Rückungen in Tempo und Periodenbildung, ein ständiger, wachmachender und wachhaltender Bezug des Gesangs zu der genau artikulierten, aus dem Sprechen und Agieren von Schauspielern entwickelten Textaussage, überhaupt eine Faktur, die sich nie dem angeschlagenen Ton hingibt oder sich gar an ihn verliert, verhindern allerdings eben das, was Schlager gemeinhin kennzeichnet: die Neigung nämlich, ähnlich wie die Operette nach Offenbach jede geschichtliche und gesellschaftliche Individualität im sentimentalen Rückzug auf das Allgemein-Menschliche aufzuheben. Bei Weill geht es nie darum, etwas zuzudecken: Lied und Text legen vielmehr charakteristische Verhaltensweisen von Menschen in bestimmten Situationen offen.

Das aber bedeutet: das mit Vertrautem oder aber unmittelbar Eingängigem gewonnene Publikum soll beides keineswegs bloß genießen, sondern die damit vermittelten Inhalte kritisch aufnehmen und überdenken. In dieser Intention, Zuschauer und Zuhörer erst mit einprägsamen und wirkungsvollen Formen und Inhalten an sich zu ziehen, um sie dann zu weiterführenden Einsichten zu aktivieren, gründet ohne

Frage die besondere Tauglichkeit von Weills Musik für das Theater von Brecht.

Brecht, so weit entfernt von Schönberg er auch immer zu denken ist, war doch wie dieser der Vater einer künstlerischen Revolution. So radikal wie Schönberg die Musik veränderte Brecht das Theater. Und wie für den Komponisten war auch für den Dichter der Scheincharakter der traditionellen Kunst der zentrale Angriffspunkt. Brecht liquidierte das Theater der Illusion, zielte nicht auf irrationales Erleben, sondern auf Erkenntnisse. Für seine neuartigen Stücke forderte er einen neuen Schauspieler, der, statt sich mit seiner Rolle und seinem Spiel zu identifizieren, beides in einem bewußten, rationalen Prozeß demonstriert. Gerade für diesen Akt des Zeigens jedoch brauchte Brecht die Musik. Die Gesten seines epischen Theaters machen mögliche Haltungen des Menschen sichtbar. Dabei geht es oft um ein Verhalten, wie es sozialhistorisch bedeutend, also typisch ist. Diesen typischen Charakter erhalten die Gesten in Brechts Theaterstücken aber nicht zuletzt durch ihre Bindung an den Gesang. Er vor allem leistet an den Höhepunkten der Handlung jenes Maß an Stilisierung, durch die das realistische Theaterspiel zum charakteristischen Modell sich wandelt.

Eins hat Brechts Theater dabei immerhin mit der alten Oper gemeinsam. Wie dort zeichnet Musik auch hier in erster Linie idealtypische Gesten. Ansonsten freilich scheinen die Verhältnisse eher auf den Kopf gestellt. Hatte in der Oper der Tradition die Melodie sich zur Verherrlichung des schönen Scheins, zur Feier des bezaubernden und verzaubernden Augenblicks entfaltet, dient Musik nun dazu, das Rationale klarer, die Einsicht in soziale Umstände schlagender zu machen.

Ihre Einbeziehung in ein nicht nur musikbestimmtes Theaterstück macht die Musik natürlich, kaum anders als zum Beispiel beim Film, zu einem Mittel neben zahlreichen anderen. In drei grundlegenden Rundfunksendungen über Kurt Weill («Vom Haifisch und seinen Zähnen . . .») hat Hansjörg Pauli vermutet, dem Komponisten sei wohl in seinem Leben «Musik als solche, als Artefakt, zusehends unwichtiger geworden, verglichen mit dem, was er zu sagen hatte und sagen wollte». Tatsächlich lag Weill – und das definiert den zweiten programmatischen Grundpfeiler seiner Kunst – der jeweilige Zweck, dem er diente, immer mehr am Herzen als irgendwelche autonomen ästhetischen Prinzipien. Ob eine Musik an einem bestimmten Platz die ihr dort gestellte Aufgabe erfüllte oder nicht, entschied für ihn über deren künstlerische Qualität, nichts sonst. Deshalb ist Weill auch jedes Mittel recht, vom Schlager bis zum Rezitativ, vom gesprochenen Text bis zur pathetischen Kantilene, vom Modetanz bis zum grandiosen Chor, wenn es nur an seinem Standort das funktional richtige ist. Hanns Eisler sprach in solch einem Zusammenhang einmal (hier in deutlicher Übereinstimmung mit Weill) von «einem freien und bewußten Verfügen über alle musikalischen Möglichkeiten auf Grund der genauen Erkenntnis der jeweiligen dramaturgischen Funktion».

Die Rolle des Finales in der ‹Dreigroschenoper› unterstreicht das funktionale Denken der Musik Weills beispielhaft. Zwar demonstrieren die Details eher nur die Vielfalt der «musikalischen Möglichkeiten»: die quasi barocke Manier etwa in den statisch hurtigen Achtelbewegungen des Eröffnungschors («Horch! Wer kommt? Des Königs reitender Bote kommt!»), die Praxis des Rezitativs mit trennenden und stützenden Akkordschlägen à la ‹Zauberflöte› bei der Botschaft von der Begnadigung des Captain Macheath («Anläßlich ihrer Krönung befiehlt die Königin, daß der Captain Macheath sofort freigelassen wird.») oder auch die italienische Opernseligkeit in den Kantilenen über stehenden Achtelakkorden beim Jubel nach dem Arrangement des Happy-Ends («Macheath. Gerettet! Ja, ich wußte es: wenn die Not am höchsten ist, ist die Rettung am nächsten. Polly. Gerettet! Mein lieber Macheath ist gerettet! Ich bin sehr glücklich.»). In seiner Gesamtheit aber hat das Dreigroschenfinale ganz andere Dimensionen. Denn weitaus bedeutsamer als die Fülle und die Unterschiedlichkeit der in ihm benutzten Einzeleffekte ist seine dramaturgische Funktion im Aufbau und für den Inhalt des ganzen Stücks.

Weill hat ausdrücklich betont, daß er mit dem Dreigroschenfinale weniger eine Parodie schreiben wollte, sondern hier vielmehr «der Begriff ‹Oper› direkt zur Lösung eines Konflikts, also als handlungsbildendes Element herangezogen» wurde. Das will sagen: um die Widersprüche des Geschehens aufzuheben, muß als Deux ex machina die Oper auftreten, die sich nicht um die realen Verhältnisse schert, sondern im Zauber des schönen und scheinhaften Augenblicks Glück etabliert.

Ein letztes Mal begegnet uns damit ein höchst signifikanter Musiktheaterschluß. Das Leben in unserer Welt, sagen Brecht und Weill mit ihrer ‹Dreigroschenoper›, läuft hinaus auf Kaufen und Verkaufen, Stehlen und Bestohlen-, Fressen und Gefressenwerden. Am langen Ende vernichtet dabei stets der institutionell Stärkere den einzelnen und deshalb Schwachen. Der Sieger, die herrschende Gesellschaft, tötet sein Opfer, die Menschen. Aber eben das will die Gesellschaft so genau gar nicht wissen, und um es verbessern zu können, gibt's gottlob die Kunst! Das Dreigroschenfinale präsentiert mithin das von der

Gesellschaft gewünschte Ende, entlarvt es jedoch sofort als unwirklichen, scheinhaften Opernschluß. («Frau Peachum. So wendet alles sich am End zum Glück. So leicht und friedlich *wäre* unser Leben, wenn die reitenden Boten des Königs immer *kämen*. Peachum. Aber die reitenden Boten des Königs kommen sehr selten. Und die getreten werden, treten wieder. Darum sollte man das Unrecht nicht zu sehr verfolgen.»)

Hier ist Oper natürlich nicht mehr die Sache selbst, sondern nur noch ein künstlerisches Mittel im Dienste eines gesellschaftspolitischen Kommentars. Doch wer wollte leugnen, daß auf einer letzten, von den Autoren ganz und gar unbeabsichtigten Ebene der alte Opernzauber auch Brecht und Weill einholt? Der simple Umstand, daß seit der Premiere 1928 gerade diejenigen der ‹Dreigroschenoper› besonders begeistert zugeklatscht haben, auf die deren Kritik eigentlich zielt, sollte da zu denken geben. Wie so oft ist auch hier wieder einmal die Bühne mächtiger als alle Ideen und Konzepte. Die Rampe erklärt den Opernschluß zum guten Ende, in ihrem Licht steht das glückliche Liebespaar. «Und man siehet die im Lichte, die im Dunkeln sieht man nicht.»

Ebensowenig kann man freilich leugnen, daß in Brechts und Weills «Oper für Schauspieler» (aber wohl auch in Weills bei uns praktisch unbekannten späteren Arbeiten für den Broadway!) mehr Wege zu einem zeitgenössischen Musiktheater gegenwärtig sind als in so mancher bemühten Opernkomposition der letzten fünfzig Jahre. Nur ist es leider nach wie vor üblich, Musiktheatergenres jenseits der einen Gattung «Oper» verächtlich über die Schulter anzusehen. Dabei täte man besser daran, die Ahnung des Musicals bei Pepusch und Gay, die Geburt der Operette bei Offenbach und das Plädoyer für eine funktional gebundene Bühnenmusik bei Weill und Brecht in die Mitte jeder Diskussion über die Möglichkeiten von Musiktheater in unserer Zeit zu stellen. Viele Überlegungen von Kurt Weill hätten es jedenfalls verdient, gerade heute bei Gesprächen über die Aktualität der Oper mitbedacht zu werden. Dafür zum Abschluß (und zum Weiterdenken!) drei Beispiele und mit ihnen drei Thesen:

1. Die Oper ist tot, es lebe das Musiktheater! Kurt Weill: «Es trifft für Amerika in viel stärkerem Maße zu, was wir seit Jahren erkannt hatten: daß wir den Begriff ‹Oper› nicht mehr in dem engen Sinn des Wortes auffassen dürfen, der sich während des 19. Jahrhunderts ausgebildet hatte. Wenn wir an Stelle des Wortes ‹Oper› den Begriff ‹Musikalisches Theater› einführen, so erkennen wir viel deutlicher die Entwicklungsmöglichkeiten . . .»

2. Ebenso wichtig wie die Kunst ist ihr Zweck! Kurt Weill: «Ästhetischer und Funktionswert sind gleichwertige Begriffe; ein Werturteil über heutige Musik ist nur möglich, wenn man die völlig verschiedenen Ebenen, auf denen heute musiziert wird, als gleichmäßig anerkennt . . .»

3. Ein Theater ohne Publikum hört auf, ein Theater zu sein! Kurt Weill: «Eine Kunst, die in unserer Zeit Geltung besitzen will, darf nicht mehr für einen Ausschnitt der oberen Gesellschaftsschicht berechnet sein, sondern muß wenigstens die Möglichkeit einer Wirkung auf breitere Massen in sich tragen . . .»

(1983)

Dietmar Holland

Die Essenz der Oper:
Strawinskys ‹Rake's Progress›

«Rake's Progress war ein Ende.»
Igor Strawinsky

Die prägnante Definition zu geben, was denn eigentlich eine Oper sei, ist ebenso aussichtslos wie nutzlos; eine zu komponieren dagegen sehr reizvoll. Was wundert es uns, wenn ein Komponist wie Strawinsky, den wohl niemand mit einem Opernkomponisten im Sinne Mozarts oder Verdis verwechseln dürfte, sich gerade diesem Genre zuwendet, um uns vorzuführen, wie nun *er* sich eine Oper vorstellt, indem er nichts weniger als deren Inbegriff auskomponiert, so wie er immer darauf abzielte, wenn er seine Stilmodelle auswählte, deren Essenz herauszuarbeiten? Das Modell war in diesem Fall in erster Linie die *opera buffa* des 18. Jahrhunderts, präziser gesagt: nicht so sehr Mozarts ‹Cosi fan tutte›, obgleich von Anspielungen gerade auf diese Oper Mozarts noch die Rede sein wird, sondern vielmehr auf dessen *dramma giocoso*, also ‹Don Giovanni›. Bezeichnend für den musikalischen Augenmenschen Strawinsky ist bereits die Wahl des Stoffes: Es ist eben kein literarischer, sondern eine Anregung aus dem Bereich der bildenden Kunst, jene berühmte Kupferstichserie von William Hogarth aus der Zeit um 1733, die von dem lasterhaften Aufstieg und Fall Tom Rakewells in London erzählt, in Stationen, die, wie Harald Kaufmann es ausdrückte, vom Freudenhaus ins Irrenhaus führen. Die von Hogarth implizierten sozialkritischen Momente kümmerten indessen Strawinsky und seine Librettisten Wystan Hugh Auden und Chester Kallman wenig; sie entnahmen der Bilderfolge vielmehr den Anlaß, daraus so etwas wie eine schwarze Komödie zu machen, die, ausgestattet mit unverkennbaren Märchenzügen und drastischen szenischen Effekten, der Oper das zurückgeben sollte, was ihr von Anfang an gehörte und nur durchs psychologisierende «Musikdrama» des späteren 19. Jahrhunderts verschüttet worden war: den Triumph des szenischen Augenblicks über alle Weisheit und Logik der Welt.

Wie aber konnte sich Strawinsky mit solchem Treiben einverstanden erklären, er, der Antikulinariker schlechthin, dem jede Gefühlsregung, und sei sie noch so vermittelt, bereits verdächtig war, und der eine Musik im Kopf hatte, die mehr auf die Muskeln als aufs Herz zielt? Denn Musik ist ihm allemal – in seinen eigenen, verwegenen Worten sei

127

es gesagt – «nur eine Aufeinanderfolge von Spannung und Entspannung», ja, er verkündet das ästhetische Dogma, demzufolge die Musik schlichtweg unfähig sei, irgend etwas auszudrücken: weder ein Gefühl oder ein seelisches Verhalten, noch einen Affekt oder ein Naturphänomen; nur sich selbst könne sie ausdrücken. Mit anderen Worten: Sie ist ihm Spiel. Und so ist es denn auch der Spieler – und zwar der höchst virtuose, artifizielle Spieler Strawinsky –, der sich dem Genre der abendfüllenden Oper nähert, um zu zeigen, was darin steckt. Der Feind ist dabei der musikalische «Ausdruck», vor allem der Ausdruck in der Musik des verhaßten 19. Jahrhunderts, und ganz besonders der Dunstkreis des Wagnerschen «Musikdramas», das zu schmähen Strawinsky sein ganzes Leben hindurch nicht ablassen mochte. Denn Musik darf – so ist das zumindest die Auffassung Strawinskys – nicht nach den Sternen greifen, auch keine Luftwurzeln treiben oder gar das Seelenleben von Bühnenfiguren musikalisch illustrieren; musikalisches Theater ist für Strawinsky der Schauplatz von Körperkunst, also des Balletts, oder der Ort, an dem sich die verschiedenen Künste zu einer – keineswegs einheitlichen – Konfiguration zusammenfinden. Es ist der Ort, an dem im geordneten Spiel eine Fabel vorgeführt wird.

Die musikalischen und szenischen Mittel treiben, sofern es sich um eine Oper handelt, erst kraft ihrer spezifischen Konfiguration den Augenblickseffekt hervor, von dem das Theater lebt. Und der Gestus des Vorführens ist es, der Strawinsky reizte, eine Oper zu komponieren. Ähnlich wie sein Antipode Brecht bewunderte Strawinsky das *dramma giocoso* Mozarts mit dem Wechsel seiner musikalischen Haltungen und Tonfälle. Er berührt sich darüber hinaus mit Brecht auch in der daraus abgeleiteten Konzeption eines «epischen» Musiktheaters, freilich mit dem entscheidenden Unterschied, daß Brecht und seine musikalischen Mitarbeiter Kurt Weill, Hanns Eisler und zuletzt Paul Dessau damit auf ein politisch-lehrhaftes Theater abzielten, indem sie die vorgeführte Handlung als Experimentieranlage veränderbarer gesellschaftlicher Verhaltensweisen und Umgangsformen verstanden wissen wollten, während Strawinsky – darin Wsewolod Meyerhold verwandt – keine politisch-lehrhaften Absichten verfolgte, sondern die alte Idee des Theaters als Demonstrationsbühne, und zwar ohne den moralischen Zeigefinger, wieder aufgriff und damit gegen das auch von Brecht bekämpfte Theater der «Einfühlung» antrat. Daß er aber im Falle des ‹Rake's Progress› auf die Moral nicht völlig verzichtete, gehört zu den Hinterlistigkeiten dieser Oper.

Strawinsky betonte immer wieder die Wichtigkeit des *Herstellens*

von Kunst, die Kunstfertigkeit als solche, die handwerkliche Beherrschung des Materials, und so drängt sich der Verdacht auf, der große
Spieler habe es in diesem Fall einmal ausdrücklich darauf abgesehen,
sich an einem ihm wesensfremden Genre abzuarbeiten, das er zwar
einerseits tief bewunderte – seine Verehrung für Mozarts und Verdis
Opern, aber auch für Tschaikowskys Ballettmusik sind ein untrügli-
ches Zeichen dafür –, aber zugleich kompositorisch bislang gemieden
hatte: an der abendfüllenden Oper des 18. Jahrhunderts, also der
Nummernoper mitsamt ihren Versstrukturen. (Strawinsky wollte sich
wieder einmal dem von Schönberg entwickelten Prinzip der «musikalischen Prosa» entgegenstellen.) Material war ja ohnehin für Strawinsky alles, was mit Tönen zu tun hat, sofern sie einer einsichtigen
Ordnungsvorstellung unterliegen, damit also auch das historisch prä-
formierte, seien es nun musikalische Gattungen, Stile, Haltungen oder
kompositorische Verfahrensweisen. Wohl kein Komponist vor (oder
nach ihm) besaß dieses historische Gewissen, der Musikgeschichte
gleichsam auf den Grund gehen zu wollen.

Das begann spätestens um 1920, als Strawinsky an dem Ballett
‹Pulcinella› arbeitete. Um das italienische und zugleich historische
Kolorit treffen zu können, sah Strawinsky Manuskripte des frühen 18.
Jahrhunderts durch – darunter auch Musik des genialen, früh verstorbenen ersten Meisters der *opera buffa*: Giovanni Battista Pergolesi –
und bereitete sie kompositorisch neu auf, indem er sie sich gewissermaßen anverwandelte, sie erneut im buchstäblichen Sinne «komponierte». Das führte ihn alsbald zum Ausbau einer Kompositionstech-
nik, die es ihm ermöglichte, die Essenz von Stilmodellen herauszuarbeiten. Er sagte damals selbst über sein Vorgehen, es reize ihn, alles in
seiner eigenen Art nachzukomponieren, und das sei wohl eine ganz
seltene Form von Kleptomanie. Tatsächlich ist es aber nichts weniger
als eine produktive Aneignung und vor allem weit mehr, als bloßer
sogenannter «Neoklassizismus», ein Schlagwort übrigens, das bis
heute seine Runde macht, wenn von Strawinskys Musik die Rede ist.
Was Strawinsky bei seinem bewußten Rückgriff auf ältere Musik
herstellte – und Strawinsky war einer der größten Kenner der Musikgeschichte unter den neueren Komponisten –, sind keine Stilkopien
und auch etwas anderes als eine ironische Paraphrase besserer Vorbil-
der aus der musikalischen Vergangenheit. Aus der Verhöhnung vorhandener Musik billigen, kompositorischen Profit zu schlagen, wäre
dem großen Spieler denn doch zu einfach gewesen.

Warum er also seit Beginn der zwanziger Jahre bis hin zur Oper ‹*The
Rake's Progress*› von 1951, dem Ende dieses Weges, bei der diese

Tendenzen wie in einem Brennspiegel noch einmal konzentriert zusammenschießen, auf die ältere Musik – in diesem Fall in erster Linie auf die des späteren 18. Jahrhunderts – in produktiver Aneignung zurückgriff, gehört zu seiner ästhetischen Grundanschauung, derzufolge die kompositorische Freiheit nur innerhalb eines festgelegten Rahmens – einer Spielregel gleich – möglich sei. Darin ist Strawinskys Musik der direkte Gegenpol zum musikalischen Expressionismus der Wiener Schule Schönbergs, deren Vertreter, namentlich der Opernkomponist Alban Berg, auf tiefenpsychologische Expansion, auf die musikalische Darstellung von Traumata, auf neue Ausdrucks- und Klangbereiche zielten, aus denen neue Ordnungsprinzipien erst allmählich herausdestilliert wurden. Strenggenommen liegen die beiden Opern Bergs auf der Linie der Nachfolge des Wagnerschen «Musikdramas», wenn auch erheblich verfeinerter als diese, während Strawinskys ‹Rake's Progress› mit seiner Aufarbeitung des *dramma giocoso* Mozarts den souveränen Dialog mit der Geschichte aufnimmt.

Die verlorene Unschuld der Musik, ihre konventionelle erste Natur: die Tonalität will Strawinsky in einem künstlichen Akt erneut zum Sprechen bringen, wohl wissend, daß es jetzt nur noch eine Unmittelbarkeit auf zweiter Ebene sein kann, nämlich eine als Resultat des komplizierten, stilisierenden Kompositionsvorgangs. Für den Hörer klingt das, «als ob» es tonal wäre, ja für Strawinskys schärfsten Kritiker, Theodor W. Adorno, war das ein geradezu mißlungener Versuch, die alte musikalische Ordnung wiederherzustellen: «Was dafür sorgte, daß ein Klang in den anderen wuchs, wird nun zum anti-organischen Zusatz. Zustande kommt ein gebundener Stil ohne Bindung (. . .).» Doch übersieht diese Kritik genau den Anteil an kompositorischer Arbeit, der Strawinskys Musik von ihren Stilmodellen unterscheidet. Es geht Strawinsky nicht um eine Anlehnung an vergangene, verbindliche musikalische Ordnungen, sondern – genau umgekehrt – um den Anreiz für die eigene musikalische Phantasie, darum, sich gewissermaßen abzuarbeiten an der Geschichte. Eine abendfüllende Oper zu komponieren, hieß deshalb für ihn zunächst, ihre musikalische und dramaturgische Topologie zu erkunden, also in erster Linie Mozarts Opernpartituren zu studieren. Mit seinem historischen Gewissen spürte Strawinsky, daß die Oper als Gattung des Theaters längst gestorben war. Das erlaubte ihm aber gerade, in der überblickenden Rückschau, zu erkennen und für sich kompositorisch fruchtbar machen zu können, welches ihre essentiellen Eigenarten waren. Die Wahl des Stoffes und die literarische Ausformung des Textbuches für ‹*The*

Rake's Progress› war deshalb das Ergebnis ästhetischer Entscheidungen.

Das Libretto, das ihm Auden – in Zusammenarbeit mit dem Versspezialisten Chester Kallman – nach enger Absprache und der gemeinsamen Formulierung eines Szenariums schrieb, bewahrt zwar den eigenartigen Moritaten-Charakter der Bilderfolge von Hogarth, aber es wird ihm, gewissermaßen als «Ersatz» für eine durchgehende, logisch-dramatische «Handlung» ein Märchenzug verliehen, der verantwortlich ist für gewisse Glaubwürdigkeitslücken wie etwa die Auftritte des Zirkusmonstrums Baba, einer Dame mit Vollbart. Die äußere «Handlung», die Strawinsky und Auden aus der Bilderfolge entwickelten, besteht zu einem nicht geringen Teil aus mehr oder weniger deutlichen literarischen Anspielungen. Dem für das englische 18. Jahrhundert typischen Handlungsgerüst von Aufstieg und Fall eines auf Reichtum versessenen jungen Mannes verschafft Auden gleichsam eine Tiefendimension, indem er die vorhandene Bilderfolge um die Einführung von drei wohlbekannten literarischen Momenten bereichert: Er stellt dem aufstrebenden jungen Mann Tom Rakewell – der Name steht gewissermaßen paradigmatisch für seine Haupteigenschaft – eine Art Mephisto an die Seite, sein zweites, böses Ich und zugleich die Verkörperung des Teufels, worauf der Vorname Nick hinweist, der bekanntlich im Englischen die Bezeichnung für den Teufel ist, während der Nachname (Shadow = Schatten) seine Bindung an Tom meint. Weiterhin fügt Auden das Kartenspiel hinzu, das über Toms Ende entscheidet, und schließlich das Märchenelement jener drei Wünsche Toms, deren Erfüllung sich stets, und in zunehmendem Maße krasser und eindeutiger, als Betrug erweist. Es ist klar, daß unter diesen Voraussetzungen nicht zu erwarten ist, hier etwa lebendige Bühnenfiguren anzutreffen. Die Autoren haben es vielmehr ausdrücklich darauf abgesehen, den Parabelcharakter der «Karriere» Tom Rakewells herauszuarbeiten. Und das bedeutet zugleich: ihn komponierbar zu machen, zumal für einen Komponisten wie Strawinsky, der nicht mehr unverstellt musizieren konnte. Die Hauptpersonen der Oper sind allesamt Personifizierungen von Eigenschaften und mehr oder weniger zweifelhaften moralischen Qualitäten, «synthetische» Charaktere also. In Tom Rakewell finden wir gleich eine Anzahl literarisch vorgezeichneter Figuren wieder: außer Zügen Don Giovannis und Fausts – schon der Soldat in Strawinskys früher *‹Geschichte vom Soldaten›* war eine Art Miniatur-Faust – lassen sich auch Verbindungen zu Tschaikowskys Hermann in *‹Pique Dame›* herstellen. Die eigens in die Handlung eingeführte Verkörperung der unerschütterlichen Liebe, Anne Trulove – ihr Nachname verweist auf diese Eigenschaft –, mutet dagegen dem kritischen Zuschauer zu, eine Kunstfigur, die alle larmoyanten Schwestern aus der Oper des 19. Jahrhunderts in sich vereinigt, zu akzeptieren. Die Verkörperung des Bösen ist – wiederum ähnlich wie in der ‹Geschichte vom Soldaten› – die «volkstümliche» Gestalt des Teufels, der hier sowohl als Mephisto wie auch als Leporello (aus Mozarts ‹Don Giovanni›) in Erscheinung tritt – er sagt nämlich auch: «Wenn ich zu lange ohne Meister bliebe . . . würde ich bald sterben» – und sogar einige zynische Züge von Jago (aus Verdis ‹Otello›) abbekommen hat.

Die drei Wünsche Toms, deren Erfüllung – durchaus realistisch – eine bloße Farce ist, offener Betrug des Teufels, richten sich auf drei Grundbedürfnisse des Menschen, die es dem Textbuch erlauben, sie als Parabel vorzuführen: es ist der Drang nach materiellem Reichtum, nach moralischer und damit schrankenloser Freiheit und schließlich sogar nach Weltverbesserung. Doch die Bewertung dieser Bedürfnisse ist ihre zynische Zurückweisung durch die Fallen, die der Teufel dem jungen Aufsteiger stellt und in die dieser denn auch blindlings – und in zunehmendem Maße unglaubwürdiger – hineintappt. Die Weltverbesserung – jene Maschine, die Steine in Brot verwandelt, ihre gewinnbringende Funktion jedoch erst in der massenhaften Verbreitung erfährt, die den Nonsens erst recht hervorkehrt – führt Tom zum völligen Ruin – das ist die «Moral» dieser Geschichte. Die Szene, in der Toms gesamte Habe versteigert wird, gibt den Autoren die Möglichkeit, eine an sich unbedeutende Figur wie den Auktionator Sellem, dessen Name – den Vornamen erfahren wir überhaupt nicht – ganz auf seine gesellschaftliche Funktion abgestellt ist, als Bühnenereignis zu präsentieren, gleichsam als männliches Pendant zu den «Auftritten» der Baba, die musikalisch einen ähnlich gespreizten Tonfall aufweisen wie der «Auftritt» des eitlen Sellem. In beiden Fällen zahlen die Librettisten und ihr Komponist der notwendigen szenischen Präsenz der Operndramaturgie ihren wirkungssicheren Tribut.

Das Problem, vor dem die beiden Librettisten standen, als sie das Textbuch für ein Stilmodell der Nummernoper des 18. Jahrhunderts, speziell: des Mozartschen *dramma giocoso* entwarfen, das ja die prinzipielle Aufhebung der strikten Trennung von «tragischen» und «komischen» Bereichen der Handlung meint, bestand immerhin darin, die Aufgabe zu lösen, wie der Mangel an glaubwürdigen Intrigen oder zumindest Verwicklungen und an logisch-diskursiver Substanz – «in der Oper agieren weniger reale Personen als vielmehr die Schatten der Hogarth-Stiche» (Michail Druskin) – kompensiert werden könne.

Ähnlich wie die Musik – und in diesem Fall auch sogar diejenige Strawinskys – die Momente der Handlung, auf die sie trifft, zugleich überhöht, sei es durch Stilisierung, sei es durch Verfremdung, so machten sich auch die Librettisten den Grundsatz von gelungenen Operntexten zu eigen, daß es nicht so sehr auf die sprachliche Gestaltung im Detail ankomme, nicht einmal auf eine «spannende» Entwicklung der Handlung, sondern in erster Linie auf den kontrastierenden Wechsel von Situationen, die der Musik Raum geben, sich zu entfalten. Die ursprüngliche Bilderfolge des englischen Kupferstechers, die nicht mehr als der bloße Anlaß zu der Oper war, bot den Librettisten die Möglichkeit, genau die Diskontinuität literarisch zu gestalten, die Strawinsky in seiner Musik zur Anwendung brachte. Und Hogarth hatte dem Komponisten noch etwas anderes zu sagen, worauf Strawinsky selbst ausdrücklich hingewiesen hat: «In ihm habe ich die Quintessenz jenes eigenartigen englischen Settecento wiedererkannt, das ich in Musik setzen wollte. Das London dieser Epoche, die Farbe, die Gesellschaft dieser Zeit: lauter Elemente zu einem musikalischen Gebärdenspiel.» Auffällig ist an dieser Äußerung, daß sich Strawinsky, wie so oft, auf rein visuelle Eindrücke und Anregungen bezieht und seine Musik im Grunde als Ergänzung dazu versteht.

Der Akzent der Musik, die Strawinsky zu seiner umfangreichsten Oper geschrieben hat, liegt demnach auf dem Wechsel der Haltungen und Tonfälle, eben dem, was er als «musikalisches Gebärdenspiel» bezeichnet. Selbst das alte Secco-Rezitativ mit Cembalo kommt wieder zu Ehren, freilich nicht in historisierender Stilmanier, sondern durchaus verwandelt und gezielt eingesetzt: Es hebt einen Teil der musikalischen Nummern voneinander ab oder bereitet durch ebenso drastische wie grell hervorstechende Kadenzbildungen auf sie vor. In der Examinations-Szene während Toms erstem Bordell-Besuch bei Mother Goose in London dienen diese Kadenzen gewissermaßen dem «offiziellen» Charakter des Initiationsritus. Die ganze Situation stellt übrigens den noch jungen, unerfahrenen Tom Rakewell unter den Zwang – ähnlich wie den pubertären Cherubino in Mozarts ‹Le nozze di Figaro› –, zweimal von der «Liebe» als solcher singen zu müssen, einmal subjektiv – bezeichnenderweise hierbei als Ausdruck von Angst (!) – und später, in einem Arien-«Vortrag», vergleichsweise objektiv (das macht der instrumentale Eröffnungstakt, in Mozartscher Haltung, deutlich, der im übrigen an denjenigen der A-Dur-Arie des Ferrando aus ‹Così fan tutte› erinnert, ebenso wie der nachfolgende Chor sich auf diese Oper bezieht). Das Cembalo erhält aber auch noch ganz andere Aufgaben, denn es charakterisiert auf spinnwebartige

Weise die Atmosphäre des teuflischen Kartenspiels, in das Tom, um seine bereits dem Teufel verfallene Seele zu retten, am Ende verwickelt wird. (Die Rettung geschieht natürlich – im Sinne des traditionellen *lieto fine*, des guten Ausgangs – einzig durch das opernhafte Eingreifen eines deus ex machina, in diesem Fall: der Stimme der unerschütterlichen Anne.) In dieser Karten-Szene (auf dem Friedhof!) feiert Strawinskys Fähigkeit zu geradezu dämonischer Verwendung der sogenannten Polytonalität, also des Gebrauchs mehrerer entfernter Tonarten zugleich, wahre Triumphe, während sie andernorts wie ein scharfes Gewürz im Getriebe der Tonarten wirkt, so etwa am Schluß der Oper, in der Szene im Irrenhaus, als Anne von ihrem Vater abgeholt wird: Sie hat den wahnsinnigen Tom ein letztes Mal besucht, und ihren Abschied faßt Strawinsky in eine geradezu erschreckende, gezielte Verwendung scheinbar verschlissener tonaler Mittel wie etwa unerwarteten Septakkorden, akkordfremden Tönen und eben der Überblendung zweier Tonarten, hier einem drohenden Baßaufstieg in B-Dur (von der Dominante an aufwärts) und einem Oberbau in G-Dur. Damit stellt er unter Beweis, daß es nicht um Stilkopierung geht, sondern um Verfremdung von scheinbar Gewohntem. Sein Umgang mit der Tonalität ist vergleichbar mit der Entdeckung von klanglichem Neuland.

Ähnliches geschieht mit den verwendeten Formen: So klingt zum Beispiel jene applaustreibende Cabaletta der Anne, mit der der erste Akt so wirkungssicher schließt, einerseits ganz offenkundig nach Mozart – man denke nur an die Stretta der großen C-Dur-Arie der Contessa (Nr. 19) in ‹Le nozze di Figaro› –, aber doch irgendwie anders, und genau das ist Strawinskys «Ton». Adorno spottete, Strawinskys Musik verbeuge sich vor dem verdutzten Publikum, indem sie den Hut lüfte und zeige, daß darunter ein Knauf sei, kein Kopf. Und tatsächlich: Strawinskys Musik setzt sich absichtlich «in Szene». Die Eröffnungsfanfare zu ‹Rake's Progress› erinnert an die des Monteverdischen ‹Orfeo›, der ersten bedeutenden Oper der Geschichte, auf die im übrigen auch einige literarische Anspielungen der Bedlam-Szene verweisen (Unterwelt als Gegenwelt zum Elysium, zum pastoralen Idyll des Anfangs). Strawinsky erinnert damit an die Theaterkonvention des frühen 17. Jahrhunderts, und zugleich ist es das auskomponierte Öffnen des Vorhangs zu einem Spiel, das nichts weniger ist als – szenisch wie musikalisch – eine Art Feinschmecker-Laden der treffsichersten Kostbarkeiten aus der Operngeschichte, aus einer Zeit, in der die Gattung Oper noch selbstverständlich war. Die Meisterschaft der Anspielungen, die hier ausgebreitet wird, ist aber auch gefährlich: Man hüte sich davor, ihr auf den Leim zu gehen. Die Szene in Bedlam wagt sich erstaunlich nahe ans Einfühlungstheater heran, denn sie appelliert an unser Mitgefühl. Der ad spectatores gewandte Epilog – in alter Buffo-Tradition hinzugefügt – erteilt uns nämlich darauf den richtigen Bescheid: Das Ganze war ein Spiel, eine Fabel, ja eine Parabel, was wir sahen und hörten, aber eine böse, die auf uns selbst zurückschlagen kann: «Zu allen Zeiten, in allen Ländern unter Mond und Sonne, ist dieses Sprichwort wahr, seit Adam um Eva freite: Für faule Hände, Herzen und Köpfe findet der Teufel eine Beschäftigung, eine Beschäftigung, ihr lieben Herren, ihr schönen Damen, für Euch und Euch!»

Dietmar Holland

Inhalt der Oper ‹The Rake's Progress›

Erster Akt

Erstes Bild

Tom Rakewell, ein junger Mann mit großem Freiheitsdrang, liebt Anne Trulove, die Tochter eines biederen Alten vom Lande, der seine Tochter nur einem Mann mit sicherer Stellung geben will. Doch Tom will sich dem Zufall des Glücks überlassen. Als er sich Geld wünscht, erscheint plötzlich ein Fremder, der sich als Diener seines angeblichen, gerade verstorbenen Onkels ausgibt und behauptet, Tom habe dessen Erbschaft erhalten, deren Angelegenheiten nun in London zu regeln seien. Tom ahnt nicht, daß er es mit dem Teufel zu tun hat, der sich ihm da als Nick Shadow vorstellt.

Zweites Bild

Tom verabschiedet sich von Anne und ihrem Vater, verspricht, Anne bald nach London nachkommen zu lassen, und wird von Nick sogleich in das Freudenhaus der Mother Goose geführt, um seinen Einstand in das künftige Leben der Ausschweifungen, das seinem Nachnamen alle Ehre macht, zu feiern. Er wird dabei aufgefordert, nachdem er sich sehr schnell als gelehriger Schüler der hedonistischen Moral Nicks erwiesen hat, ein Lied über die Liebe zu singen. Das Wort verwirrt ihn jedoch, und er trägt eine traurige Arie von der verratenen Liebe vor, das die Bordellgesellschaft als pittoreske Äußerung wertet. Die Huren wollen ihn eines besseren belehren, doch Mother Goose beansprucht ihn zunächst für sich selbst.

Drittes Bild

Seit einem halben Jahr ist Tom bereits in London. Anne ist traurig, daß sie nichts von ihm hört und beschließt, nach London zu gehen, da sie seine Schwächen genau kennt.

Zweiter Akt

Erstes Bild

Tom sitzt gelangweilt und unzufrieden in seinem Londoner Haus und klagt über die Unerfülltheit seines Lebens. Sein zweiter Wunsch ist es nun, glücklich zu sein. Sofort gaukelt ihm Nick eine Heiratsmöglichkeit vor: Er soll das Zirkusmonstrum Türken-Baba zur Frau nehmen, da sowohl Pflichtbewußtsein wie Leidenschaften nur durch völlige Gleichgültigkeit aufgehoben werden könnten. Diese Ehe wäre also ein Triumph über die Konvention. Nach kurzer Überlegung willigt Tom in den zynischen Vorschlag ein.

Zweites Bild

Anne ist heimlich in London eingetroffen, hat Toms Haus gefunden und wird dort Zeugin, wie Tom seine frischgebackene Ehefrau aus der Sänfte in sein Haus geleiten will. Anne tritt dazwischen, doch Tom weist sie mit den Worten ab, London habe ihn verdorben und er sei ihrer nicht mehr wert. Er gesteht der entsetzten Anne, daß er geheiratet habe und führt unter pompösen Klängen seine Frau die Stufen zum Haus hinauf. Den herbeigeeilten Schaulustigen enthüllt die Baba ihr Gesicht und zeigt ihren wallenden Vollbart.

Drittes Bild

Das Ehepaar sitzt beim Frühstück. Tom sagt nichts, während die Baba ununterbrochen plappert. Als Tom sie fortstößt, bricht sie in eine Wut-Arie aus, die Tom brüsk abschneidet, indem er ihr eine Perücke über den Kopf stülpt. Sie bleibt daraufhin regungslos sitzen. Tom legt sich aufs Sofa und schläft ein. Während er träumt, führt Nick dem Publikum den Inhalt des Traums vor: den Schwindel einer Maschine, die aus Steinen Brot machen kann. Als Tom erwacht, begehrt er die Erfüllung dieses Traums. Nick führt ihm sofort die Maschine vor Augen. In völligem Größenwahn sieht sich nun Tom als Menschheitsbeglücker und glaubt, durch diese Tat Anne zurückzugewinnen. In äußerstem Zynismus bietet sich Nick an, diese Maschine gewinnbringend zu vermarkten.

Dritter Akt

Erstes Bild

Tom ist völlig ruiniert, da der Schwindel natürlich geplatzt ist. In seinem Haus versammeln sich Gläubiger und Kauflustige, die auf die Auktion warten. Anne tritt auf und erkundigt sich nach Tom. Da niemand weiß, wohin er geflüchtet ist, macht sie sich auf die Suche. Sellem, der Auktionator, tritt mit großem Gehabe ein und eröffnet die Versteigerung. Als drittes Objekt bietet er die immer noch regungslos dasitzende Baba an. Um die erregte Menschenmenge zu beruhigen, reißt er ihr die Perücke vom Kopf, worauf sie erwacht und ihre Wut-Arie zu Ende singt. Anne tritt wieder auf, während von der Straße die Stimmen Nicks und Toms mit einem Gassenhauer hörbar werden. Baba ermutigt Anne, sich Toms anzunehmen. Sie selbst werde zum Theater zurückkehren, wo sie sich der öffentlichen Bewunderung sicher sei. Wieder tönen die Stimmen Nicks und Toms herauf. Anne eilt ihnen nach, und Baba tritt mit großer Geste ab.

Zweites Bild

Auf einem nächtlichen Friedhof verlangt Nick von Tom seinen Lohn, dessen Seele. Tom erkennt, daß er ein Bündnis mit dem Teufel eingegangen ist. Als die Uhr zur Mitternacht schlägt, hält Nick sie beim neunten Schlag an und bietet Tom die Gelegenheit, durch ein Kartenspiel seine Seele zu retten. Nick wird drei Karten ziehen, die Tom erraten muß. Zweimal kommt Tom durch Zufall auf die richtige Lösung. Mit der dritten Karte will ihn Nick jedoch hintergehen, indem er heimlich, nur dem Publikum sichtbar, wieder die erste Karte ins Spiel mischt und sie ausspielt. Es ist die Herz-Königin. Annes Stimme im Hintergrund bringt Tom jedoch auf die richtige Lösung. Nick ist am Ende der Geprellte. Er versinkt ins Grab und schlägt Tom aus Rache mit Wahnsinn.

Drittes Bild

Im Irrenhaus erwartet Tom, der sich für Adonis hält, seine Venus. Als Anne in die Zelle tritt, glaubt er, die Liebesgöttin sei gekommen. Anne singt ihn in Schlaf, bis ihr Vater eintritt und das Ende der Geschichte verkündet. Als Tom erwacht, ist er allein und bricht zusammen. Die Irren singen einen Klagechor um den toten Adonis.

Epilog

Die fünf Protagonisten der Handlung treten vor den Vorhang und verkünden dem Publikum die Moral der Geschichte.

Wystan Hugh Auden/Chester Kallman

The Rake's Progress

An Opera in Three Acts

Die Laufbahn eines Wüstlings
Oper in drei Akten

Musik von Igor Strawinsky

Uraufführung am 11. September 1951
im Teatro La Fenice in Venedig
anläßlich des XIV. Internationalen Festivals
für Zeitgenössische Musik
im Rahmen der Biennale Venedig

Zweisprachiges Textbuch

Neue wortgetreue Übersetzung
von Gerd Uekermann

Igor Strawinsky mit dem gedruckten Klavierauszug seiner einzigen abendfüllenden Oper ‹The Rake's Progress›, die am 11. September 1951 im Teatro La Fenice in Venedig unter seiner musikalischen Leitung (Assistenz: Ferdinand Leitner) zur Uraufführung gelangte. Die Partitur hat Strawinsky endgültig am 3. Mai dieses Jahres abgeschlossen.

Personen

Trulove	*Baß*
Anne, seine Tochter	*Sopran*
Tom Rakewell	*Tenor*
Nick Shadow	*Bariton*
Mutter Goose	*Mezzosopran*
Baba (genannt die Türkenbaba)	*Mezzosopran*
Sellem, Auktionator	*Tenor*
Ein Wärter des Irrenhauses	*Baß*

Dirnen und grölende Burschen, Diener, Bürger, Irre

Die Handlung spielt in England im 18. Jahrhundert

Orchesterbesetzung:
2 Flöten (2. auch Piccoloflöte), 2 Oboen (2. auch Englischhorn),
2 Klarinetten in B, 2 Fagotte;
2 Hörner in F, 2 Trompeten in B;
Pauken; Cembalo; Streicher

Act 1

The action takes place in eighteenth-century England.

Scene 1. *The garden of Trulove's house in the country on a spring afternoon: The house is on the right. There is a gate in the fence at the back.*
(Anne and Tom are seated in an arbour to the left.)

[Duet and Trio]

ANNE   The woods are green, and bird and beast at play,
For all things keep this festival of May;
With fragrant odours and with notes of cheer
The pious earth observes the solemn year.

TOM   Now is the season when the Cyprian Queen
With genial charm translates our mortal scene,
When swains their nymphs in fervent arms enfold
And with a kiss restore the Age of Gold.

ANNE   How sweet within the budding grove
To walk, to love.
How sweet beside the pliant stream
To lie, to dream. How sweet.

TOM   How sweet beside the pliant stream
To lie, to dream.
How sweet within the budding grove
To walk, to love. How sweet.

(Trulove enters from the house and stands aside.)

TRULOVE   O may a father's prudent fears
Unfounded prove,
And ready vows and loving looks
Be all they seem.

ANNE, TOM   How sweet!

TRULOVE   In youth we fancy we are wise,
But time hath shown,
Alas, too often and too late,
We have not known
The hearts of others or our own.

ANNE   Love tells no lies . . .

ANNE, TOM   . . . and in love's eyes

1. Akt

Die Handlung spielt in England im 18. Jahrhundert.

1. Bild: *Der Garten von Truloves* Haus auf dem Lande an einem Frühlingsnachmittag. Rechts das Haus, im Hintergrund ein Gartenzaun mit einer Pforte.*
(Anne und Tom sitzen links in einer Laube.)

[Duett and Terzett]

ANNE Die Wälder sind grün, und Vögel und Tiere leben auf,
denn alle Kreatur feiert den Mai;
mit süßen Düften und fröhlichem Klang
begeht die fromme Erde den feierlichen Jahreswechsel.
TOM Dies ist die Jahreszeit, wenn die zyprische Königin
mit zauberischer Kraft unsere Welt verwandelt,
wenn Schäfer ihre Nymphen glühend umfangen
und mit einem Kuß das Goldene Zeitalter zurück-
bringen.
ANNE Wie süß, im knospenden Hain
zu wandeln, zu lieben.
Wie süß, am regen Bach
zu liegen, zu träumen. Wie süß!
TOM Wie süß, am regen Bach
zu liegen, zu träumen.
Wie süß, im knospenden Hain
zu wandeln, zu lieben. Wie süß!
(Trulove tritt aus dem Haus und bleibt abseits stehen.)
TRULOVE Oh, mögen die Vatersorgen
sich als grundlos erweisen,
und die raschen Schwüre und Liebesblicke
aufrichtig sein.
ANNE, TOM Wie süß!
TRULOVE In der Jugendzeit halten wir uns für weise,
aber die Zeit lehrt,
leider zu oft und zu spät,
daß wir nicht
die Herzen der anderen oder das unsere kannten.
ANNE Liebe lügt nicht . . .
ANNE, TOM . . . und in den Augen der Liebe

---

* *Tru(e)love = Treulieb.*

We see our future state,
Ever happy, ever fair;
Sorrow, hate,
Disdain, despair,
Rule not there,
But love alone
Reigns o'er his own.

[Recitative]

TRULOVE *(coming forward)*
Anne, my dear . . .
ANNE Yes, father?
TRULOVE Your advice is needed in the kitchen.
(Anne curtsies and exits into the house.)
Tom, I have news for you.
I have spoken on your behalf to a good friend
in the City, and he offers you a position
in his counting house.
TOM You are too generous, sir.
You must not think me ungrateful
if I do not immediately accept what you propose,
but I have other prospects in view.
TRULOVE Your reluctance to seek steady employment
makes me uneasy.
TOM Be assured your daughter shall not marry
a poor man.
TRULOVE So he be honest, she may take a poor husband
if she choose, but I am resolved she shall
never marry a lazy one.
(He exits into the house.)
TOM *(parlando)*
The old fool!

[Recitative and Aria]

Here I stand, my constitution sound,
my frame not ill-favoured,
my wit ready, my heart light.
I play the industrious apprentice in a
copy-book?
I submit to the drudge's yoke?
I slave through a lifetime to enrich others,
and then be thrown away like a gnawed bone?
Not I!

sehen wir unsere Zukunft,
ewig glücklich, ewig schön;
Sorge, Haß,
Verachtung, Verzweiflung
herrschen dort nicht,
nur die Liebe allein
regiert ihr Reich.

[Rezitativ]

TRULOVE *(kommt näher)*
Anne, mein Kind . . .
ANNE Ja, Vater?
TRULOVE In der Küche braucht man deine Hilfe.
(Anne macht einen Knicks und geht ins Haus.)
Tom, ich habe Neuigkeiten für dich.
Ich habe über dich mit einem guten Freund in
London gesprochen, und er bietet dir eine Stelle
in seinem Bankhaus an.
TOM Ihr seid zu gütig, Herr.
Haltet mich nicht für undankbar,
wenn ich Euren Vorschlag nicht sofort annehme,
aber ich habe andere Absichten.
TRULOVE Deine Abneigung gegen eine feste Stelle
| macht mir Sorgen.
TOM | Seid versichert, Eure Tochter wird
keinen armen Mann heiraten.
TRULOVE Wenn er nur ehrlich ist, mag sie ruhig einen
armen Mann nehmen, wenn sie will, aber ich bin
entschlossen, sie nie einem Faulenzer zu geben.
(Er geht ins Haus.)
TOM *(gesprochen)*
Der alte Narr!

[Rezitativ und Arie]

Hier stehe ich, bin gesund
und sehe nicht übel aus,
mein Witz ist schnell, mein Herz ist leicht.
Ich ein fleißiger Lehrling mit einem
Rechnungsbuch?
Ich unter diesem Joch?
Ich soll ein Leben lang schuften, um andere zu
bereichern und dann wie ein abgenagter Knochen
weggeworfen zu werden?
Ich nicht!

145

Have not grave doctors assured us
that good works are of no avail
for Heaven predestines all?
In my fashion I may profess myself of their
party, and herewith entrust myself to Fortune.

Since it is not by merit
We rise or we fall,
But the favour of Fortune
That governs us all,
Why should I labour
For what in the end
She will give me for nothing
If she be my friend?
While if she be not, why,
The wealth I might gain
For a time by my toil would
At last be in vain,
Till I die, then, of fever
Or by lightning am struck,
Let me live by my wits
And trust to my luck,
My life lies before me,
The world is so wide:
Come, wishes, be horses;
This beggar shall ride,
(He walks around.)
(parlando)
I wish I had money.
(Nick appears immediately at the garden gate.)

[Recitative]

NICK Tom Rakewell?
  TOM *(turning round, startled)*
     I . . .
NICK I seek Tom Rakewell with a message.
     Is this his house?
  TOM No, not his house, but you have found him
     straying in his thoughts and footsteps.
     In short . . .

Haben nicht große Gelehrte uns versichert,
daß gute Werke sinnlos sind,
da der Himmel alles vorausbestimmt hat?
Ich schließe mich auf meine Weise ihrer Überzeugung an
und gebe mich hiermit dem Glück in die Hände.

Da wir nicht durch unseren Verdienst
aufsteigen oder fallen,
sondern die Gunst Fortunas
uns alle beherrscht,
warum sollte ich mich mühen
um etwas, das sie mir am Ende
umsonst geben wird,
wenn sie mir geneigt ist?
Und wenn sie es nicht ist, ei,
dann wäre der Reichtum,
den ich durch Arbeit erränge,
zuletzt doch dahin.
Bis ich am Fieber sterbe
oder vom Blitz erschlagen werde,
will ich denn auf meinen Witz bauen
und meinem Glück vertrauen.
Mein Leben liegt vor mir,
die Welt ist so weit:
Kommt, meine Wünsche, seid Pferde*;
der Bettler will reiten!
(Er geht auf und ab.)
(gesprochen)
Ich wünschte, ich hätte Geld.
(Nick erscheint plötzlich an der Gartenpforte.)

[Rezitativ]

NICK Tom Rakewell?
TOM *(dreht sich erschrocken um)*
Ich . . .
NICK Ich habe eine Botschaft für Tom Rakewell.
Ist dies sein Haus?
TOM Nein, nicht sein Haus, doch Ihr habt ihn gefunden,
wie er hier seiner Gedanken nachhängt.
Kurzum . . .

---

* *Nach dem englischen Sprichwort «If wishes were horses, beggars would ride» (Wenn
Wünsche Pferde wären, würden Bettler reiten).*

NICK You are he?

TOM *(laughing)*
Yes, surely. Tom Rakewell at your service.

NICK Well, well.
(He bows.)
Nick Shadow, sir, and at your service.
For, surely as you bear your name,
I bear you a bright future.
You recall an uncle, sir?

TOM An uncle? My parents never mentioned one.

NICK They quarrelled, I believe, sir.
Yet he . . . Sir, have you friends?

TOM More than a friend.
The daughter of this house and ruler of
my heart.

NICK A lover's fancy and a lovely thought.
Then call her, call her.
Indeed, let all who will, make their joy here
of your glad tidings.
*(Tom rushes into the house. Nick reaches over the garden gate,
unlatches it and enters the garden. Tom returns with Anne and
Trulove.)*

[Recitative and Quartet]

NICK *(bowing)*
Fair lady, gracious gentlemen,
a servant begs your pardon for your time,
but there is much to tell.
Tom Rakewell had an uncle,
one long parted from his native land.
Him I served many years.
Served him in the many trades he served in turn;
and all to his profit.
Yes, profit was perpetually his.
It was, indeed, his family, his friend,
his hour of amusement, his life.
But all his brilliant progeny of gold
could not caress him when he lay dying.
Sick for his home, sick for a memory of pleasure
or of love, his thoughts were but of England.

NICK   Ihr seid es?
TOM   *(lacht)*
      Ja, allerdings. Tom Rakewell zu Euren Diensten.
NICK   So, so.
      (Er verneigt sich.)
      Nick Shadow*, Herr, und zu Euren Diensten.
      Denn so sicher als Ihr Euren Namen tragt,
      bringe ich Euch eine frohe Kunde.
      Ihr erinnert Euch an einen Onkel, Herr?
TOM   Ein Onkel? Meine Eltern haben nie von ihm
      gesprochen.
NICK   Sie waren verfeindet, glaube ich, Herr,
      Aber er . . . Herr, habt Ihr Freunde?
TOM   Mehr als das.
      Die Tochter dieses Hauses herrscht
      in meinem Herzen.
NICK   Die Sprache eines Verliebten, und eine schöne Idee.
      Ruft sie her, ruft sie.
      Ja, laßt alle, die nur wollen, sich hier
      an der guten Nachricht erfreuen.
      (Tom eilt ins Haus. Nick greift über die Gartenpforte, schiebt
      den Riegel zurück und betritt den Garten. Tom kommt mit
      Anne und Trulove zurück.)

      [Rezitativ und Quartett]

NICK   *(verneigt sich)*
      Schönes Fräulein, ihr gütigen Herren,
      verzeiht einem Diener, der Eure Zeit beansprucht,
      aber es gibt viel zu berichten.
      Tom Rakewell hatte einen Onkel,
      der lange schon sein Heimatland verlassen hatte.
      Sein Diener war ich viele Jahre lang.
      Ich diente ihm bei vielen Geschäften, die er betrieb;
      alles brachte ihm Gewinn.
      Ja, immerfort hatte er Gewinn.
      Das war für ihn seine Familie, sein Freund,
      sein Vergnügen, sein Leben.
      Doch all seine goldene Nachkommenschaft
      konnte ihn nicht trösten, als er im Sterben lag.
      Voller Heimweh und Sehnsucht nach einer Erinnerung
      an die Freude
      oder die Liebe dachte er nur noch an England.

---

* *Nick = im Englischen ein häufiger Name für den Teufel, Shadow = Schatten.*

There, at least, he felt, his profit could be
pleasure to an eager youth; for such,
by counting years upon his fumbling fingers,
he knew that you must be, good sir.
(parlando)
Well, he is dead.
And I am here with this commission:
to tell Tom Rakewell that an unloved and
forgotten uncle loved and remembered.
You are a rich man.

[Quartet]

TOM   I wished but once, I knew
        That surely my wish would come true,
        That I
        Had but to speak at last
        And Fate would smile when Fortune cast
        The die.
        I knew, I knew!
        (to Nick)
        Yet you, who bring
        The fateful end of questioning
        Here by
        A new and grateful master's side
        Be thanked, and as my Fortune and my guide,
        Remain, confirm . . .
        | . . . deny.
NICK | Be thanked, for masterless should I abide
        Too long . . .
TOM | Be thanked . . .
NICK | . . . I soon would die.
ANNE Be thanked, O God, for him, and may a bride
        Soon to his vows reply. Be thanked.
TOM | . . . be thanked.
NICK | Be thanked.
TRULOVE Be thanked, O God, and curb in him all pride,
        That Anne may never sigh.
        Be thanked.
        (Tom puts one arm around Anne and gestures outwards with the other.)
TOM   My Anne, behold, for doubt has fled our view,
        The skies are clear and every path is true.
ANNE The joyous fount I see that brings increase

Dort zumindest, dachte er, könnte sein Gewinn
einem eifrigen Jüngling Freude bereiten; denn ein
solcher,
so rechnete er sich an seinen zitternden Fingern aus,
mußtet Ihr jetzt sein, lieber Herr.
(gesprochen)
Nun, er ist tot.
Und ich bin hier mit diesem Auftrag:
Tom Rakewell zu sagen, daß ein ungeliebter
und vergessener Onkel ihn liebte und seiner gedachte.
Ihr seid ein reicher Mann.

[Quartett]

TOM   Ich wünschte nur einmal und wußte,
daß mein Wunsch bestimmt wahr werden würde.
Daß ich
nur endlich sprechen mußte,
dann würde mir das Schicksal lächeln, wenn Fortunas
Würfel rollen.
Ich wußte es, ich wußte es!
(zu Nick)
Doch Ihr, der mir
die schicksalhafte Antwort auf meine Frage
hier gegeben,
an der Seite eines neuen, dankbaren Herrn,
habt Dank, und als mein Glücksstern und mein
Führer bleibt hier, stimmt zu . . .
    | . . . oder schlagt aus.
NICK | Habt Dank, denn wenn ich zu lange
ohne Meister bliebe . . .
TOM | Habt Dank . . .
NICK | . . . würde ich bald sterben.
ANNE | Hab Dank, o Gott, um seinetwillen, und möge bald
eine Braut seinen Schwur erwidern. Hab Dank!
TOM | . . . habt Dank!
NICK | Habt Dank!
TRULOVE | Hab Dank, o Gott, und läutre ihn von Stolz,
daß Anne nie klagen muß.
Hab Dank!
*(Tom legt den einen Arm um Anne und weist mit dem andern in
die Weite.)*
TOM   Anne, blick auf, der Zweifel ist verflogen,
der Himmel ist klar, und alle Wege führen zum Ziel.
ANNE   Ich sehe den frohen Quell, der die

To fields of promise and the groves of peace.

TOM, ANNE O clement love, o clement love, . . .

           ⌈. . . o clement love!

TRULOVE My children, may God bless you

           ⌊Even as a father.

NICK Sir, may Nick address you

A moment in your bliss?

Even in carefree May

A thriving fortune has its roots of care:

Attorneys crouched like gardeners to pay,

Bowers of paper only seals repair;

We must be off to London.

TOM They can wait.

TRULOVE No, Tom, your man is right, things must be done.

The sooner that you settle your estate,

The sooner you and Anne can be as one.

ANNE | Father is right, dear Tom.

NICK | A coach in wait

Is down the road.

TOM Well then, if Fortune sow

A crop that wax and pen must cultivate,

Let's fly to husbandry

and make it grow.

[Recitative]

NICK I'll call the coachman, sir.

TRULOVE *(to Nick)*

Should you not mind,

I'll tell you of his needs.

NICK Sir, you are kind.

(Trulove and Nick go out together through the garden gate.)

[Duettino]

ANNE Farewell for now, my heart

Is with you when you go,

However you may fare.

TOM Wherever, when apart,

I may be, I shall know

That you are with me there.

ANNE Farewell, farewell!

(Trulove and Nick return through the garden gate.)

Felder der Hoffnung und die Haine des Friedens
fruchtbar macht.

TOM, ANNE O gütige Liebe, o gütige Liebe, . . .

TRULOVE ⌐. . . o gütige Liebe!
Meine Kinder, Gott segne Euch
⌐wie ein Vater.

NICK Herr, darf Nick Euch kurz stören
in Eurer Seligkeit?
Selbst im sorglosen Monat Mai
wurzelt ein blühendes Vermögen in der Sorge:
Anwälte hocken dort wie Gärtner und wollen bezahlt
sein,
Lauben von Dokumenten werden nur durch Siegel
geflickt;
wir müssen fort nach London.

TOM Das kann warten.

TRULOVE Nein, Tom, dein Knecht hat recht, die Arbeit muß
getan werden.
Je schneller du deinen Besitz in Ordnung bringst,
desto schneller wirst du mit Anne vereint.

ANNE | Vater hat recht, lieber Tom.

NICK | Eine Kutsche wartet
schon am Weg.

TOM Nun denn, wenn Fortunas Saat
durch Wachs und Feder gedeihen muß,
schnell, zur Feldarbeit,
damit sie reift.

[Rezitativ]

NICK Ich rufe den Kutscher, Herr.

TRULOVE *(zu Nick)*
Wenn es dir recht ist,
sag ich dir, was Tom braucht.

NICK Herr, Ihr seid zu gütig.
(Trulove und Nick gehen gemeinsam zur Gartenpforte hinaus.)

[Duettino]

ANNE Leb wohl, mein Herz
ist bei dir, wenn du gehst,
was immer auch geschieht.

TOM Wenn auch getrennt, wo immer
ich auch bin, ich weiß,
daß du bei mir bist.

ANNE Leb wohl, leb wohl!
(Trulove und Nick kommen durch die Gartenpforte zurück.)

[Recitative]

NICK All is ready, sir.

TOM Tell me, good Shadow,
since, born and bred in indigence,
I am unacquainted with such matters,
what wages you are accustomed to receive.

NICK Let us not speak of that, master,
till you know better what my services are worth.
A year and a day hence we will settle our account,
and then, I promise you, you shall pay me
no more and no less than what you yourself
acknowledge to be just.

TOM A fair offer. 'Tis agreed.

[Arioso and Terzettino]

Dear Father Trulove, the very moment my
affairs are settled, I shall send for you
and my dearest Anne.
And, when she arrives, all London shall be
at her feet, for all London shall be mine,
and what is mine must of needs at least adore
what I must with all my being worship.
*(Tom and Trulove shake hands affectionately. Tom kneels and
kisses Anne's hand. Pause. He rises. Anne brings her hand
quickly to her eyes and turns her head away. Pause. Tom steps
forward.)*

[Terzettino]

(aside)
Laughter and Light, and all charms that endear,
All that dazzles or dins,
Wisdom and wit shall adorn the career
Of him who can play, and who wins . . .

ANNE *(aside)*
Heart, you are happy, yet why should a tear
Dim our joyous designs?

TOM . . . who can play and who wins . . .

TRULOVE *(aside)*
Fortune so swift and so easy, I fear,
May only encourage his sins, *etc.*

ANNE *(aside)*
Why, why should a tear, *etc.*

[Rezitativ]

NICK Alles ist bereit, Herr.

TOM Sagt mir, guter Shadow,
da ich aus armen Verhältnissen komme,
weiß ich nichts von solchen Dingen:
welchen Lohn fordert Ihr gewöhnlich?

NICK Davon wollen wir nicht sprechen, Meister,
bis Ihr besser wißt, was meine Dienste wert sind.
Nach Jahr und Tag wollen wir miteinander abrechnen,
und ich verspreche Euch, dann werdet Ihr mir
nicht mehr und nicht weniger bezahlen, als Ihr selbst
für gerechtfertigt haltet.

TOM Ein gutes Angebot. Angenommen.

[Arioso und Terzettino]

Lieber Vater Trulove, sobald meine
Geschäfte geordnet sind, werde ich nach Euch
und meiner geliebten Anne schicken.
Und wenn sie kommt, soll ganz London
ihr zu Füßen liegen, denn ganz London wird mein sein,
und was mir gehört, muß auch anbeten,
was ich mit ganzer Seele verehre.
(Tom und Trulove schütteln einander herzlich die Hände. Tom
kniet vor Anne und küßt ihr die Hand. Pause. Er steht auf. Anne
führt ihre Hand rasch an die Augen und wendet sich ab. Pause.
Tom kommt nach vorne.)

[Terzettino]

(für sich)
Lachen und Licht, jeder freundliche Reiz,
alles, was uns blendet und betäubt,
Weisheit und Witz winken nur
dem Mann, der wagt und gewinnt . . .

ANNE *(für sich)*
Herz, du bist glücklich, doch warum verdunkelt
eine Träne die Aussicht auf unser Glück?

TOM . . . der wagt und gewinnt . . .

TRULOVE *(für sich)*
Solch ein schnelles und leichtes Glück, fürchte ich,
wird ihn zur Sünde noch ermutigen *usw.*

ANNE *(für sich)*
Warum verdunkelt eine Träne *usw.*

155

TOM ⌈ *(aside)*
⌊ . . . who can play and who wins, *etc.*
TRULOVE Be well, be well advised.
ANNE Be always near.
ANNE, TRULOVE Farewell, farewell!
(Anne, Tom and Trulove move towards the garden gate. Nick holds it open for them and they pass through.)
NICK *(to the audience)*
The Progress of a Rake begins!

Scene 2. *Mother Goose's Brothel, London. A cuckoo clock on the backstage left.*
(Tom, Nick and Mother Goose sit at a table, downstage right, drinking. Whores and Roaring Boys.)

[Chorus]

ROARING BOYS With air commanding and weapon handy
We rove in a band through the streets at night,
Our only notion to make commotion
And find occasion to provoke a fight.
WHORES In triumph glorious with trophies curious
We return victorious from Love's campaigns;
No troops more practised in Cupid's tactics
By feint and ambush the day to gain.

ROARING BOYS For what is sweeter to human nature
Than to quarrel over nothing at all,
To hear the crashing of furniture smashing
Or heads being bashed in a tavern brawl?
WHORES With darting glances and bold advances
We open fire upon young and old;
Surprised by rapture, their hearts are captured,
And into our laps they pour their gold.

WHORES, ROARING BOYS
A toast to our commanders then
From their Irregulars;
A toast, ladies and gentlemen:
To Venus and to Mars!

TOM | *(für sich)*
| ⌞. . . der wagt und gewinnt *usw.*
TRULOVE Folg immer gutem Rat!
ANNE Sei mir immer nah!
ANNE, TRULOVE Leb wohl, leb wohl!
(Anne, Tom und Trulove gehen zur Gartenpforte. Nick hält sie ihnen offen und sie gehen ab.)
NICK *(zum Publikum)*
Die Laufbahn eines Wüstlings beginnt!

2. Bild: *Das Freudenhaus der Mutter Goose* in London. Hinten links eine Kuckucksuhr.*
(Tom, Nick und Mutter Goose sitzen vorne rechts an einem Tisch und trinken. Huren und Randalierer.)

[Chor]

RANDALIERER Mit forschem Ton, die Waffe bereit,
strolcht unsere Rotte nachts durch die Straßen,
Wir haben nichts als Radau im Kopf
und suchen nichts als Streit.
HUREN In glorreichem Triumph, beladen mit Trophäen,
kehren wir siegreich von den Feldzügen der Liebe
zurück;
kein Heer versteht Cupidos Taktik besser,
wie man durch Betrug und Hinterhalt siegt.
RANDALIERER Denn was ist dem Menschen lieber
als ein Streit mit nichtigem Anlaß,
als das Krachen zerschlagener Möbel
oder eingeschlagener Köpfe im Kneipengetümmel?
HUREN Mit scharfem Auge, in kühnem Angriff
eröffnen wir das Feuer auf Jung und Alt;
von Entzücken überrascht, werden ihre Herzen
gefangen,
und sie gießen ihr Gold in unsern Schoß.
HUREN, RANDALIERER
Ein Prost auf unsere Führer
von ihren Freischärlern;
ein Prost, ihr Damen und Herren:
auf Venus und Mars!

---

* *Im 18. Jahrhundert war das englische «goose» (Gans) der Name einer Geschlechtskrankheit.*

157

[Recitative and Scene]

NICK   Come, Tom, I would fain have our hostess,
good Mother Goose, learn how faithfully
I have discharged my duties as a godfather
in preparing you for the delights to which
your newly-found state of manhood
is about to call you.
So tell my Lady Bishop of the game
What I did vow and promise in thy name.

TOM   One aim in all things to pursue:
My duty to myself to do.

NICK   *(to Mother Goose)*
Is he not apt?

MOTHER GOOSE   And handsome too.

NICK   *(to Tom)*
What is thy duty to thyself?

TOM   To shut my ears to prude and preacher
And follow Nature as my teacher.

MOTHER GOOSE   What is the secret Nature knows?

TOM   What Beauty is and where it grows.

NICK   Canst thou define the Beautiful?

TOM   I can.
That source of pleasure to the eyes
Youth owns, wit snatches, money buys,
Envy affects to scorn, but lies:
One fatal flaw it has. It dies.

NICK   Exact, my scholar!

MOTHER GOOSE   What is Pleasure then?

TOM   The idol of all dreams, the same
Whatever shape it wear or name;
Whom flirts imagine as a hat,
Old maids believe to be a cat.

MOTHER GOOSE   Bravo!

NICK   One final question. Love is . . .?

TOM   *(aside)*
Love, Love!
That precious word is like a fiery coal,
It burns my lips, strikes terror to my soul.

NICK   No answer? Will my scholar fail me?

[Rezitativ und Szene]

NICK Komm, Tom, ich möchte, daß Mutter Goose,
unsere Wirtin, selbst sieht, wie getreu ich
meine Pflicht als Gevatter erfüllt
und dich auf die Freuden vorbereitet habe,
die dich erwarten, da du nun
ein Mann geworden bist.
Zeig der Läuferin* unseres Spiels,
daß ich ihr nicht zu viel versprach.
TOM In allen Dingen verfolge ich nur ein Ziel:
meine Pflicht an mir selbst zu tun.
NICK *(zu Mutter Goose)*
Ist er nicht begabt?
MUTTER GOOSE Und hübsch obendrein.
NICK *(zu Tom)*
Was ist deine Pflicht an dir selbst?
TOM Meine Ohren vor Prüderie und Predigten zu
verschließen
und der Natur als meiner Lehrerin zu folgen.
MUTTER GOOSE Was ist das Geheimnis der Natur?
TOM Was Schönheit ist und wo sie entsteht.
NICK Kannst du das Schöne beschreiben?
TOM O ja.
Die Quelle des Genusses für die Augen,
die die Jugend hat, die der Witz erringt, die das Geld
uns kauft,
die der Neid verschmäht und dabei lügt:
nur hat sie einen Fehler: sie vergeht.
NICK Sehr gut, mein Schüler!
MUTTER GOOSE Und was ist Genuß?
TOM Das Idol aller Träume, ganz gleich
in welcher Form und mit welchem Namen;
für die Mädchen ist es ein schöner Hut,
für alte Jungfern eine Katze.
MUTTER GOOSE Bravo!
NICK Eine letzte Frage. Liebe ist . . .?
TOM *(für sich)*
Liebe! Liebe!
Das teure Wort ist wie feurige Kohle,
es brennt auf meinen Lippen, erfüllt meine Seele mit
Schrecken!
NICK Keine Antwort? Will mein Schüler mich enttäuschen?

---

* *Im englischen Schachspiel heißt der Läufer «bishop».*

TOM   *(Violently)*
No, no more.
NICK   *(parlando)*
Well, well.
MOTHER GOOSE   More wine, love?
TOM   Let me go.
NICK   Are you afraid?
(The cuckoo clock coos One; Tom rises.)
TOM   Before it is too late.
NICK   Wait.
(He makes a sign and the clock turns backward and coos Twelve.)
See. Time is yours. The hours obey your pleasure.
Fear not. Enjoy. You may repent at leisure.
(Tom sits down again and drinks wildly.)

[Chorus]

WHORES, ROARING BOYS

Soon dawn will glitter outside the shutter
And small birds twitter. But what of that?
So long as we're able and wine's on the table,
Who cares what the troubling day is at?

While food has flavour and limbs are shapely,
And hearts beat bravely to fiddle or drum,
Our proper employment is reckless enjoyment,
For too soon the noiseless night will come.

[Recitative]

NICK   *(rising to address the company)*
Sisters of Venus, Brothers of Mars,
Fellow-worshippers in the Temple of Delight,
it is my privilege to present to you
a stranger to our rites who, following
our custom, begs leave to sing you a song
in earnest of his desire to be initiated.
As you see, he is young; as you shall discover,
he is rich.

TOM *(heftig)*
Nein, nichts mehr.

NICK *(gesprochen)*
So, so.

MUTTER GOOSE Mehr Wein, mein Schatz?

TOM Laß mich gehn.

NICK Hast du Angst?
(Die Kuckucksuhr schlägt Eins; Tom steht auf.)

TOM Bevor es zu spät wird.

NICK Warte!
(Er macht eine Bewegung; die Uhr läuft rückwärts und schlägt Zwölf.)
Siehst du? Die Zeit ist dir untertan.
Die Stunden dienen deinem Vergnügen.
Hab keine Angst: Genieße, du hast später genug Zeit zur Reue.
(Tom setzt sich wieder hin und trinkt in wilder Hast.)

[Chor]

HUREN, RANDALIERER
Bald wird der Tag vor den Läden dämmern,
und kleine Vögel werden zwitschern. Aber was tut's?
So lange wir trinken können und Wein auf dem Tisch steht,
wer schert sich um den lästigen Tag?

Während das Essen noch schmeckt und die Glieder noch rund sind,
und das Herz kühn den Takt für Fiedel und Trommel schlägt,
ist hemmungsloser Genuß unser Streben,
denn nur allzu bald kommt die stille Nacht.

[Rezitativ]

NICK *(steht auf und wendet sich an die Anwesenden)*
Schwestern der Venus, Brüder des Mars,
Betgenossen im Tempel der Freude,
ich habe die Ehre, euch einen Neuankömmling
in unserem Orden vorzustellen, der eurem
Brauch folgen will und um Erlaubnis bittet, ein
Lied singen zu dürfen, als Zeichen seines Verlangens,
eingeweiht zu werden.
Ihr seht, er ist jung; und wie ihr merken werdet,
er ist auch reich.

My master, and, if he will pardon the liberty,
my friend, Mister Tom Rakewell.
(Tom comes forward to sing.)

[Cavatina]

TOM Love, too frequently betrayed
For some plausible desire
Or the world's enchanted fire,
Still thy traitor in his sleep
Renews the vow he did not keep,
Weeping, weeping,
He kneels before thy wounded shade.

Love, my sorrow and my shame,
Though thou daily be forgot,
Goddess, O forget me not.
Lest I perish, O be nigh
In my darkest hour that I,
Dying, dying,
May call upon thy sacred name.

[Chorus]

WHORES How sad a song.
But sadness charms.
How handsomely he cries.
Come, drown your sorrows in these arms.
Forget it in these eyes.
Upon these lips.
(Mother Goose pushes them aside and takes Tom's hand.)
MOTHER GOOSE Away! Tonight
I exercise my elder right
And claim him for my prize.
*(The Whores and Roaring Boys form a lane with the men on
one side and the women on the other, as in a children's game.
Mother Goose and Tom walk slowly between them to a door at
the back. Nick stands downstage watching.)*

[Chorus]

WHORES, ROARING BOYS
The sun is bright, the grass is green.
Lanterloo, lanterloo!
The King is courting his young Queen.

Er ist mein Meister und – er möge mir die Freiheit
verzeihen – mein Freund, Mister Tom Rakewell.
(Tom tritt vor und singt.)

[Kavatine]

TOM Liebe, allzu oft verraten
für ein verständliches Begehren
oder für den Zauberbann der Welt:
Schlafend erneuert dein Verräter noch immer
den Eid, den er nicht hielt;
weinend, weinend
kniet er vor deinem verwundeten Schatten.

Liebe, mein Schmerz und meine Schmach:
wenn ich dich auch immer wieder vergesse,
Göttin, vergiß mich nicht.
Auf daß ich nicht verloren sei, steh mir bei
in meiner letzten Stunde, damit ich
sterbend, sterbend
deinen heiligen Namen anrufen kann.

[Chor]

HUREN Was für ein trauriges Lied!
Doch Traurigkeit ist reizvoll!
Wie hübsch er weint!
Komm, vergiß deinen Kummer in meinen Armen!
Vergiß ihn in meinen Augen,
auf meinen Lippen!
(Mutter Goose stößt sie beiseite und nimmt Toms Hand.)
MUTTER GOOSE Weg! Heute nacht
übe ich mein älteres Recht aus
und beanspruche ihn für mich.
*(Die Huren und Randalierer bilden eine Gasse wie in einem
Kinderspiel; die Männer stehen auf der einen, die Frauen auf
der anderen Seite. Mutter Goose und Tom gehen langsam
zwischen ihnen hindurch zu einer Tür im Hintergrund. Nick
sieht auf der Vorderbühne zu.)*

[Chor]

HUREN, RANDALIERER

Die Sonne scheint hell, das Gras ist grün.
Lanterloo, Lanterloo!
Der König freit seine junge Königin.

Lanterloo, lanterloo, lanterloo, my lady.
MEN They go a-walking. What do they see?
WOMEN An almanack in a walnut tree.
They go a-riding. Whom do they meet?
MEN Three scarecrows and a pair of feet.
What will she do when they sit at table?
WOMEN Eat as much as she is able.
What will he do when they lie in bed?
Lanterloo, lanterloo!
MEN Draw his sword and chop off her head.
ALL Lanterloo, lanterloo, lanterloo, my lady.
NICK *(raising his glass)*
Sweet dreams, my master.
WHORES, ROARING BOYS
Lanterloo, lanterloo.
NICK Dreams may lie,
But dream. For when you wake, you die.

Scene 3. *Same as Scene 1. Autumn night, full moon.*
(Anne comes from the house in travelling clothes.)

[Recitative and Aria]

ANNE No word from Tom.
Has Love no voice? Can Love not keep
A Maytime vow in cities?
Fades it as the rose,
Cut for a rich display? Forgot! But no, to weep
Is not enough. He needs my help.
Love hears, Love knows,
Love answers him across the silent miles and goes.

[Aria]

Quietly, night, O find him and caress,
And may thou quiet find
His heart, although it be unkind,
Nor may its beat confess,
Although I weep, it knows of loneliness, *etc.*

Guide me, O moon, chastely when I depart,
And warmly be the same
He watches without grief or shame;

Lanterloo, lanterloo, lanterloo, my lady!
MÄNNER Siegehen spazieren. Was sehen sie da?
FRAUEN Einen Almanach in einem Walnußbaum.
Sie reiten aus. Wen treffen sie da?
MÄNNER Drei Vogelscheuchen und ein Paar Füße.
Was wird sie tun, wenn sie bei Tisch sitzen?
FRAUEN Essen so viel sie kann.
Was wird er tun, wenn sie im Bett liegen?
Lanterloo, lanterloo!
MÄNNER Sein Schwert ziehen und die Blume abhacken!
ALLE Lanterloo, lanterloo, lanterloo, my lady!
NICK *(erhebt sein Glas)*
Süße Träume, Meister.
HUREN, RANDALIERER
Lanterloo, lanterloo.
NICK Träume können lügen,
doch träum nur. Denn wenn du aufwachst, stirbst du.

3. Bild: *Wie 1. Bild. Herbstnacht, Vollmond.*
(Anne, in Reisekleidern, kommt aus dem Haus.)

[Rezitativ und Arie]

ANNE Kein Wort von Tom.
Hat die Liebe keine Stimme? Kann die Liebe
einen Maienschwur in den Städten nicht halten?
Welkt sie wie die Rose,
die zum Schmuck gebrochen wird? Vergessen! Doch
nein!
die Tränen sind nicht genug. Er braucht meine Hilfe.
Die Liebe hört, die Liebe versteht,
die Liebe antwortet ihm über die schweigenden Meilen
und geht zu ihm.

[Arie]

Leise, Nacht, find ihn und umschmeichle ihn,
und mögst du sein Herz
in Frieden finden, wenn es mir auch weh tut;
und möge sein Schlag nicht verraten,
wie ich auch weine, daß es einsam ist *usw.*

Führ mich, keuscher Mond, wenn ich aufbreche,
lächle auch ihm,
wenn er, ohne Trauer oder Schande, zu dir aufsieht;
es kann nicht sein, daß du

165

It cannot, cannot be thou art
A colder moon upon a colder heart.
(Trulove's voice is heard calling from the house.)
TRULOVE *(parlando)*
Anne, Anne.

[Recitative]

ANNE My father! Can I desert him
and his devotion for a love who has
deserted me?
(She starts walking back to the house, then stops suddenly.)

No, my Father has strength of purpose,
while Tom is weak, and needs the comfort
of a helping hand.
(She kneels.)
O God, protect dear Tom,
support my father, and strengthen my resolve.
(She bows her head, then rises and walks forward with great decision.)

[Cabaletta]

I go, I go to him.
Love cannot falter,
Cannot desert;
Though it be shunned
Or be forgotten,
Though it be hurt,
If Love be love
It will not alter.
Though it be shunned, *etc.*
O should I see
My love in need,
It shall not matter, *rep.*
What he may be.
I go, I go to him, *etc.*
Time cannot alter, *etc.*
A loving heart, an ever loving heart.
(She turns and starts toward the garden gate.)

ein kälterer Mond bist, der auf ein kälteres Herz
hinabsieht.
(Aus dem Haus hört man Truloves Stimme.)

TRULOVE *(gesprochen)*
Anne! Anne!

[Rezitativ]

ANNE Mein Vater! Kann ich ihn verlassen
und seine Liebe für den Mann aufgeben, der mich
verlassen hat?
*(Sie wendet sich zum Haus zurück und bleibt dann plötzlich
stehen.)*
Nein, mein Vater hat ein starkes Herz,
doch Tom ist schwach und braucht Trost
und Hilfe.
(Sie kniet nieder.)
O Gott, schütze meinen lieben Tom,
hilf meinem Vater, und stärke meinen Entschluß.
*(Sie neigt den Kopf, steht auf und schreitet mit großer Ent-
schlossenheit nach vorne.)*

[Cabaletta]

Ich gehe zu ihm.
Die Liebe kann nicht wanken,
gibt nicht auf;
wird sie auch geschmäht
oder vergessen,
wird sie auch verletzt,
wahre Liebe
vergeht nicht.
Wird sie auch geschmäht *usw.*
Sehe ich auch
meinen Geliebten in Not,
ist es ganz gleich,
was er getan.
Ich gehe zu ihm *usw.*
Die Zeit kann niemals,
ein liebendes Herz umstimmen.
(Sie wendet sich um und geht auf die Gartenpforte zu.)

Act II

Scene 1. *The morning room of Tom's house in a London square.*
A bright morning sun pours in through the window, also noises
from the street.
(Tom is seated at the breakfast table. At a particularly loud
noise he rises, walks quickly to the window and slams it shut.)

[Aria]

TOM Vary the song, O London, change!
Disband your notes and let them range;
Let rumour scream, let folly purr,
Let Tone desert the flatterer.
Let Harmony no more obey
The strident choristers of prey;
Yet all your music cannot fill
The gap that in my heart – is still.

[Recitative]

O Nature, green unnatural mother,
how I have followed where you led.
Is it for this I left the country?
No ploughman is more a slave to sun,
moon and season
than a gentleman to the clock of fashion.
City! City!
What Caesar could have imagined
the curious viands I have tasted?
They choke me.
And let Oporto and Provence keep all their
precious wines.
I would as soon be dry and wrinkled as a raisin
as ever taste another.
Cards! Living pictures!
And, dear God, the matrons with their
marriageable girls!
Cover their charms a little, you well-bred
bawds, or your goods will catch their death
of the rheum long before they learn of the
green sickness.
The others too, with their more candid charms,
Pah!

2. Akt

1. Bild: *Das Frühstückszimmer in Toms Haus an einem Platz in London. Die helle Morgensonne scheint durch die Fenster. (Tom sitzt am Frühstückstisch. Auf einen besonders heftigen Lärm hin steht er auf, geht schnell zum Fenster und schlägt es zu.)*

[Arie]

TOM   Sing ein neues Lied, London!
Lös deine Töne auf und laß sie frei!
Das Gerücht soll schreien, die Torheit leise schnurren,
die Stimme soll dem Schmeichler versagen.
Die Harmonie soll sich nicht länger
dem schrillen Chor der Beutegierigen beugen.
Und doch kann all deine Musik nicht
die Leere füllen, die noch immer in meinem Herzen
herrscht.

[Rezitativ]

O Natur, du grüne, unnatürliche Mutter,
dir bin ich gefolgt, wohin du mich führtest.
Habe ich deswegen das Land verlassen?
Kein Ackersmann ist mehr von Sonne,
Mond und Jahreszeit abhängig
als ein Gentleman von der Uhr der Mode.
Du Stadt London!
Welcher Caesar erträumte jemals
die seltsame Speise, die ich gekostet habe?
Ich ersticke daran.
Und Oporto und die Provence können all ihre
kostbaren Weine behalten.
Lieber wäre ich trocken und runzlig wie eine Rosine,
als noch einen anderen zu kosten.
Karten! Lebende Bilder!
Und dann, du lieber Gott, die Matronen mit ihren
heiratsfähigen Töchtern!
Bedeckt ihre Reize, ihr wohlerzogenen Kupplerinnen,
sonst werden eure Waren sich den Tod
durch Erkältung holen, noch bevor sie die Bleichsucht
kennengelernt haben.
Und auch die anderen, mit ihren freizügigeren Reizen!
Bah!

Who's honest, chaste or kind?
One, only one, and of her I dare not think.
(He rises.)
Up, Nature, up, the hunt is on;
thy pack is in full cry.
They smell the blood upon the bracing air.
On, on, on, through every street and mansion,
for every candle in this capital of light
attends thy appetizing progress
and burns in honour at thy shrine.

[Aria (Reprise)]

Always the quarry that I stalk
Fades or evades me, and I walk
An endless hall of chandeliers
In light that blinds, in light that sears
Reflected from a million smiles
All empty as the country miles
Of silly wood and senseless park;
And only in my heart – the dark!
(He sits down.)
(parlando)
I wish I were happy.
(Enter Nick. He has a broadsheet in his hand.)

[Recitative]

NICK   Master, are you alone?
TOM   And sick at heart.
        What is it?
NICK   *(handing Tom the broadsheet)*
        Do you know this lady?
TOM   Baba the Turk!
        I have not visited Saint Giles Fair as yet.
        They say that brave warriors
        who never flinched at the sound of musketry
        have swooned after a mere glimpse of her.
        Is such a thing possible in Nature?
NICK   Two noted physicians have sworn
        that she is no imposter.
        Would you go see her?
TOM   Nick, I know that manner of yours.
        You have some scheme afoot.
        Come sir, out with it.

Wer ist ehrlich, keusch oder gut?
Eine, nur eine, und an sie wage ich nicht zu denken.
(Er steht auf.)
Auf, Natur, auf, die Jagd beginnt!
Deine Meute kläfft laut.
Sie wittern das Blut in der frischen Luft!
Los, los, los durch alle Straßen und Häuser,
denn jede Kerze in dieser Hauptstadt voller Licht
leuchtet dir auf deinem hungrigen Weg
und brennt dir zu Ehren an deinem Schrein.

[Arie (Reprise)]

Das Wild, dem ich nachpirsche,
entgeht mir und flieht, und ich gehe
durch eine endlose Halle voller Lüster
in blendendem, sehrendem Licht,
gespiegelt in Millionen Lächeln,
die so leer sind wie meilenweites Land
voll alberner Wälder und öder Parks;
und nur in meinem Herzen – ist Finsternis!
(Er setzt sich.)
(gesprochen)
Ich wünschte, ich wäre glücklich.
(Nick tritt ein mit einem Plakat in der Hand.)

[Rezitativ]

NICK Meister, bist du allein?
TOM Und krank im Herzen.
Was willst du?
NICK *(reicht Tom das Plakat)*
Kennst du diese Dame?
TOM Baba die Türkin!
Ich war noch nie auf dem Jahrmarkt von St. Giles.
Es heißt, daß selbst kühne Krieger,
die nie vor dem Klang einer Muskete erschraken,
bei ihrem bloßen Anblick schon ohnmächtig wurden.
Gibt es so etwas in der Natur?
NICK Zwei namhafte Ärzte haben beschworen,
daß sie keine Betrügerin ist.
Möchtest du sie sehen?
TOM Nick, ich kenne deine Art.
Du führst etwas im Schild.
Na los, heraus damit.

NICK Consider her picture.

TOM Would you see me turned to stone?

NICK Do you desire her?

TOM Like the gout or the falling sickness.

NICK Are you obliged to her?

TOM Heaven forbid.

NICK Then marry her.

TOM Have you taken leave of your senses?

NICK I was never saner.
Come, master, observe the host of mankind.
How are they? Wretched.
Why? Because they are not free.
Why? Because the giddy multitude are driven
by the unpredictable Must of their pleasures
and the sober few are bound by the inflexible
Ought of their duty, between which slaveries
there is nothing to choose.
Would you be happy? Then learn to act freely.
Would you act freely? Then learn to ignore
those twin tyrants of appetite and conscience.
Therefore I counsel you, master,
take Baba the Turk to wife.
Consider her picture once more,
and as you do so reflect upon my words.

[Aria]

In youth the panting slave pursues
The fair evasive dame;
Then, caught in colder fetters, woos
Wealth, Office or a name;
Till, old, dishonoured, sick, downcast
And failing in his wits,
In Virtue's narrow cell at last
The withered bondsman sits.
That man alone his fate fulfils,
For he alone is free
Who chooses what to will, and wills
His choice as destiny.
No eye his future can foretell,
No law his past explain
Whom neither Passion may compel
Nor Reason can restrain.

NICK Betrachte ihr Bild.

TOM Willst du, daß ich zu Stein werde?

NICK Begehrst du sie?

TOM So sehr wie die Gicht oder die Fallsucht!

NICK Bist du ihr verpflichtet?

TOM Gott behüte!

NICK Dann heirate sie.

TOM Hast du den Verstand verloren?

NICK Ich war nie mehr bei Verstand.
Komm, Meister, sieh dir die Menschheit an.
Was sind sie? Elend.
Warum? Weil sie nicht frei sind.
Warum? Weil die blöde Masse vom unberechenbaren
«Du mußt» ihrer Lüste angetrieben wird
und die wenigen nüchternen Seelen durch das
unerbittliche
«Du sollst» ihrer Pflicht gebunden sind; außer diesen
beiden Sklavereien gibt es nichts.
Du möchtest glücklich sein? Dann lerne, frei zu
handeln.
Du möchtest frei handeln? Dann lerne, die beiden
Tyrannen zu mißachten: die Lüsternheit und das
Gewissen.
Daher rate ich dir, Meister,
nimm Baba die Türkin zur Frau.
Betrachte ihr Bild noch einmal,
und überleg dir dabei meine Worte.

[Arie]

In der Jugend begehrt der gierige Sklave
die schönen, unnahbaren Frauen;
dann aber, in kälteren Fesseln, verlangt er
nach Reichtum, Einfluß oder Ruhm;
schließlich, alt, entehrt, krank, traurig
und von schwachem Witz,
sitzt der altersschwache Lehensmann
in der engen Zelle der Tugend.
Nur der erfüllt sein Schicksal,
nur der ist frei,
der seinen Willen selbst bestimmt und ihn
zu seinem Schicksal macht.
Keiner kennt seine Zukunft,
keiner weiß um seine Vergangenheit,
wenn ihn weder Leidenschaft zwingt
noch Vernunft bindet.

173

(parlando)
Well?
*(Tom looks up from the broadsheet. He and Nick look at each
other. Pause. Then suddenly Tom begins to laugh. His laughter
grows louder and louder. Nick joins in. They shake hands. Nick
starts to help Tom get dressed to go out.)*

[Duet – Finale]

TOM My tale shall be told
Both by young and by old.
NICK Come, master prepare
Your fate do dare.
TOM A favourite narration
Throughout the nation
Remembered by all
In cottage and hall
With song and laughter
For ever after.
NICK Perfumed, well-dressed
And looking your best,
A bachelor of fashion,
Eyes hinting passion,
Your carriage young
And upon your tongue
The gallant speeches
That Cupid teaches.
TOM For tongues will not tire
Around the fire.
Or sitting at meat . . .
NICK With Shadow to guide . . .
TOM . . . The tale to repeat . . .
NICK . . . Come, seek your bride . . .
TOM . . . Of the wooing and wedding . . .
NICK . . . Be up . . .
TOM . . . Likewise the bedding . . .
NICK . . . and doing . . .
TOM ⎡. . . Of Baba the Turk
⎜That masterwork
⎜Whom Nature created
⎜To be celebrated *rep.*
⎜For her features dire,
⎜To Tom Rakewell Esquire.
NICK ⎜. . . Attend to your wooing,
⎜On Baba the Turk
⎣Your charms to work,

(gesprochen)
Nun?
(Tom blickt vom Plakat auf. Er und Nick sehen einander an.
Eine Pause. Dann beginnt Tom plötzlich zu lachen. Sein La-
chen wird immer lauter. Nick fällt ein. Sie schütteln einander
die Hände. Nick hilft Tom beim Anziehen.)

[Duett – Finale]

TOM Meine Geschichte werden
bald Jung und Alt erzählen!
NICK Komm, Meister, stell dich
deinem Schicksal.
TOM Die Lieblingsmär
im ganzen Land,
an die sich alle erinnern,
in Hütten und Palästen,
bei Singen und Lachen,
für alle Zeit.
NICK Parfümiert, wohl gekleidet,
im Sonntagsstaat,
ein Modekenner,
verheißungsvolle Augen,
jugendlicher Mut,
und auf den Lippen
die galanten Reden,
die Cupido lehrt.
TOM Man wird nicht müde,
am Kamin,
beim Essen . . .
NICK Mit Shadow als Führer . . .
TOM . . . die Geschichte zu wiederholen . . .
NICK . . . komm, hol dir deine Braut . . .
TOM . . . von meiner Werbung und Heirat . . .
NICK . . . auf . . .
TOM . . . und wie ich bei ihr lag . . .
NICK . . . sei nicht faul . . .
TOM . . . bei Baba der Türkin,
diesem Meisterwerk,
von der Natur geschaffen
zur Bewunderung
ihrer Scheußlichkeit
durch den Junker Tom Rakewell.
NICK . . . mach dich an deine Werbung,
versuch deinen Zauber
an Baba der Türkin,

> What deed could be as great
> As with this gorgon to mate?
> All the world shall admire
> Tom Rakewell Esquire.

TOM My heart beats faster.
Come, Shadow.

NICK Come, master,
And do not falter.

BOTH To Hymen's Altar, to Hymen's Altar.
Ye powers, inspire
Tom Rakewell Esquire.
(They leave.)

Scene 2. *Street in front of Tom's house. London. Autumn. Dusk. A flight of semi-circular steps, stage centre leads up to the front door, which is in the middle. A servant's entrance to the left, a tree on the right.*
(Anne enters. She looks anxiously at the entrance for a moment, walks slowly up the steps and hesitatingly lifts the knocker. Then she glances to the left and, seeing a servant beginning to come out of the servants' entrance, she hurries down to the right and flattens herself against the wall under the tree, her hand held against her breast, until he passes and disappears to the right. Then she steps forward.)

[Recitative and Arioso]

ANNE How strange!
Although the heart for love dare everything,
The hand draws back and finds
No spring of courage.
London! Alone! seems all that it can say.
O heart, be stronger, that what this coward hand
Wishes beyond all bravery, the touch of his,
May bring its daring to a close, unneeded:
And love be all your bounty.
No step in fear shall wander
    nor in weakness delay.
Hear thou or not, merciful Heaven,
    ease thou or not my way;
A love that is sworn before Thee
    can plunder Hell of its prey.
No step in fear shall wander
    nor in weakness delay.
(As she turns again towards the entrance, a noise from the right

Was wäre heldenhafter,
als diese Gorgone zu freien?
Die ganze Welt soll
den Junker Tom Rakewell bewundern.
TOM Mein Herz schlägt schneller;
komm, Shadow!
NICK Komm, Meister,
und gib nicht nach.
BEIDE Zu Hymens Altar, zu Hymens Altar!
Ihr Mächte, steht
dem Junker Tom Rakewell bei!
(Sie gehen hinaus.)

2. Bild: *Straße vor Toms Haus in London. Herbst, Abenddäm-*
merung. Eine halbkreisförmige Treppe führt in der Mitte der
Bühne zur Haustür hinauf. Links der Dienstboteneingang,
rechts ein Baum.
(Anne tritt auf. Sie sieht einen Augenblick lang ängstlich nach
der Haustür, geht dann langsam die Treppe hinauf und ergreift
zögernd den Türklopfer. Dann schaut sie nach links, und als sie
einen Diener aus dem Seiteneingang kommen sieht, eilt sie nach
rechts hinunter und preßt sich gegen die Wand unter dem Baum,
die Hand ans Herz gedrückt, bis der Diener vorbei ist und nach
rechts abgeht. Dann kommt sie nach vorne.)

[Rezitativ und Arioso]

ANNE Wie seltsam!
Obwohl das Herz alles für die Liebe wagt,
zögert die Hand und
findet keinen Mut.
London! Allein! Mehr weiß es nicht.
O Herz, sei stärker, und was diese feige Hand
mehr noch als Kühnheit wünscht, ihn zu berühren,
das möge sie wagen und erreichen:
die Liebe sei dein Lohn!
Kein Schritt darf ängstlich irren
oder kraftlos zagen.
Wenn du mich auch nicht hörst, gütiger Himmel,
wenn du mir auch nicht beistehst,
die Liebe, vor dir beschworen,
kann der Hölle ihre Beute entreißen!
Kein Schritt darf ängstlich irren
oder kraftlos zagen.
(Sie wendet sich wieder zum Eingang, wendet sich aber bei

177

causes her to turn in that direction and come forward, as a procession of servants carrying wrapped yet strangely shaped packages arrives and then disappears through the servants' entrance. While this is going on, night begins to fall until finally the darkness is complete.)

ANNE *(watching the servants)*
What can this mean? A ball? A journey?
A dream?
How evil in the purple dark they seem.
Loot from dead fingers. Living mockery.
(parlando)
I tremble. I tremble with no reason.
(As the procession is completed, a sedan-chair is carried in from the left, preceded by two servants carrying torches. Anne turns suddenly towards it.)

ANNE *(surprised)*
Lights! . . .
(The chair is set down before the steps. Tom steps from it into the light.)
(parlando)
. . .'Tis he!
(Anne hurries to him, and he takes a few steps forward to meet her and holds her gently away from himself.)

[Duet]

TOM *(confused and agitated)*
Anne! here!
ANNE *(with self-control)*
And, Tom, such splendour.
TOM Leave pretences, Anne, ask me,
accuse me –
ANNE Tom, no.
TOM Denounce me to the world, and go.
ANNE Tom, no.
TOM Return to your home, forget in your senses
What, senseless, you pursue.
ANNE *(quietly)*
Do you return?
TOM *(violently)*
I!
ANNE Then how shall I go?
TOM You must!
(aside)
O wilful powers . . .

einem Geräusch nach rechts und sieht einen Zug von Dienern,
die eigenartig geformte, verpackte Gegenstände durch den
Dienstboteneingang ins Haus bringen. Währenddessen bricht
die Nacht herein, bis die Bühne völlig dunkel wird.)

ANNE *(beobachtet die Diener)*
Was bedeutet das? Ein Ball? Eine Reise?
Ein Traum?
Wie grausig sie in dieser purpurnen Finsternis
aussehen . . .
Beutegut von Toten . . . Lebender Hohn . . .
(gesprochen)
Ich zittre . . . ich zittre ohne Grund . . .
(Als der Zug zu Ende ist, wird von links eine Sänfte auf die
Bühne getragen, der zwei Diener mit Fackeln voraufgehen.
Anne dreht sich jäh nach dorthin um.)

ANNE *(überrascht)*
Lichter! . . .
(Die Sänfte wird vor der Treppe abgestellt. Tom kommt daraus
hervor und tritt in das Licht.)
(gesprochen)
. . . Er
(Anne eilt auf ihn zu; er geht ihr einige Schritte entgegen und
hält sie sanft von sich zurück.)

[Duett]

TOM *(verwirrt und erregt)*
Anne! Hier!

ANNE *(beherrscht sich)*
Tom, diese Pracht!

TOM Laß die Verstellung, Anne, frag mich,
klag mich an –

ANNE Nein, Tom.

TOM Verklag mich vor aller Welt und geh!

ANNE Nein, Tom.

TOM Geh zurück, geh nach Hause, schlag dir aus dem Sinn,
was du so sinnlos verfolgst.

ANNE *(ruhig)*
Kehrst du zurück?

TOM *(heftig)*
Ich?

ANNE Wie könnte ich dann gehen?

TOM Du mußt!
(für sich)
O ihr Mächte . . .

ANNE *(aside)*
Assist me, Heaven, since love I must
To calm his raging heart, his eyes that burn.

TOM . . . pummel to dust
And drive into the void, one thought, one thought –
return!
(turning to Anne and addressing her in a more measured tone)
Listen, listen to me, for I know London well!
Here Virtue is a day coquette,
For what night hides, it can forget,
And Virtue is, till gallants talk and tell.
O Anne, that is the air we breathe; go home, go home,
'Tis wisdom here to be afraid.

ANNE How should I fear, who have your aid
And all my love for you beside, dear Tom?
TOM *(bitterly)*
My aid? my aid?
London has done all, all that it can
With me.
Unworthy am I, less
Than weak.
Go back, go back.
ANNE *(simply)*
Let worthiness,
So you still love, reside, reside in that!
TOM *(touched, steps towards her with emotion)*
O Anne!
*(Baba the Turk suddenly puts her head out through the curtains
of the sedan-chair window. She is very elaborately coiffed, and
her face is, below the eyes, heavily veiled in the eastern
fashion.)*

[Recitative]

BABA *(interrupting with vexation)*
My love, am I to remain in here for ever?
You know that I am not in the habit
of stepping from my sedan unaided.
Nor shall I wait, unmoved, much longer.
Finish, if you please, whatever business
is detaining you with this person.
(She withdraws her head.)
ANNE *(surprised)*
Tom, what . . .?

ANNE *(für sich)*
Hilf mir, Himmel, da ich ihn lieben muß,
sein wütendes Herz, seine feurigen Augen zu
beruhigen.

TOM . . . zerschlagt in Staub,
verjagt ins Nichts den einen Gedanken: zurückzukehren!
(wendet sich in gemäßigtem Tonfall an Anne)
Hör, hör mir zu, denn ich kenne London gut!
Die Tugend ist hier tagsüber kokett,
denn was die Nacht verbirgt, kann sie vergessen,
und Tugend besteht nur, bis die Kavaliere plaudern.
O Anne, das ist die Luft, die wir hier atmen; geh heim,
geh heim,
die Angst vor diesem Ort ist Klugheit.

ANNE Wie könnte ich mich fürchten, mit deiner Hilfe
und all meiner Liebe zu dir, geliebter Tom?

TOM *(bitter)*
Mit meiner Hilfe? Mit meiner Hilfe?
London hat an mir ganze Arbeit
geleistet.
Unwürdig bin ich, mehr
als schwach.
Geh zurück, geh zurück.

ANNE *(schlicht)*
Deine Würde
liegt in deiner Liebe, wenn du noch liebst!

TOM *(ergriffen, geht bewegt auf sie zu)*
O Anne!
*(Baba die Türkin steckt plötzlich ihren Kopf durch die Vor-
hänge am Fenster der Sänfte. Sie ist sehr kunstvoll frisiert, ihr
Gesicht ist unterhalb der Augen auf orientalische Art dicht
verschleiert.)*

[Rezitativ]

BABA *(unterbricht ihn gereizt)*
Mein Schatz, soll ich hier ewig drin bleiben?
Du weißt, daß ich es nicht gewohnt bin,
allein aus meiner Sänfte auszusteigen.
Und viel länger warte ich nicht.
Erledige jetzt bitte deine Angelegenheit, die
dich mit dieser Person aufhält.
(Sie zieht den Kopf zurück.)

ANNE *(überrascht)*
Tom, was . . .?

TOM My wife, Anne.

ANNE Your wife!
(with slight bitterness)
I see, then, it is I who was unworthy.
(She turns away. Tom again steps towards her, then checks himself.)

[Trio]

(aside)
Could it then, could it then have been known . . .

TOM *(aside)*
It is done, it is done.

ANNE . . . When spring was love, and love took all our ken,
That I and I alone
Upon that forsworn ground,
Should see, should see, should see love dead?

TOM *(aside)*
I turn away, yet should I turn again,
The arbour would be gone
And on the frozen ground
The birds lie dead.

BABA *(poking her head out of the curtains for each remark)*
Why this delay? Away! . . .
(seeing Anne)
. . . Oh! Who is it, pray,
He prefers to his Baba on their wedding-day?

TOM O bury, o bury the heart there . . .

ANNE O promise the heart to winter, swear it bound
To nothing live, and you shall wed . . .

TOM . . . deeper than it sound,
Upon its only bridal bed . . .

BABA A family friend? An ancient flame?

TOM . . . And should it, dreaming love, ask when
Shall I awaken once again . . .

ANNE . . . But should you, should you vow to love, o then
See that you shall not feel again . . .

BABA I'm quite perplexed . . .
. . . And more, I confess, than a little vexed.

ANNE . . . O never *etc.*

TOM . . . Say never *etc.*

ANNE Lest you, you alone your promise keep,
Walk the long aisle, and walking, and walking weep . . .

TOM Meine Frau, Anne.

ANNE Deine Frau!
(mit einem Anflug von Bitterkeit)
Ich sehe, ich bin es also, die unwürdig ist.
*(Sie wendet sich ab. Tom geht zunächst einige Schritte auf sie
zu, dann hält er ein.)*

[Terzett]

(für sich)
Wer hätte ahnen können . . .

TOM *(für sich)*
Es ist getan.

ANNE . . als die Liebe grünte und uns berauschte,
daß ich, ich allein
auf der entweihten Erde
die Liebe sterben sehen würde?

TOM *(für sich)*
Ich wende mich ab, doch wenn ich mich noch einmal
umwendete,
wäre die Laube fort,
und auf dem eiskalten Boden
lägen die Vögel tot.

BABA *(steckt bei jedem Satz den Kopf zwischen den Vorhängen her-
vor)*
Warum warten wir? Weiter! . . .
(Sie sieht Anne.)
. . . Oh! Wer ist denn das,
die er am Hochzeitstag seiner Baba vorzieht?

TOM Vergrab dein Herz . . .

ANNE Versprich dein Herz dem Winter; schwör,
es nichts Lebendigem zu schenken, und du wirst
heiraten . . .

TOM . . . tiefer als es schlägt
auf seinem einzigen Brautbett . . .

BABA Eine Freundin der Familie? Eine alte Flamme?

TOM . . und wenn es liebeträumend fragt:
Wann soll ich wieder wachen? . . .

ANNE . . . doch schwörst du zu lieben, dann
sorg, daß du nie wieder fühlst . . .

BABA Ich bin erstaunt und, ehrlich gesagt, ziemlich
verärgert.

ANNE . . oh, niemals *usw.*

TOM . . Dann sag: Niemals *usw.*

ANNE Sonst hältst du allein die Treue
und gehst den langen Weg und weinst . . .

TOM | We shall this wint'ry promise keep,
     | Obey thy exile, honour sleep . . .
BABA | Enough is enough! Baba is not used
     | to be so abused; she is not amused.
     | Come here, my love, I hate waiting.
     | I'm suffocating. I'm suffocating . . .

     | . . . Heavens above! Will you permit me
     | to sit in this conveyance for ever . . .
ANNE, TOM | . . . For ever.
BABA | . . . for ever and ever?
     (Anne exits hurriedly.)

[Finale]

BABA   *(from the carriage)*
     I have not run away, dear heart.
     Baba is still waiting patiently
     for her gallant.
     (Tom, squaring his shoulders, helps her from the chair with a
     gallant bow.)
TOM   I am with you, dear wife.
BABA   *(patting him affectionately on the cheek)*
     Who was that girl, my life?
TOM   *(ironically)*
     Only a milk-maid, pet,
     To whom I was in debt.
     (As Tom takes his wife's hand and begins to conduct her up the
     steps, the entrance doors are thrown open, servants carrying
     torches line the sides of the steps and others carry off the
     sedan-chair.)
VOICES   Baba the Turk is here! Baba the Turk is here!
     (At this, Baba draws herself up with obvious pride as she begins
     her ascent. Town people pour on the stage. When Baba and Tom
     reach the top of the steps, Tom enters the house.)
TOWN PEOPLE   Baba the Turk, Baba the Turk, before you retire,
     Show thyself once, O grant us our desire.
     (Baba, with an eloquent gesture, sweeps around to face the
     town people, removes her veil and reveals a full and flowing
     black beard.)
TOWN PEOPLE   *(entranced)*
     Ah! Ah! Ah! Baba! Baba! Ah!
     (Baba blows them a kiss and keeps her arms outstretched with
     the practised manner of a great artiste.)

TOM | Den eisigen Schwur will ich halten:
Gehorch deiner Verbannung, ehr den Schlaf...
BABA | Genug ist genug! Baba ist solche
Behandlung nicht gewohnt; sie mag das nicht.
Komm her, Liebling, ich hasse das Warten.
Ich ersticke! Ich ersticke...

... Beim Himmel! Willst du,
daß ich für immer in dieser Karre sitze?...
ANNE, TOM | ... für immer.
BABA | ... Für immer und ewig?
(Anne geht rasch ab.)

[Finale]

BABA | *(aus der Sänfte)*
Ich bin nicht weggelaufen, mein Herz.
Baba wartet noch immer geduldig
auf ihren Kavalier.
(Tom wirft sich in die Brust und hilft ihr mit galanter Verbeugung aus der Sänfte.)
TOM | Ich bin bei dir, liebe Gattin.
BABA | *(streichelt ihm zärtlich die Wange)*
Wer war das Mädchen, mein Engel?
TOM | *(spöttisch)*
Nur ein Milchmädchen, Süße,
dem ich etwas schuldete.
(Als Tom seine Frau an der Hand die Treppe hinaufführen will, öffnet sich die Eingangstür; Diener mit Fackeln säumen die Treppe, andere tragen die Sänfte ab.)

STIMMEN | Baba die Türkin ist hier! Baba die Türkin ist hier!
(Baba richtet sich mit sichtbarem Stolz auf, als sie die Stufen betritt. Stadtbewohner strömen auf die Bühne. Als Baba und Tom die oberste Stufe erreicht haben, geht Tom ins Haus.)
STADTVOLK | Türkenbaba, Türkenbaba, bevor du eintrittst,
zeig dich uns, o gib uns nach!
(Baba dreht sich schwungvoll zu den Stadtbewohnern um, nimmt den Schleier ab und enthüllt einen dichten, wallenden, schwarzen Vollbart.)
STADTVOLK | *(entzückt)*
Ah! Ah! Ah! Baba! Baba! Ah!
(Baba wirft ihnen eine Kußhand zu und breitet mit der geübten Geste einer großen Artistin die Arme aus.)

185

Scene 3. *The same room as Act II, Scene 1, except that now it is cluttered up with every conceivable kind of object: stuffed animals and birds, cases of minerals, china, glass, etc.*
(Tom and Baba are sitting at breakfast, the former sulking, the latter breathlessly chattering.)

[Aria]

BABA   As I was saying, both brothers wore moustaches,
But Sir John was taller; they gave me the musical glasses.
That was in Vienna, no, it must have been in Milan
Because of the donkeys. Vienna was the Chinese fan
– or was it the bottle of water from the River Jordan?
I'm certain at least it was Vienna and Lord Gordon.
I get so confused about all my travels.
The snuff boxes came from Paris, and the fluminous gravels
From a cardinal who admired me vastly in Rome.
You're not eating, my love. Count Moldau gave me the gnome,
And Prince Oblowsky the little statues of the Twelve Apostles,
Which I like best of all my treasures except my fossils.
Which reminds me I must tell Bridget never to touch the mummies.
I'll dust them myself. She can do the waxwork dummies.
Of course, I like my birds, too, especially my Great Auk;
But the moths will get in them.
My love, what's the matter, why don't you talk?
What's the matter?

TOM   Nothing.
BABA   Speak to me!
TOM   Why?
(Baba rises and puts her arm lovingly around Tom's neck.)

186

3. Bild: *Dasselbe Zimmer wie im 1. Bild des 2. Aktes, nur ist es jetzt mit allen nur denkbaren Gegenständen überladen: ausgestopfte Tiere und Vögel, Schaukästen mit Mineralien, Porzellan, Gläsern usw.*
(Tom und Baba sitzen beim Frühstück; er schmollt, sie plappert ununterbrochen.)

[Arie]

BABA Wie gesagt, beide Brüder hatten Schnurrbärte,
aber Sir John war größer; sie gaben mir die
Glasharmonika.
Das war in Wien; nein, es muß Mailand gewesen sein,
wegen der Esel. Aus Wien kommt der chinesische
Fächer . . .
oder war es die Flasche mit Wasser aus dem Jordan?
Auf jeden Fall bin ich mir bei Wien und Lord Gordon
sicher.
Ich bringe all meine Reisen so durcheinander.
Die Schnupftabaksdosen sind aus Paris, und die
Flußsteine
von einem Kardinal, der mich in Rom irrsinnig
bewunderte.
Du ißt ja nicht, mein Liebes. Graf Moldau gab mir den
Zwerg
und Fürst Oblowsky die kleinen Statuen von den
zwölf Aposteln.
die mag ich von meinen Schätzen am meisten,
abgesehen von meinen Fossilien.
Dabei fällt mir ein, ich muß Bridget sagen, daß sie auf
keinen Fall die Mumien anrühren soll.
Ich staube sie selbst ab. Sie kann die Wachsfiguren
übernehmen.
Meine Vögel mag ich natürlich auch, vor allem meinen
Großen Alk;
aber die Motten gehen dran.
Mein Liebes, was ist los, warum sagst du nichts?
Was ist los?
TOM Nichts.
BABA Sprich zu mir!
TOM Warum?
(Baba steht auf und legt den Arm liebevoll um Tom.)

187

[Baba's Song]

BABA Come, sweet, come.
Why so glum?
Smile at Baba who
Loving smiles at you.
Do not frown, Husband dear . . .

TOM *(pushing her away violently)*
(parlando)
Sit down.
(Baba bursts into tears and rage. She strides about the room, picking up objects and smashing them.)

[Aria]

BABA Scorned! Abused! Neglected! Baited!
Wretched me!
Why is this? Why is this?
I can see.
I know, I know, I know who is
Your bliss, your love, your life,
While I, your loving wife –
Lie not! am hated, am hated.
Young, demure, delightful, clever,
Is she not?
(shoving her face into Tom's)
Not as I.
That is what
I know you sigh.
Then sigh! Then cry! For she
Your wife shall never, never be.
Oh no! no, never, ne . . .
(Tom rises suddenly, seizes his wig and plumps it down over her head, back to front, cutting her off in mid-flight. Baba remains silent and motionless in her place for the rest of the scene.)

[Recitative]

TOM *(walks moodily about with his hands in his pockets)*
My heart is cold, I cannot weep;
One remedy is left me: sleep.
(He throws himself down on a sofa and falls asleep.)

[Babas Lied]

BABA Komm, Süßer, komm.
Warum so traurig?
Lächle Baba an,
die dir liebevoll zulächelt.
Mach kein böses Gesicht, lieber Gatte . . .

TOM *(stößt sie heftig von sich)*
(gesprochen)
Setz dich hin.
(Baba bricht vor Wut in Tränen aus. Sie läuft im Zimmer auf und ab, ergreift verschiedene Gegenstände und zertrümmert sie.)

[Arie]

BABA Verschmäht! Entwürdigt! Vernachlässigt! Verhöhnt!
Ich Arme!
Warum? Warum?
Ich weiß!
Ich weiß, ich weiß, wer
deine Seligkeit, dein Schatz, dein Leben ist,
während du deine liebende Gattin –
Lüg nicht! – haßt!
Jung, scheu, reizvoll, klug –
das ist sie, nicht wahr?
(dicht vor Tom)
Nicht so wie ich!
Deswegen
seufzst du.
Dann seufze nur! Weine nur! Denn sie
wird nie deine Frau, nie!
O nein! Nein, niemals, nie- . . .
(Tom steht plötzlich auf, ergreift seine Perücke, stülpt sie ihr umgekehrt über den Kopf und unterbricht sie dabei mitten im Wort. Baba bleibt bis zum Schluß der Szene schweigend und bewegungslos an ihrem Platz.)

[Rezitativ]

TOM *(geht verstimmt, beide Hände in den Taschen, auf und ab)*
Mein Herz ist kalt, ich kann nicht weinen;
ein Mittel bleibt mir: Schlaf.
(Er wirft sich auf ein Sofa und schläft ein.)

[Pantomime]

(A door opens and Nick peeps in. Seeing all clear, he withdraws his head and then enters, wheeling in front of him some large object covered by a dust sheet. When he has brought it to the middle of the room he removes the dust sheet, disclosing a fantastic baroque machine. He looks about, picks a loaf of bread from the table, opens a door in the front of the machine, puts in the loaf and closes the door. Then he looks round again and picks off the floor a piece of a broken vase. This he drops into a hopper on the machine. He turns a wheel and the loaf of bread falls out of a chute. He opens the door, takes out the piece of china, replaces it by the loaf and repeats the performance so that the audience see that the mechanism is the crudest kind of false bottom. The second time he ends with the loaf in the machine and the piece of china in his hand. Then he puts back the dust sheet and wheels the machine close to Tom's sofa and takes up a position near Tom's head.)

NICK   *(singing to himself)*
      Fa la la, *etc.*
TOM   *(stirring in his sleep)*
      (parlando)
      O, I wish it were true.

[Recitative – Arioso – Recitative]

NICK   Awake?
TOM   *(starting up)*
      Who's there?
NICK   Your shadow, master.
TOM   You!
      O Nick, I've had the strangest dream. I thought –
      How could I know what I was never taught,
      Or fancy objects I have never seen? –
      I had devised a marvellous machine.
      An engine that converted stones to bread
      Whereby all peoples were for nothing fed.
      I saw all want abolished by my skill
      And earth become an Eden of goodwill.
      (Nick, with a conjuror's gesture, whips the dust sheet off the machine.)
NICK   Did your machine look anything like this?
TOM   I must be still asleep.

[Pantomime]

(Eine Tür öffnet sich, Nick späht herein. Als er die Situation überblickt hat, zieht er den Kopf zurück und tritt dann ein, wobei er einen großen, mit einem Tuch bedeckten Gegenstand vor sich herschiebt. Als er diesen in die Mitte der Bühne gerollt hat, nimmt er das Tuch ab und enthüllt eine phantastische, barocke Maschine. Er sieht sich um, nimmt einen Brotlaib vom Tisch, öffnet eine Klappe in der Vorderseite der Maschine, legt das Brot hinein und schließt sie wieder. Dann sieht er sich wieder um und hebt ein Stück einer zerbrochenen Vase vom Boden auf, das er in einen Trichter an der Maschine fallen läßt. Er dreht an einem Rad, und das Brot fällt auf einer Art Rinne aus der Maschine heraus. Er öffnet die Klappe, nimmt die Scherbe heraus, legt statt dessen das Brot hinein und wiederholt den Vorgang, so daß das Publikum erkennt, daß die Maschine ein plumper Schwindel ist. Beim zweitenmal ist am Ende das Brot in der Maschine, während er die Scherbe in der Hand hält. Dann bedeckt er die Maschine wieder mit dem Tuch und rollt sie dicht an Toms Sofa, er selbst stellt sich am Kopfende auf.)

NICK   *(singt vor sich hin)*
Fa la la *usw.*

TOM   *(bewegt sich im Schlaf)*
(gesprochen)
Oh, ich wünschte, es wäre wahr.

[Rezitativ – Arioso – Rezitativ]

NICK   Wachst du?

TOM   *(schrickt auf)*
Wer ist das?

NICK   Dein Schatten, Meister.

TOM   Du!
O Nick, ich hatte einen seltsamen Traum. Mir war –
(wie kann ich wissen, was man mich nie gelehrt hat,
oder Dinge schauen, die ich nie vorher sah?)
als hätte ich eine herrliche Maschine erfunden:
eine Maschine, die Steine in Brot verwandelte,
so daß alle Menschen umsonst gespeist wurden.
Ich sah, wie alle Not durch meine Kunst beendet
Und die Erde ein Paradies der Guten wurde.
(Nick reißt mit der Geste eines Zauberkünstlers das Tuch von der Maschine.)

NICK   Sah deine Maschine etwa so aus?

TOM   Ich glaube, ich schlafe noch!

That is my dream.

NICK How does it work?

TOM *(very excited)*
I need a stone.

NICK *(handing him a piece of china)*
Try this.

TOM I place it here. I turn the wheel – and then –
(The loaf falls out.)
The bread!

NICK Be certain. Taste!
(After tasting it, Tom falls to his knees.)

TOM O miracle!
O may I not, forgiven all my past,
For one good deed deserve dear Anne at last?
(beside his machine, highly exalted and oblivious to his surroundings)

[Duet]

Thanks to this excellent device
Man shall re-enter Paradise
From which he once was driven.
Secure from need, the cause of crime,
The world shall for the second time
Be similar to heaven.

NICK *(downstage in worldly-wise manner and taking the audience into his confidence)*
A word to all my friends, wher'er you sit,
The men of sense in boxes or the pit.
My master is a fool as you can see,
But you may do good business with me.

TOM When to his infinite relief
Toil, hunger, poverty and grief
have vanished like a dream,
This engine Adam shall excite
To hallelujahs of delight
And ecstacy extreme.

NICK The idle drone and the deserving poor
Will give good money for this toy, be sure.
For, so it please, there's no fantastic lie
You cannot make men swallow if you try.

Das ist mein Traum!

NICK Wie funktioniert es?

TOM *(sehr aufgeregt)*
Ich brauche einen Stein.

NICK *(gibt ihm die Porzellanscherbe)*
Versuch das hier.

TOM Man legt es hier hinein. Man dreht das Rad – und
dann –
(Das Brot fällt heraus.)
das Brot!

NICK Geh sicher! Koste es!
(Tom kostet das Brot und fällt auf die Knie.)

TOM O Wunder!
Könnte ich nicht, was ich auch früher getan habe,
mir durch eine gute Tat doch noch meine liebe Anne
verdienen?
*(neben seiner Maschine, in großer Begeisterung und seine Um-
gebung vergessend)*

[Duett]

Dank dieser herrlichen Maschine
wird der Mensch ins Paradies zurückkehren,
aus dem er einst vertrieben wurde.
Sicher vor Not und Verbrechen
wird die Welt zum zweitenmal
dem Himmel gleich sein.

NICK *(im Vordergrund, auf weltmännische Art das Publikum ins
Vertrauen ziehend)*
Ein Wort an all meine Freunde, wo immer ihr auch
sitzt,
die Verstandesmenschen in den Logen oder im
Parkett.
Mein Meister ist ein Narr, wie ihr seht,
aber mit mir ließen sich gute Geschäfte machen.

TOM Wenn zur Erleichterung der Menschen
Mühe, Hunger, Armut und Schmerz
wie ein Traum verschwunden sind,
soll diese Maschine den alten Adam
zu Hallelujas des Entzückens
und höchster Freude hinreißen!

NICK Die faulen Taugenichtse und die armen Bettler
werden für dieses Spielzeug sicher gutes Geld hergeben.
Denn schließlich ist keine Lüge zu phantastisch,
sie schlucken sie am Ende doch, wenn man's nur
versucht.

193

TOM Omnipotent when armed with this,
     In secular abundant bliss . . .
NICK So you who know your proper interest,
     Here is your golden chance. Invest. Invest.
     Come, take your chance immediately, my friends,
     And praise the folly that pays dividends.

TOM . . . He shall ascend the Chain of Being to its top to win
     The throne of Nature and begin
     His everlasting reign.

     [Recitative]

NICK *(to Tom)*
     Forgive me, master, for intruding
     upon your transports; but your dream
     is still a long way from fulfilment.
     Here is the machine, it is true.
     But it must be manufactured in great quantities.
     It must be advertised, it must be sold.
     We shall need money and advice.
     We shall need partners, merchants
     of probity and reputation in the City.
TOM Alas, good Shadow, your admonitions are
     only too just; and they chill my spirit.
     For who am I, who am become a byword of
     extravagance and folly, to approach such men?
     Is this dream too, this noble vision,
     to prove as empty as the rest?
     What shall I do?
NICK Have no fear, master.
     Leave such matters to me.
     Indeed, I have already spoken with several
     notable citizens concerning your invention;
     and they are as eager to see it as you to show.

TOM Ingenious Shadow!
     How could I live without you?
     I cannot wait. Let's visit them immediately.
     *(Tom and Nick begin wheeling the machine out. Just as they
     reach the door, Nick, who is pulling in front, turns.)*
NICK Should you not tell the good news to your
     wife?
TOM My wife? I have no wife.
     I've buried her.

TOM Allmächtig mit dieser Waffe,
in irdischer Glückseligkeit . . .

NICK Ihr, die ihr eure wahren Interessen kennt,
Hier ist eure Gelegenheit. Investiert! Investiert!
Kommt, nutzt schnell den Augenblick, meine
Freunde,
und preist die Dummheit, die Zinsen zahlt.

TOM . . . wird er des Lebens höchste Stufe ersteigen,
um den Thron der Natur zu erringen
und seine ewige Herrschaft anzutreten!

[Rezitativ]

NICK *(zu Tom)*
Vergib mir, Meister, wenn ich dich
in deiner Verzückung störe, aber dein Traum
ist noch weit von der Erfüllung entfernt.
Da steht die Maschine, das ist wahr,
aber sie muß in großen Mengen produziert werden.
Wir müssen für sie werben, sie verkaufen.
Wir brauchen Geld und guten Rat.
Wir brauchen Partner, Kaufleute,
die in der Stadt Vertrauen und guten Ruf genießen.

TOM Ach, guter Shadow, deine Ermahnungen sind nur
allzu gerechtfertigt; doch sie nehmen mir den Mut.
Wie kann ich, dessen Name das Schlagwort für
Verschwendung und Leichtsinn geworden ist, mich an
solche Männer wenden? Soll auch dieser Traum,
diese edle Vision, so leer sein wie alles andere?
Was soll ich tun?

NICK Hab keine Angst, Meister.
Überlaß solche Dinge mir.
Ich habe schon mit mehreren angesehenen
Bürgern über deine Erfindung gesprochen;
sie sind ebenso versessen darauf, sie zu sehen, wie
du, sie vorzuführen.

TOM Mein genialer Shadow!
Wie könnte ich ohne dich leben? Ich kann
nicht länger warten. Wir wollen sie sofort besuchen.
*(Tom und Nick rollen die Maschine hinaus. An der Tür wendet
Nick, der vorne zieht, sich um.)*

NICK Solltest du die gute Nachricht nicht deiner Frau
mitteilen?

TOM Meine Frau? Ich habe keine Frau.
Ich habe sie begraben.

Act III

Scene 1. *The same as Act II, Scene 3, exept that everything is covered with cobwebs and dust. Afternoon, spring.*
Before the curtain rises a great cry of
«Ruin, Disaster, Shame»
is heard.
(Baba is still seated motionless at the table, the wig over her head, also covered with cobwebs and dust. Two groups of the Crowd of Respectable Citizens are examining the objects.)

[Chorus]

RESPECTABLE CITIZENS

GROUP I	What curious phenomena are up today for sale.
GROUP II	What manner of remarkables.
GROUP III	*(entering; horrified)*
	What squalor!
GROUP I	*(crowded round some object, admiringly)*
	What detail!
GROUP IV	*(entering)*
	I am so glad I did not miss the auction.
GROUP II	So am I.
GROUP III	I can't begin admiring.
GROUP IV	O fantastic!
ALL	Let us buy!
VOICES	Ruin, Disaster, Shame.

(The Crowd pauses in its examination, exchanges glances, then comes forward and addresses the audience with hushed voices that barely conceal a touch of complacency.)

CROWD   Blasted! Blasted! so many hopes of gain:
Hundreds of sober merchants are insane;
Widows have sold their mourning-clothes to eat;
Herds of pale orphans forage in the street;
Many a Duchess divested of gems,
Has crossed the dread Styx by way of the Thames.
O stricken, take heart in placing the blame.
(Dispersing again into groups, examining the objects.)
Rakewell! Rakewell! Ruin, Disaster, Shame.

3. Akt

1. Bild: *Dieselbe Szene wie das 3. Bild des 2. Aktes, nur daß alles mit Spinnweben und Staub bedeckt ist. Frühlingsnachmittag.*
Bevor der Vorhang aufgeht, hört man lautes Geschrei:
«Bankrott! Katastrophe! Schande!»
(Baba sitzt noch immer bewegungslos am Tisch, die Perücke über dem Kopf, ebenfalls mit Spinnweben und Staub bedeckt. Zwei Gruppen biederer Bürger untersuchen die Gegenstände im Zimmer.)

[Chor]

BIEDERE BÜRGER

1. GRUPPE	Was für merkwürdige Dinge heute verkauft werden!
2. GRUPPE	Was für Kuriositäten!
3. GRUPPE	*(tritt ein, entsetzt)*
	Was für ein Schmutz!
1. GRUPPE	*(um einen Gegenstand versammelt, bewundernd)*
	Was für feine Details!
4. GRUPPE	*(tritt ein)*
	Ich bin so froh, daß ich die Auktion nicht verpasse.
2. GRUPPE	Ich auch.
3. GRUPPE	Ich weiß gar nicht, wo ich anfangen soll.
4. GRUPPE	Phantastisch!
ALLE	Das wollen wir kaufen!
STIMMEN	Bankrott! Katastrophe! Schande!

(Die Anwesenden unterbrechen ihre Besichtigung, sehen sich an, kommen nach vorne und wenden sich mit gedämpfter Stimme und kaum verhohlener Selbstzufriedenheit an die Zuschauer.)

ALLE   Zerstört! Zerstört! So viel Hoffnung auf Gewinn!
Hunderte von vernünftigen Händlern um den
Verstand gebracht! Witwen haben
ihre Trauerkleider für Nahrung verkauft!
Scharen von bleichen Waisen wühlen in den Gossen!
Manche Herzogin, ihrer Juwelen beraubt, hat auf dem
Weg durch die Themse den Styx überquert.
O ihr Opfer, faßt Mut und klagt die Schuldigen an.
(Sie verteilen sich wieder in Gruppen und untersuchen die Gegenstände.)
Rakewell! Rakewell! Bankrott! Katastrophe!
Schande!

(*Anne enters. She looks around quickly and then approaches the Crowd, group by group.*)

ANNE Do you know where Tom Rakewell is?

GROUP I America. He fled.

GROUP II Spontaneous combustion caught him hurrying. He's dead.

ANNE Do you know what's become of him?

GROUP III Tom Rakewell? How should we?

GROUP IV He's Methodist.

GROUP III He's Papist.

GROUP IV He's converting Jewry.

ANNE Can no one tell me where he is?

CROWD We're certain he's in debt;
They're after him, they're after him, and they will catch him yet.

ANNE (*aside*)
I'll search him in the house myself.
(*she leaves*)

GROUPS I AND II I wonder at her quest.

GROUPS III AND IV

She's probably some silly girl he ruined like the rest.
(*They return to their examination unconcernedly.*)
(*The door is flung open and Sellem enters with a great flurry followed by a few servants who begin clearing a space and setting up a dais.*)

SELLEM Aha!

CROWD He's here!
The auctioneer.

SELLEM (*to the servants*)
No! over there.
(*They begin nervously setting it up again in another spot.*)
Be quick. Take care.

CROWD (*to each other*)
Your bids prepare.
Be quick. Take care.
(*Sellem mounts the dais and bows.*)

[Recitative]

SELLEM Ladies, both fair and gracious: gentlemen:
be all welcome to this miracle of, this most

(Anne tritt ein. Sie sieht sich schnell um und wendet sich dann
der Reihe nach an die verschiedenen Gruppen.)

ANNE Wißt Ihr, wo Tom Rakewell ist?

1. GRUPPE In Amerika. Er ist geflohen.

2. GRUPPE Beim Laufen hat er Feuer gefangen.
Er ist tot.

ANNE Wißt Ihr vielleicht, was aus ihm geworden ist?

3. GRUPPE Tom Rakewell? Wieso sollten wir?

4. GRUPPE Er ist Methodist geworden.

3. GRUPPE Er ist Katholik geworden.

4. GRUPPE Er tauft die Juden.

ANNE Kann keiner mir sagen, wo er ist?

DIE MENGE Wir wissen nur, daß er Schulden hat;
sie sind hinter ihm her, und sie kriegen ihn schon noch.

ANNE *(für sich)*
Ich suche ihn selbst hier im Haus.
(geht ab)

1. UND 2. GRUPPE
Was will sie wohl?

3. UND 4. GRUPPE
Wahrscheinlich eine dumme Gans, die er ruiniert hat,
wie die anderen.
(Sie machen sich wieder unbekümmert an ihre Besichtigung.)
(Die Tür wird aufgestoßen, und Sellem* tritt mit viel Tumult
ein, gefolgt von einigen Dienern, die Platz schaffen und ein
Podium aufstellen.)

SELLEM Aha!

DIE MENGE Da ist er,
der Auktionär.

SELLEM *(zu den Dienern)*
Nein! Dorthin!
(Sie bringen das Podium hastig an eine andere Stelle.)
Schnell! Paßt auf!

DIE MENGE *(untereinander)*
Überlegt eure Angebote!
Schnell! Paßt auf!
(Sellem besteigt das Podium und verbeugt sich.)

[Rezitativ]

SELLEM Ihr schönen und gnädigen Damen, ihr Herren!
Seid alle willkommen bei diesem Wunder einer –

* *Der Name ist eine Verkürzung des englischen «sell them» (verkauf sie).*

widely heralded of, this – I am sure you
follow me – ne plus ultra of auctions.
Truly there is a divine balance in Nature:
a thousand lose that a thousand may gain;
and you who are the fortunate are not so
only in yourselves, but also in being Nature's
missionaries. You are her instruments for the
restoration of that order we all so worship,
and it is granted to, ah! so few of us to
serve.
(He bows again. Applause.)
Let us proceed at once.
Lots one and two: which cover all objects
subsumed under the categories – animal,
vegetable and mineral.
*(During the following, Sellem is continually on the move,
indulging in elaborate by-play, holding up objects; servants are
running on and off the dais with objects; the Crowd is eager and
attentive.)*

[Aria]

Who hears me, knows me; knows me
A man with value; look at this –
(Holding up the stuffed auk.)
What is it? Wit
And Profit: no one, no one
Could fail to conquer, fail to charm,
Who had it by
To watch. And who could not be
A nimble planner, having this . . .
(Holding up a mounted fish.)
. . . Befor him? Bid
To get them, get them, hurry!
(Various individuals in the Crowd begin to bid excitedly: «one,
two, three, five» *etc.)*
La! come bid.
Hmm! come buy.
Aha! the auk.
Witty, lovely, wealthy.

diesem . . .
das allerorts in aller Munde ist, bei diesem –
Ihr folgt mir doch? – diesem non plus ultra der
Auktionen.
Wahrlich, in der Natur herrscht eine göttliche
Ausgewogenheit: was Tausende verlieren, das können
Tausende gewinnen,
Und Ihr seid glücklich, nicht nur, weil Ihr Ihr selbst,
sondern auch, weil Ihr die Vermittler des
Naturgesetzes seid. Ihr seid ihre Werkzeuge bei der
Wiederherstellung der Ordnung, die wir alle anbeten,
und es ist, ach! nur wenigen von uns gewährt, ihr zu
dienen.
(Er verbeugt sich noch einmal. Beifall.)
Wir wollen gleich beginnen.
Los Nr. 1 und 2, bestehend aus allen Gegenständen,
die unter den Kategorien der Tierwelt, der
Pflanzenwelt und der Mineralien zusammengefaßt
sind.
*(Während des folgenden ist Sellem ständig in Bewegung, mit
gestenreicher Geschäftigkeit hält er die verschiedenen Gegenstände hoch, welche die Diener ihm auf das Podium bringen und
dann wieder abtragen; die Käufer verfolgen alles mit gespann-
ter Aufmerksamkeit.)*

[Arie]

Wer mich hört, kennt mich: kennt mich
als ehrenwerten Mann; seht Euch das an –
(Er hält den ausgestopften Alk hoch.)
Was ist das? Witz
und Profit – jedermann
wird siegen und bezaubern,
von diesem Ding
bewacht. Und wer wäre
kein geschickter Planer mit dem hier . . .
(Er hält einen präparierten Fisch hoch.)
. . . vor Augen? Bietet
für sie, kauft sie, schnell!
(Einzelne Käufer beginnen aufgeregt zu bieten: «Eins, zwei,
drei, fünf» *usw.)*
Na? Bietet!
He! Kauft!
Aha! Der Alk.
Geistreich, reizend, reich.

Poof! go high!
La! some more.
Hmm! come on.
Aha! the pike.

[Bidding Scene]

Seven – eleven – fourteen –
nineteen – twenty – twenty-three –
going – at twenty-three – going – going –
(Raps with his mallet.)
– gone!

CROWD   Hurrah!

[Aria (continuied)]

SELLEM   *(holding up a marble bust)*
Behold it, Roman, moral,
The man who has it, has it
Forever – yes!
(Holding up a palm branch.)
And holy, holy, curing
The body, soul and spirit;
A gift of – God's!
(Holding up various objects.)
And not to mention this or
The other, more and more and –
So help me – more!
Then bid, O get them, hurry!
(Members of the Crowd bid as before.)
La! come bid.
Hmm! come buy.
Aha! the bust.
Feel them, life eternal:
Poof! go high!
La! some more.
Hmm! come on.
Aha! the palm.

[Bidding Scene]

– Fifteen – and a half –
three-quarters – sixteen – seventeen – going at seventeen –
going – going –

202

Hui! Weiter rauf!
Na? Mehr!
He! Kommt schon!
Aha! Der Hecht.

[Steiger-Szene]

Sieben – elf – vierzehn –
neunzehn – zwanzig – dreiundzwanzig –
dreiundzwanzig zum ersten,
zum zweiten –
(Er schlägt den Hammer auf.)
– zum dritten!

KÄUFER Hurra!

[Arie (Forts.)]

SELLEM *(hält eine Marmorbüste hoch)*
Schaut her, römisch, moralisch,
wer es hat, hat es
für immer, jawohl!
(Er hält einen Palmzweig hoch.)
Die sind heilig, heilig, heilen
Körper, Seele und Geist;
ein Geschenk – Gottes!
(Er hält verschiedene Gegenstände hoch.)
Gar nicht zu reden von dem hier
oder dem, und mehr und mehr, und,
Gott helfe mir, noch mehr!
Bietet, kauft, schnell!
(Die Käufer bieten wie zuvor.)
Na? Bietet!
He! Kauft!
Aha! Die Büste.
Fühlt es an, ewiges Leben:
Hui! Weiter rauf!
Na? Mehr!
He! Kommt schon!
Aha! Die Palme.

[Steiger-Szene]

Fünfzehn – fünfzehneinhalb –
dreiviertel – sechzehn – siebzehn –
siebzehn zum ersten –
zum zweiten –

(He raps with his mallet.)
– gone!

CROWD Hurrah!

[Recitative]

SELLEM Wonderful. Yes, yes.
And now for the truly adventurous –
(Walking over slowly to the covered Baba and changing his voice to a suggestive whisper.)

[Aria (continued)]

An unknown object draws us, draws us near.
A cake? An organ? Golden Apple Tree?
A block of copal? Mint of alchemy?
Oracle? Pillar? Octopus? Who'll see?
Be brave! Perhaps an angel will appear.
(The Crowd bids as before, but this time they get so excited that they almost drown out Sellem, and they begin fighting among themselves.)
La! come bid.
Hmm! come buy.
Aha! The it.
This may be salvation.
Poof! go high!
La! be calm.
Hmm! come on.
Aha! the what.

[Final Bidding Scene]

– Fifty – fifty-five – sixty –
sixty-one – sixty-two – seventy –
ninety – going at ninety – going
at a hundred – going – going –
gone!
(In order to quiet the Crowd, Sellem, as he shouts his last «gone», snatches the wig off Baba's head. The effect quiets them immediately and she, for the moment completely impervious to her surroundings, finishes the word she began in the last scene.)

BABA . . . ever.
(Then she looks quickly around, snatches up a veil that is lying on the table, stands up indignantly and brushes herself off.)

(Er schlägt den Hammer auf.)
– zum dritten!

KÄUFER Hurra!

[Rezitativ]

SELLEM Wunderbar! Ja, ja!
Und jetzt etwas für die echten Kenner –
*(Er geht langsam zur zugedeckten Baba hinüber und verstellt
seine Stimme zu einem vielsagenden Flüstern.)*

[Arie (Fortsetzung)]

Ein unbekanntes Ding zieht uns an, zieht uns zu sich.
Ein Kuchen? Eine Orgel? Ein Goldapfelbaum?
Ein Kopalblock? Ein Werk der Alchemie?
Ein Orakel? Eine Säule? Ein Polyp? Wer weiß?
Mut! Vielleicht erscheint ein Engel!
*(Die Käufer bieten wie zuvor, geraten aber diesmal in so große
Erregung, daß sie Sellem fast übertönen und miteinander in
Streit geraten.)*
Na? Bietet!
He! kauft!
Aha! Das Ding.
Das ist vielleicht die Rettung.
Hui! Weiter rauf!
Na! Seid ruhig!
He! Kommt schon!
Aha! Das Etwas.

[Letzte Steiger-Szene]

Fünfzig – fünfundfünfzig – sechzig –
einundsechzig – zweiundsechzig – siebzig –
neunzig – neunzig zum ersten –
hundert zum ersten – zum zweiten –
zum dritten!
*(Um die Menge zu beruhigen, reißt Sellem bei den Worten
«zum dritten» die Perücke von Babas Kopf. Die Käufer sind
sofort still. Baba, ihrer Umgebung vollkommen unbewußt, beendet das Wort, das sie in der vorhergehenden Szene begonnen
hatte.)*

BABA . . . mals!
*(Dann sieht sie sich schnell um, ergreift einen auf dem Boden
liegenden Schleier, steht empört auf und streift den Staub und
die Spinnweben ab.)*

[Aria]

	Sold! Annoyed!
	I've caught you thieving!
	If you dare, if you dare . . .
	. . . Touch a thing,
	Then beware, then beware
	My reckoning;
	Be off, be gone, be gone, desist . . .
CROWD	*(murmuring in the background)*
	It's Baba. Baba, his wife.
	It's Baba. It's Baba.
	It passes believing, it's Baba!
BABA	. . . I, Baba, must insist
	Upon your leaving.
	(The voices of Tom and Nick are heard giving a street-cry from outside.)
TOM, NICK	Old wives for sale, old wives for sale!
	Stale wives, prim wives, silly and grim wives!
	Old wives for sale!

[Recitative]

CHORUS	Now, what was that!
BABA	*(aside)*
	The pigs of plunder!
	(Anne enters hurriedly. She rushes to the window.)
ANNE	Was that his voice?
SELLEM, CROWD	What next, I wonder?
BABA	*(aside)*
	The milk-maid haunts me.
ANNE	*(at the window)*
	Gone.
BABA	*(reflectively glancing about)*
	All I possessed
	Seems gone.
	(Shrugging her shoulders.)
	Well, well.
	(to Anne a bit imperiously and indulgently)
	My dear!
ANNE	*(turning)*
	His wife!
BABA	His jest –
	No matter now. Come here, my child, to Baba.
	(Anne goes over to her.)

[Arie]

Verkauft! Verärgert!
Ich hab euch erwischt, ihr Diebe!
Wenn ihr es wagt . . .

... etwas anzurühren,
dann hütet euch
vor meiner Rache!
Verschwindet, hinaus mit euch, Finger weg!

KÄUFER *(murmelnd im Hintergrund)*
Es ist Baba. Baba, seine Frau!
Es ist Baba. Es ist Baba.
Es ist unglaublich, es ist Baba!

BABA Ich, Baba, verlange,
daß ihr verschwindet!
(Von draußen hört man die Stimmen Toms und Nicks mit einem Straßenruf.)

TOM, NICK Alte Weiber feil, alte Weiber feil!
Trockene Weiber, gespreizte Weiber, alberne und
zankhafte Weiber! Alte Weiber feil!

[Rezitativ]

CHOR Nanu, was war das?

BABA *(für sich)*
Diese plündernden Schweine!
(Anne tritt schnell ein und läuft zum Fenster.)

ANNE War das seine Stimme?

SELLEM, KÄUFER Was jetzt wohl passiert?

BABA *(für sich)*
Dieses Milchmädchen verfolgt mich.

ANNE *(am Fenster)*
Weg.

BABA *(sieht sich nachdenklich um)*
Was ich besaß,
ist offenbar weg.
(Sie zuckt die Schultern.)
Na gut.
(zu Anne, etwas von oben herab und nachsichtig lächelnd)
Mein liebes Kind!

ANNE *(dreht sich um)*
Seine Frau!

BABA Sein Spott . . .
Nichts mehr davon. Komm her, mein Kind, zu Baba.
(Anne geht zu ihr.)

SELLEM   *(obviously under a strain)*
          Ladies – the sale – if you could go out.

BABA   *(impatiently)*
          Robber! Don't interrupt.

RESPECTABLE CITIZENS
                    (to Sellem)
                    Don't interrupt or rail.
ONE VOICE A scene like this is better than a sale.

          [Duet]

BABA   *(to Anne)*
          You love him, seek to set him right:
          He's but a shuttle-headed lad:
          Not quite a gentleman, nor quite
          Completely vanquished by the bad:
          Who knows what care and love might do?
          But good or bad, I know he still loves you . . .

ANNE   He loves me still! Then I alone
          In weeping doubt have been untrue.
          O hope, endear my love, . . .
          ⌈. . . atone,
          │Enlighten, grace, whatever may ensue.
SELLEM, GROUP I │He loves her.
          │
GROUP II │Who?
SELLEM, GROUP I │That isn't known.
          │
GROUP II │He loves her still.
SELLEM, GROUP I │The tale is sad –
GROUP II │– if true.
BABA   │. . . But good or bad, I know he still loves
          ⌊you . . .
          So find him, and his man beware!
          I may have made a bad mistake
          Yet I can tell who in that pair
          Is poisoned victim and who snake.
          Then go –
ANNE   But where shall you –?
BABA   *(lifting her hand to interrupt gently)*
          My dear,
          A gifted lady never need have fear.
          I shall go back and grace the stage

SELLEM   *(mit sichtlicher Anstrengung)*
Meine Damen . . . Die Versteigerung . . . bitte geht
hinaus.

BABA   *(unwillig)*
Räuber! Stör uns nicht!

BIEDERE BÜRGER   *(zu Sellem)*
Stört sie nicht, seid still.

EINE STIMME   So ein Auftritt ist besser als eine Versteigerung.

[Duett]

BABA   *(zu Anne)*
Du liebst ihn und möchtest ihn bessern:
er ist nur ein leichtsinniger Kindskopf,
nicht gerade ein Gentleman, aber auch
noch nicht ganz dem Bösen verfallen:
Wer weiß, was Treue und Liebe vermögen?
Aber ob er gut oder schlecht ist, ich weiß, daß er dich
noch liebt . . .

ANNE   Er liebt mich noch! Dann war ich es,
die ihm in weinendem Zweifel die Treue brach –
O Hoffnung, hilf meiner Liebe . . .
⌈. . . vergib,
⌊erhelle, segne, was immer auch geschieht.

SELLEM, 1. GRUPPE
|Er liebt sie.

2. GRUPPE |Wer?

SELLEM, 1. GRUPPE
|Das weiß man nicht.

2. GRUPPE |Er liebt sie noch.

SELLEM, 1. GRUPPE Die Geschichte ist traurig . . .

2. GRUPPE |. . . aber wahr.

BABA |. . . Aber ob er gut oder schlecht ist, ich weiß, daß er
⌊dich noch liebt . . .
. . . Darum such ihn, und hüte dich vor seinem Diener!
Ich habe einen schlimmen Fehler begangen,
aber ich weiß, welcher von den beiden
vergiftet ist und wer die Schlange!
Geh!

ANNE   Aber wohin werdet Ihr . . .?

BABA   *(hebt die Hand und unterbricht sie sanft)*
Mein liebes Kind,
eine Frau mit Talent braucht sich nicht zu fürchten.
Ich, gehe zurück – zurück zur Bühne,

Where manner rules and wealth attends.
(with an all-inclusive gesture)
Can I deny my time its rage?
My self-indulgent intermezzo ends.

ANNE Can I for him . . .
    ⌐. . all love engage,
    And yet believe her happy when love
    ends?
BABA Can I deny my time its rage?
    My self-indulgent intermezzo ends.

CROWD She will go back.
    Her view is sage
    That's life.
    We came to buy
    See how it ends,
SELLEM Money farewell. Who'll buy?
    The auction ends.
    (The voices of Tom and Nick are again heard from the street.
    Everyone in the room pauses to listen.)

[Ballad Tune]

TOM, NICK If boys had wings and girls had stings
    And gold fell from the sky,
    If new-laid eggs wore wooden legs
    I should not luagh or cry.
ANNE It's Tom, I know, I know!
BABA The two, then go!
SELLEM, CROWD The thief, the thief below!

[Stretto – Finale]

ANNE I go to him, I go, *etc.*
    ⌐. . O love, be brave,
    Be swift, be true,
    Be strong, be strong for him and save.
    O love, be brave, *etc.*
BABA Then go to him,
    In love be brave,
    Be swift, be true
    Be strong for him and save, *etc.*

wo der Anstand herrscht und der Reichtum
applaudiert.
(mit allumfassender Geste)
Darf ich mich der Bewunderung meiner Zeitgenossen
versagen?
Mein privates Intermezzo ist zu Ende.

ANNE Kann ich für ihn . . .
    ⌈. . . diese Liebe fühlen
    und doch glauben, daß sie glücklich ist, wenn die Liebe
    endet?

BABA Darf ich mich der Bewunderung meiner Zeitgenossen
    versagen?
    Mein privates Intermezzo ist zu Ende.

DIE MENGE Sie geht zurück.
    Ein weiser Entschluß.
    So ist das Leben.
    Wir wollten kaufen.
    So endet es!

SELLEM ⌊Ade, Geld! Wer wird noch kaufen?
    Die Auktion ist vorbei.
    (Man hört von der Straße herauf wieder die Stimmen Toms und
    Nicks. Alle Anwesenden lauschen.)

[Gassenhauer]

TOM, NICK Wenn Jungen Flügel hätten und Mädchen Stachel
    und Gold vom Himmel fiele,
    wenn frische Eier Holzbeine hätten,
    würde ich nicht weinen noch lachen.

ANNE ⌈Das ist Tom, ich weiß es!

BABA ⌊Alle beide sind es, geh!

SELLEM, DIE MENGE
    ⌊Der Dieb! Dort unten!

[Stretto – Finale]

ANNE Ich geh zu ihm, ich geh! *usw.*
    ⌈. . . O Liebe, sei kühn,
    sei rasch, sei treu,
    sei stark für ihn und rette ihn.
    O Liebe, sei kühn *usw.*

BABA Dann geh zu ihm,
    sei kühn in deiner Liebe,
    sei rasch, sei treu,
    sei stark für ihn und rette ihn *usw.*

211

SELLEM, THE CROWD

> They're after him. His crime was grave.
> Be swift if you want time enough to save.
> Be swift, be swift, *etc.*

ANNE *(to Baba)*

> May God bless you.

BABA, SELLEM, CROWD

> Be swift if you want time enough to save.
> *(Anne rushes out.)*
> *(The voices of Tom and Nick are heard disappearing into the distance.)*

[Ballad Tune (Reprise)]

TOM, NICK

> Who cares a fig for Tory or Whig?
> Not I.

BABA *(to Sellem, with lofty command)*

> You! Summon my carriage!
> *(Sellem, impressed in spite of himself and certainly forgetting that he came to auction off her carriage, bows, goes to the door and opens it for her.)*
> *(to the Crowd)*
> Out of my way!
> *(They fall back and she starts out. At the door she pauses to remark:)*
> The next time you see Baba, you shall pay!
> *(grand exit of Baba)*

CROWD *(murmuring)*

> We've never been through such a hectic day.

Scene 2. *A starless night. A churchyard. Tombs. A newly-dug grave, behind which a sexton's spade is leaning against a flat raised tomb. A yew-tree on the right.*
(Tom and Nick enter, the former out of breath, the latter carrying a little black bag.)

[Duet]

TOM

> How dark and dreadful is this place.
> Why have you led me here?
> There's something Shadow, in your face
> That fills my soul with fear!

NICK

> A year and a day have passed away
> Since first to you I came.
> All things you bid, I duly did
> And now my wages claim.

SELLEM, DIE MENGE

> Sie sind hinter ihm her. Sein Verbrechen war arg.
> Sei rasch, wenn du ihn noch retten willst.
> Sei rasch *usw.*

ANNE *(zu Baba)*

Gott segne Euch.

BABA, SELLEM, DIE MENGE

Sei rasch, wenn du ihn noch retten willst.

(Anne eilt hinaus.)

(Die Stimmen von Tom und Nick verklingen in der Ferne.)

[Gassenhauer (Reprise)]

TOM, NICK Wer kümmert sich um Rechte oder Linke?
Ich nicht!

BABA *(zu Sellem, herablassend)*

Du da! Ruf meine Kutsche!

(Sellem, gegen seinen Willen beeindruckt, vergißt, daß er hier-her kam, um ihre Kutsche zu versteigern; er verbeugt sich, geht zur Tür und öffnet sie für Baba.)

(zu der Menge)

Mir aus dem Weg!

(Sie weichen zurück. Baba geht zur Tür, bleibt dort stehen und bemerkt:)

Wenn ihr Baba das nächste Mal seht, bezahlt ihr dafür!

(großer Abgang Babas)

DIE MENGE *(murmelnd)*

So einen verrückten Tag haben wir noch nie erlebt.

2. Bild: *Sternlose Nacht. Ein Kirchhof mit Gräbern. Gräber. Hinter einem frisch ausgehobenen Grab lehnt eine Totengrä-berschaufel gegen einen unbeschrifteten Grabstein. Rechts eine Eibe.*

(Tom und Nick treten auf. Tom ist außer Atem, Nick trägt eine kleine schwarze Tasche.)

[Duett]

TOM Wie dunkel und fürchterlich ist dieser Ort.
Warum hast du mich hierhergeführt?
Es ist etwas in deinem Gesicht, Shadow,
das meine Seele mit Angst erfüllt!

NICK Ein Jahr und ein Tag sind vergangen,
seit ich erstmals zu dir kam.
Alle deine Befehle habe ich getreulich ausgeführt,
und nun verlange ich meinen Lohn.

213

TOM Shadow, good Shadow, be patient; I
       Am beggared as you know.
       But promise when I am rich again
       To pay you all I owe.

NICK 'Tis not your money but your soul
       Which I this night require.
       Look in my eyes and recognise
       Whom, Fool! you chose to hire.
       (Pointing out the grave.)
       Behold, behold your waiting grave, behold –
       (Taking the objects mentioned out of his bag.)
       Steel, halter, poison, gun.
       Make no excuse, your exit choose:
       Tom Rakewell's race is run.

TOM O let the wild hills cover me . . .
       . . . or the abounding wave. O why . . .

NICK The sins you did may not be hid.
       Think not your soul to save.

TOM . . . did an uncle I never knew . . .
       . . . Select me for his heir?

NICK It pleases well the damned in Hell
       To bring another there.
       Midnight is come: by rope or gun
       Or medicine or knife,
       On the stroke of twelve you shall slay yourself
       For forfeit is your life.
       (A clock begins to strike.)
       Count one, count two, count three, count four, . . .
       . . . Count five and six and seven . . .

TOM Have mercy on me, Heaven.

NICK . . . Count eight . . .

TOM Too late.

NICK No, wait.
       (He holds up his hand and the clock stops after the ninth stroke.)

[Recitative]

       Very well, then, my dear and good Tom,
       perhaps you impose a bit upon our friendship;
       but Nick, as you know, is a gentleman
       at heart, forgives your dilatoriness
       and suggests a game.

TOM A game?

TOM Shadow, guter Shadow, hab Geduld; ich
bin bettelarm, wie du weißt,
aber ich verspreche dir, wenn ich wieder reich bin,
bezahl ich alles, was ich dir schulde.

NICK Nicht dein Geld, deine Seele
will ich heute nacht.
Sieh mir in die Augen und erkenne,
wen du Narr gedungen hast!
(Er zeigt auf das Grab.)
Sieh dort dein Grab, das dich erwartet, sieh:
(Er nimmt die genannten Dinge aus der Tasche.)
Dolch, Strang, Gift, Pistole.
Mach keine Ausflüchte, wähl deinen Tod,
Tom Rakewell ist am Ziel.

TOM Ihr wilden Berge, verbergt mich . . .
    . . . oder das gewaltige Meer! Warum . . .

NICK Deine Sünden lassen sich nicht verbergen.
    Glaub nicht, daß du deine Seele retten kannst.

TOM . . . hat ein Onkel, den ich nie kannte . . .
    . . . mich zu seinem Erben gemacht?

NICK Die Verdammten der Hölle
    begrüßen gern einen Neuling.
Mitternacht – durch Strang, Pistole,
Gift oder Messer
mußt du beim zwölften Schlag dich selbst töten.
Dein Leben ist verwirkt.
(Eine Uhr schlägt.)
Zähl eins, zähl zwei, zähl drei, zähl vier . . .
  . . . zähl fünf und sechs und sieben . . .

TOM Erbarme dich meiner, Himmel!

NICK . . . Zähl acht . . .

TOM Zu spät.

NICK Nein, warte noch.
(Er hebt die Hand, die Uhr hält nach dem neunten Schlag ein.)

[Rezitativ]

Nun denn, mein lieber, guter Tom,
vielleicht erwartest du etwas zu viel von unserer
Freundschaft,
aber Nick ist, wie du weißt, ein Gentleman;
er vergibt dir deine Saumseligkeit
und schlägt dir ein Spiel vor.

TOM Ein Spiel?

NICK A game of chance to finally decide your fate.
Have you a pack of cards?

TOM *(taking a pack from his pocket)*
All that remains me of this world,
and for the next.

NICK You jest. Fine, fine.
Good spirits make a game go well.
I shall explain. The rules are simple,
the outcome simpler still:
Nick will cut three cards.
If you can name them, you are free;
if not,
(Pointing to the instruments of death.)
you choose the path to follow me.
You understand?
(Tom nods.)
Let us begin.
*(He shuffles the cards, places the pack in the palm of his left
hand and cuts with his right, holding then the portion with the
exposed card toward the audience and away from Tom.)*

[Duet]

Well, then.

TOM My heart is wild with fear, my throat is dry.

NICK Come, try.

TOM I cannot think, I dare not wish.

NICK Let wish be thought and think on one to name,
You wish in all your fear could rule the game
Instead of Shadow.

TOM *(aside)*
Anne!
(calmly)
My fear departs;
I name the Queen of Hearts.

NICK *(holding up the card towards Tom)*
The Queen of Hearts.
(He tosses the card to one side.)
(The clock strikes once.)
You see, it's quite a simple game.
(to the audience)
To win at once in love or cards is dull;
The gentleman loves sport, for sport is rare;
The positive appals him;

NICK Ein Glücksspiel, das dein Schicksal entscheiden soll.
Hast du ein Kartenspiel bei dir?

TOM *(zieht ein Kartenspiel aus der Tasche)*
Das allein blieb mir für diese Welt
und für die andere.

NICK Du scherzest. Sehr schön.
Gute Laune bringt Glück im Spiel.
Ich werde es erklären. Die Regeln sind einfach,
der Ausgang des Spiels noch mehr:
Nick zieht drei Karten.
Wenn du sie erraten kannst, bist du frei;
wenn nicht,
(Er zeigt auf die Mordwerkzeuge.)
wählst du den Weg mir nach.
Verstehst du?
(Tom nickt.)
Fangen wir an.
*(Er mischt die Karten, legt sie in seine flache linke Hand und
hebt mit der rechten ab, hält den abgehobenen Teil mit der
aufgedeckten Karte dem Publikum zugekehrt und von Tom
abgewandt.)*

[Duett]

Nun denn!

TOM Mein Herz schlägt wild vor Angst, meine Kehle ist
ausgetrocknet.

NICK Komm, versuch's.

TOM Ich kann nicht denken, wage nicht zu wünschen.

NICK Denk deinen Wunsch und nenn mir eine
von der du willst, daß sie das Spiel beherrsche
statt Shadow.

TOM *(für sich)*
Anne!
(ruhig)
Meine Furcht weicht;
ich nenne die Herz-Königin!

NICK *(hält Tom die Karte hin)*
Die Herz-Königin.
(Er wirft die Karte zur Seite.)
(Die Uhr schlägt einmal.)
Du siehst, das Spiel ist ganz einfach.
(zum Publikum)
Glück im Spiel und der Liebe zugleich ist langweilig;
ein Gentleman liebt das Wagnis, denn es ist rar,
das Positive stößt ihn ab;

He plays the pence of hope to yield the
guineas of despair.
(turning back to Tom)
Again, good Tom.
You are my master yet.
(Nick repeats the routine of shuffling and cutting the cards.)

TOM What shall I trust in now?
|How throw the die . . .

NICK |Come try.

TOM . . . how throw the die
To win my soul back for myself?

NICK Was Fortune not your mistress once?
Be fair.
Give her at least the second chance to bare
The hand of Shadow.
(The spade suddenly falls forward with a great crash.)

TOM *(startled, cursing)*
The deuce!
(He looks at what fell.)
She lights the shades
And shows the two of spades.
(Nick throws the card aside with scarely contained anger.)

NICK The two of spades.
(The clock strikes once.)
Congratulations.
The Goddess still is faithful.
(changing his tone)
But we have one more, you know,
the very last.
Think for a while, my Tom, where you have come to.
I would not want your last of chances thoughtless.
I am, you may have oftentimes observed,
really compassionate.
Think on your hopes.

TOM Oh God, what hopes have I?
*(He covers his face in his arm and leans against the tomb. Nick
reaches deftly down, picks up one of the discarded cards and
holds it up while he addresses the audience.)*

NICK *(to the audience)*
The simpler the trick, the simpler the deceit.
That there is no return, I've taught him well,

er setzt die Pfennige der Hoffnung aufs Spiel und
gewinnt die Taler der Verzweiflung.
(wieder zu Tom)
Noch einmal, guter Tom.
Noch bist du mein Meister.
(Nick wiederholt den Vorgang des Mischens und Abhebens.)

TOM Worauf soll ich jetzt vertrauen?
| Wie mich entscheiden . . .

NICK | Komm, versuch's.

TOM . . . wie mich entscheiden,
um meine Seele zurückzugewinnen?

NICK War dir Fortuna nicht schon einmal hold?
Sei gerecht.
Gib ihr noch ein zweites Mal die Gelegenheit zu
enthüllen,
was Shadows Hand hält.
(Die Schaufel fällt plötzlich mit lautem Gepolter um.)

TOM *(erschrocken, fluchend)*
Verdammt!*
(Er sieht die Schaufel an.)
Sie erhellt das Dunkel
und zeigt mir die Schippen-Zwei.*
(Nick wirft die Karte mit kaum verhohlenem Ärger zur Seite.)

NICK Die Schippen-Zwei.
(Die Uhr schlägt einmal.)
Meinen Glückwunsch.
Die Göttin ist dir noch treu.
(den Ton ändernd)
Aber wir haben noch eine, wie du weißt,
die letzte.
Bedenke, Tom, woran du bist.
Ich möchte nicht, daß du deine letzte Chance
gedankenlos verspielst.
Ich bin, wie du sicher oft bemerkt hast,
wirklich mitleidsvoll.
Bedenke, auf was du deine Hoffnung baust.

TOM O Gott, was kann ich hoffen?
*(Er verbirgt sein Gesicht und lehnt sich gegen den Grabstein.
Nick ergreift schnell eine der zuvor beiseite geworfenen Karten
und hält sie hoch.)*

NICK *(zum Publikum)*
Je einfacher der Trick, desto einfacher der Betrug.
Ich habe ihn gelehrt, daß es kein Zurück gibt,

---

* Der Fluch «The deuce!» bezeichnet zugleich eine Zwei im Karten- oder Würfelspiel; das
englische «spade» ist sowohl Schaufel oder Spaten als auch die Spielkartenfarbe Pik.

An repetition palls him:
The Queen of Hearts again shall be for him
the Queen of Hell.
(He slips the card into the pack and then turns to Tom.)
Rouse yourself, Tom, your travail soon will end.
(He follows the same routine as before.)
Come, try.

TOM   Now in his words . . .
NICK Now in my words . . .
TOM   . . . I find no aid.
    Will Fortune give another sign?
NICK . . . he'll find no aid,
    And Fortune gives no other sign.
    (Tom looks nervously about him.)
NICK Afraid, Love-lucky Tom?
    Come, try!
TOM   *(looking up from the ground, frightened)*
    Dear God, a track of cloven hooves!
NICK *(sardonic)*
    The knavish goats are back
    To crop the spring's return.
TOM   *(stepping forward, agonized)*
    Return! and Love! The banished words torment.
NICK You cannot now repent.
TOM   Return, return!
    O Love!
ANNE *(off stage)*
    A love
    That is sworn before Thee can plunder
    Hell of its prey.
    (Nick stands as though frozen.)
TOM   *(parlando)*
    I wish for nothing else.
    Love, first and last, assume eternal reign;
    Renew my life, O Queen of Hearts, again!
    (He snatches the exposed half-pack from the still motionless Nick.)
    (The twelfth stroke strikes.)
    (With a cry of joy Tom sinks to the ground senseless.)

NICK I burn! I burn! I freeze! In shame I hear
    My famished legions roar;

und Wiederholung langweilt ihn:
die Herz-Königin soll es noch einmal sein, sie sei für ihn
die Königin der Hölle.
(Er steckt die Karte wieder in das Spiel und wendet sich an Tom.)
Raff dich auf, Tom, deine Mühsal ist bald zu Ende.
(Er wiederholt den gleichen Vorgang wie zuvor.)
Komm, versuch's.

TOM In seinen Worten . . .

NICK In meinen Worten . . .

TOM . . . finde ich jetzt keine Hilfe.
Wird Fortuna mir nochmals ein Zeichen geben?

NICK . . . findet er jetzt keine Hilfe,
und Fortuna gibt kein weiteres Zeichen!
(Tom sieht sich nervös um.)

NICK Hast du Angst, Liebes-Glückspilz Tom?
Komm, versuch's!

TOM *(vom Boden aufsehend, erschrocken)*
O Gott, die Spur von gespaltenen Hufen!

NICK *(höhnisch)*
Die bösen Ziegen kamen wieder,
um die Rückkehr des Frühlings abzugrasen.

TOM *(tritt vor, gequält)*
Rückkehr! Liebe! Die verbannten Worte quälen mich!

NICK Du kannst jetzt nicht mehr bereuen.

TOM Rückkehr! Rückkehr!
O Liebe!

ANNE *(unsichtbar)*
Die Liebe,
vor dir beschworen, kann
der Hölle ihre Beute entreißen!
(Nick steht wie erstarrt.)

TOM *(gesprochen)*
Ich wünsche nichts weiter.
Liebe, du Anfang und Ende, beginn deine ewige Herrschaft;
schenk mir neues Leben, o Herz-Königin, noch einmal!
(Er entreißt dem noch immer bewegungslosen Nick den aufgedeckten Teil des Spiels.)
(Der zwölfte Glockenschlag ertönt.)
(Tom sinkt mit einem Freudenschrei bewußtlos zu Boden.)

NICK Ich brenne! Ich brenne! Ich erfriere! Beschämt höre ich
meine hungrigen Legionen toben;

221

My own delay lost me my prey
And damns myself the more.
Defeated, mocked, again I sink
In ice and flame to lie,
But Heaven's will I'll hate and till
Eternity defy.
(looking at Tom)
Your sins, my foe, before I go
Give me some power to pain.
(with a magic gesture)
To reason blind shall be your mind;
Henceforth be you insane!
(He sinks slowly into the grave.)
(Complete darkness. The dawn comes up. It is spring. The open grave is now covered with a green mound upon which Tom sits smiling, putting grass on his head and singing to himself in a childlike voice.)

TOM With roses crowned, I sit on ground;
Adonis is my name,
The only dear of Venus fair;
Methinks it is no shame.

Scene 3. *Bedlam.*
(Tom stands facing a group of madmen who include a blind man with a broken fiddle, a crippled soldier, a man with a telescope and three old hags. Behind him, on a raised eminence, a straw pallet.)

[Arioso]

TOM Prepare yourselves, heroic shades.
Wash you and make you clean.
Anoint your limbs with oil,
put on your wedding garments
and crown your heads with flowers.
Let music strike.
Venus, queen of Love, will visit
her unworthy Adonis.

[Dialogue]

MADMEN Madmen's words are all untrue;
She will never come to you.
TOM She gave me her promise.
MADMEN Madness cancels every vow;
She will never keep it now.

durch mein Zögern verlor ich meine Beute
und hab mich selbst verdammt.
Besiegt, verhöhnt, versink ich wieder
in Eis und Feuer,
doch das Gesetz des Himmels haß ich und
will ihm in alle Ewigkeit trotzen!
(den Blick auf Tom gerichtet)
Deine Sünden geben mir, bevor ich gehe,
noch etwas Macht zu deiner Qual:
(mit einer Zaubergeste)
Blind gegen den Verstand sei dein Geist;
sei wahnsinnig fortan!
(Er versinkt langsam im Grab.)
(Völlige Finsternis. Der Morgen dämmert. Es ist Frühling.
Das offene Grab ist jetzt mit grünem Rasen bedeckt, auf dem
lächelnd Tom sitzt, der sich Gras ins Haar steckt und mit
kindlicher Stimme vor sich hin singt.)

TOM   Mit Rosen gekrönt, sitz ich am Boden;
Adonis heiß ich,
der einzige Liebste der schönen Venus;
das ist wohl keine Schande.

3. Bild: *Das Irrenhaus von St. Mary of Bethlehem in London,*
Bedlam genannt.
(Tom steht einer Gruppe Irren gegenüber, darunter ein Blinder
mit einer zerbrochenen Fiedel, ein verkrüppelter Soldat, ein
Mann mit einem Fernrohr und drei alte Weiber. Hinter ihm auf
einer Erhöhung ein Strohsack.)

[Arioso]

TOM   Bereitet euch, ihr Heldenschatten!
Wascht und reinigt euch!
Salbt eure Glieder mit Öl,
legt eure Hochzeitskleider an
und krönt eure Häupter mit Blumen!
Macht Musik!
Venus, die Königin der Liebe, besucht
ihren unwürdigen Adonis.

[Zwiegesang]

IRRE   Alle Verrückten lügen;
sie kommt nie zu dir!
TOM   Sie gab mir ihr Wort.
IRRE   Wahnsinn bricht alle Eide;
sie wird es nie halten!

TOM   Come quickly, Venus, or I die.
      (Tom sits down on the pallet and buries his face in his hands.
      The madmen dance befor him with mocking gestures.)

[Chorus – Minuet]

MADMEN   Leave all love and hope behind.
         Out of sight is out of mind
         In these caverns of the dead.
         In the city overhead
         Former lover, former foe
         To their works and pleasures go,
         Nor consider who beneath
         Weep and howl and gnash their teeth.
         Down in Hell as up in Heaven
         No hands are in marriage given,
         Nor is honour or degree
         Known in our society.
         Banker, beggar, whore and wit
         In a common darkness sit.
         Seasons, fashions, never change;
         All is stale yet all is strange;
         All are foes and none are friends
         In a night that never ends.
         (The sound of a key being turned in a rusty lock is heard.)
         Hark! Minos comes who cruel is and strong:
         Beware! Away! His whip is keen and long.
         (They scatter to their cells.)
         (The Keeper and Anne enter. Tom does not raise his head.)

[Recitative]

KEEPER   *(pointing to Tom)*
         There he is. Have no fear.
         He is not dangerous.
  ANNE   Tom!
         (Tom still does not stir.)
KEEPER   He believes that he is Adonis
         and will answer to no other name.
         Humour him in that, and you will
         find him easy to manage.
         So, as you desire, I'll leave you.
  ANNE   *(giving him money)*
         You are kind.
KEEPER   I thank you, lady.
         (He leaves.)

TOM　Komm schnell, Venus, sonst sterbe ich!
(Tom setzt sich auf den Strohsack und verbirgt sein Gesicht in den Händen. Die Irren umtanzen ihn mit höhnischen Gesten.)

[Chor – Menuett]

IRRE　Gib Liebe und Hoffnung auf!
Aus den Augen, aus dem Sinn
in diesen Totenhöhlen!
Droben in der Stadt
gehen alte Freunde, alte Feinde
der Arbeit und dem Vergnügen nach,
denken nicht, wer drunten
weint und heult und die Zähne knirscht.
In der Hölle wie im Himmel
gibt es keine Eheschließungen,
auch Ehren und Auszeichnungen
kennt man bei uns nicht.
Bankiers, Bettler, Huren und Gelehrte
sitzen in der gleichen Finsternis.
Jahreszeiten und Moden wechseln nicht;
alles ist fad und zugleich fremd;
alle sind Feinde, keine Freunde
in der Nacht, die niemals endet.
(Man hört das Geräusch eines Schlüssels, der in einem rostigen Schloß umgedreht wird.)
Hört! Minos kommt, er ist grausam und stark:
hütet euch! Fort! Seine Peitsche ist scharf und lang!
(Sie zerstreuen sich in ihre Zellen.)
(Der Wärter tritt mit Anne ein. Tom sieht nicht auf.)

[Rezitativ]

WÄRTER　*(zeigt auf Tom)*
Da ist er. Habt keine Angst.
Er ist nicht gefährlich.
ANNE　Tom!
(Tom rührt sich noch immer nicht.)
WÄRTER　Er hält sich für Adonis
und hört auf keinen anderen Namen.
Geht nur darauf ein, dann könnt Ihr
leicht mit ihm umgehen.
Ich verlasse Euch jetzt, wie Ihr es wünscht.
ANNE　*(gibt ihm Geld)*
Ihr seid sehr gütig.
WÄRTER　Ich danke Euch, Fräulein.
(Er geht ab.)

225

(Anne goes up and stands close to Tom, who still has not moved.)

ANNE Adonis.

(Tom raises his head and springs to his feet.)

TOM Venus, my queen, my bride.
    At last.

[Arioso]

I have waited, I have waited for thee
so long, till I almost believed those
madmen who blasphemed against thy honour.
They are rebuked.
Mount, Venus, mount thy throne.
(He leads her to the pallet on which she sits. He kneels at her feet.)
O merciful goddess,
hear the confession of my sins.

[Duet]

In a foolish dream, in a gloomy labyrinth
I hunted shadows, disdaining thy true love;
Forgive thy servant, who repents his madness,
Forgive Adonis, and he shall faithful prove.

ANNE *(rising and raising him by the hand)*
    What should I forgive? Thy ravishing penitence
    Blesses me, dear heart, and brightens all the past.
    Kiss me, kiss me, Adonis, the wild boar is vanquished.

TOM Embrace me, Venus, I've come home at last.
ANNE, TOM Rejoice, beloved: in these fields of Elysium
    Space cannot alter, nor time our love abate;
    Here has no words for absence or estrangement
    Nor Now a notion of Almost or Too Late.
    (Tom suddenly staggers. Anne gently helps him to lie down on the pallet.)

[Recitative quasi Arioso]

TOM I am exceeding weary.
    Immortal queen,

*(Anne geht auf den noch immer unbeweglichen Tom zu und
steht ganz dicht bei ihm.)*

ANNE Adonis!

(Tom hebt den Kopf und springt auf.)

TOM Venus, meine Königin, meine Braut!
Endlich!

[Arioso]

Ich habe gewartet, habe auf dich
so lange gewartet, daß ich fast den Wahnsinnigen
glaubte,
die deine Ehre schmähten.
Sie sind nun beschämt.
Komm, Venus, besteig deinen Thron.
*(Er führt sie zu dem Strohsack, auf dem sie sich hinsetzt,
während er zu ihren Füßen niederkniet.)*
O gnadenreiche Göttin,
hör die Beichte meiner Sünden.

[Duett]

In einem törichten Traum, in einem düsteren
Labyrinth
jagte ich Schatten nach, verschmähte deine wahre
Liebe;
vergib deinem Diener, der seine Torheit bereut,
vergib Adonis, und er wird sich als treu erweisen.

ANNE *(erhebt sich und hilft ihm auf)*
Was habe ich zu vergeben? Deine innige Reue
macht mich selig, mein Liebster, und erhellt das
Vergangene.
Küß mich, küß mich, Adonis, der wilde Eber ist
besiegt.

TOM Umarme mich, Venus, ich bin endlich heimgekommen!

ANNE, TOM Freu dich, Geliebte(r), hier in den Gefilden Elysiums
können Raum und Zeit unsere Liebe nicht trüben;
hier gibt es kein Wort für Ferne oder Fremdsein,
das Jetzt kennt kein Fast oder Zu spät!
*(Tom taumelt plötzlich. Anne bettet ihn sanft auf den Stroh-
sack.)*

[Rezitativ quasi Arioso]

TOM Ich bin sehr müde.
Unsterbliche Königin,

permit thy mortal bridegroom
to lay his head upon thy breast.
(He does so.)
The Heavens are merciful, and all is well.
Sing, my beloved, sing me to sleep.

[Lullaby]

ANNE Gently, little boat,
Across the ocean float,
The crystal waves dividing;
The sun in the west
Is going to rest;
Glide, glide, glide
Toward the Islands of the Blest.

MADMEN *(in their cells)*
What voice is this? What heavenly strains
Bring solace to tormented brains?

ANNE Orchards greenly grace
That undisturbed place,
The weary soul recalling
To slumber and dream,
While many a stream
Falls, falls, falls,
Descanting on a child-like theme.

MADMEN *(in their cells)*
O sacred music of the spheres!
Where are our rages and our fears?

ANNE Lion, lamb and deer,
Untouched by greed or fear
About the woods ar straying.
And quietly now
The blossoming bough
Sways, sways, sways
Above the fair unclouded brow.

MADMEN Sing on! For ever sing! Release
Our frantic souls and bring us peace!
(The Keeper enters with Trulove.)

[Recitative]

TRULOVE Anne, my dear, the tale is ended now.
Come home.

ANNE Yes, father.
(to Tom)

erlaub deinem sterblichen Bräutigam,
sein Haupt dir ans Herz zu legen.
(Er tut es.)
Der Himmel ist gnädig, und alles ist gut.
Sing, Geliebte, sing mich in Schlaf.

[Schlummerlied]

ANNE Kleines Boot, treib
sanft über das Meer,
teil die kristallenen Wogen;
die Sonne geht
im Westen zur Ruh;
gleite, gleite, gleite
zur Insel der Seligen.

IRRE *(in ihren Zellen)*
Was ist das für eine Stimme? Welch ein himmlisches Lied
bringt unseren gequälten Seelen Trost?

ANNE Grüne Gärten schmücken
diesen stillen Ort,
rufen die müde Seele
zu Schlaf und Traum,
und viele Bäche
rauschen, rauschen, rauschen
ein Kinderlied.

IRRE *(in ihren Zellen)*
O heilige Musik der Sphären!
Wo ist nun unsere Wut und unsere Angst?

ANNE Löwe, Lamm und Reh,
ohne Neid und Furcht,
streifen durch den Wald.
und leise
über der unbewölkten Stirn
schwingt, schwingt, schwingt
der blühende Strauch.

IRRE Sing! Sing immer weiter! Befrei
unsere kranken Seelen und bring uns Frieden!
(Der Wärter tritt mit Trulove ein.)

[Rezitativ]

TRULOVE Anne, mein Kind, die Geschichte ist zu Ende.
Komm heim.

ANNE Ja, Vater.
(zu Tom)

229

Tom, my vow
Holds ever, but it is no longer I
You need. Sleep well, my dearest dear.
Good-bye.
(She leaves Tom and joins her father.)

[Duettino]

Every wearied body must
Late or soon return to dust . . .

TRULOVE
. . . Set the frantic spirit free.
In this earthly city we
Shall not meet agian, love, yet
Never think that I forget.
God is merciful and just.
God ordains what ought to be,
But a father's eyes are wet.
(Anne, Trulove and the Keeper leave. Tom wakes, starts to his feet and looks wildly around.)

[Finale]

TOM
Where art thou Venus?
Venus, where art thou?
The flowers open to the sun.
The birds renew their song.
It is spring.
The bridal couch is prepared.
Come quickly, beloved, and we
will celebrate the holy rites of love.
(after a moment's silence, shouting)
Holla! Achilles, Helen, Euridice,
Orpheus, Persephone, all my courtiers.
Holla!
(The madmen enter from all sides.)
Where is my Venus?
Why have you stolen her while I slept?
Madman! Where have you hidden her?

MADMEN
Venus? Stolen? Hidden? Where?
Madman! No one has been here.

TOM
My heart breaks.
I feel the chill of death's approaching wing.
Orpheus, strike from thy lyre
a swanlike music,

Tom, mein Eid
gilt ewig, aber du brauchst mich nun
nicht länger. Schlaf wohl, mein Liebster!
Ade!
(Sie kommt mit Trulove nach vorne.)

[Duettino]

Alle müden Leiber müssen
früher oder später wieder zu Staub werden . . .

TRULOVE

. . . und der wilde Geist wird frei.
Hier auf Erden werden wir
uns nicht wiedersehen, Liebster, doch
glaub nie, daß ich dich vergesse.
Gott ist gnädig und gerecht.
Gott bestimmt, was wird,
und doch sind des Vaters Augen naß.
(Anne, Trulove und der Wärter gehen ab. Tom erwacht, springt auf und blickt wild umher.)

[Finale]

TOM Wo bist du, Venus?
Venus, wo bist du?
Die Blumen öffnen sich der Sonne,
die Vögel erneuern ihren Gesang,
es ist Frühling,
das Brautbett ist bereitet,
komm schnell, Geliebte, wir
wollen das heilige Fest der Liebe begehen!
(nach kurzem Schweigen, rufend)
Holla! Achilles, Helena, Eurydike,
Orpheus, Persephone, mein ganzes Gefolge!
Holla!
(Die Irren treten von allen Seiten auf.)
Wo ist meine Venus?
Warum habt ihr sie geraubt, als ich schlief?
Ihr Wahnsinnigen! Wo habt ihr sie versteckt?

IRRE Venus? Geraubt? Versteckt? Wo?
Du Narr! Niemand war hier.

TOM Mein Herz bricht.
Ich fühle den eisigen Flügel des Todes nahen.
Orpheus, spiel auf deiner Leier
ein Schwanenlied,

and weep, ye nymphs and shepherds
of these Stygian fields,
weep for Adonis, the beautiful, the young;
weep for Adonis whom Venus loved.
(He falls back on the pallet.)

[Mourning Chorus]

MADMEN Mourn for Adonis!
Mourn for Adonis, ever young.
Mourn for Adonis, Venus' dear, *rep.*
Weep, weep, weep, tread softly round his bier.
Weep, weep, for the dear of Venus, weep, weep.

und weint, ihr Nymphen und Schäfer
dieser stygischen Felder,
weint um Adonis, den schönen, jungen;
weint um Adonis, den Venus liebte.
(Er sinkt auf den Strohsack zurück.)

[Klage – Chor]

IRRE Trauert um Adonis!
Trauert um Adonis, den ewig Jungen!
Trauert um Adonis, um Venus' Liebsten!
Weint, tretet leise um seine Bahre!
Weint um Venus' Liebsten, weint!

Epilogue

Before the curtain. House lights up.
(Enter Baba, Tom, Nick, Anne and Trulove, the men without
wigs, Baba without her beard.)

ALL Good people, just a moment:
Though our story now is ended,
There's the moral to draw
From what you saw
Since the curtain first ascended.

ANNE Not every rake is rescued
At the last by Love and Beauty;
Not every man
Is given an Anne
To take the place of Duty.

BABA Let Baba warn the ladies:
You will find out sooner or later
That, good or bad,
All men are mad:
All they say or do is theatre.

TOM Beware, young men who fancy
You are Virgil or Julius Caesar,
Lest when you wake
You be only a rake.

TRULOVE I heartily agree, Sir!

NICK Day in, day out, poor Shadow
Must do as he is bidden.
Many insist
I do not exist.
At times I wish I didn't.

ALL So let us sing as one.
At all times, in all lands
Beneath the moon and sun,
This proverb has proved true,
Since Eve went out with Adam:
For idle hands
And hearts and minds
The Devil finds
A work to do,
A work, dear Sir, fair Madam,
For you and you.
(They all bow and leave.)

Epilog

Vor dem Vorhang. Zuschauerraum hell.
(Baba, Tom, Nick, Anne und Trulove treten auf; die Männer
ohne Perücken, Baba ohne Bart.)

ALLE　Ihr guten Leute, einen Augenblick:
Obwohl unsere Geschichte vorbei ist,
muß man noch die Moral ziehen
aus dem, was ihr saht,
seit der Vorhang sich zuerst hob.

ANNE　Nicht jeder Wüstling wird am Ende
durch Liebe und Schönheit gerettet;
nicht jeder Mann
hat eine Anne,
die den Platz der Pflicht einnimmt.

BABA　Eine Warnung Babas an die Damen:
ihr werdet früher oder später finden,
daß, ob gut oder schlecht,
alle Männer Narren sind:
alles, was sie sagen oder tun, ist Theater.

TOM　Gebt acht, ihr jungen Männer, die ihr
euch für Virgil oder Julius Caesar haltet,
daß ihr, wenn ihr erwacht
nicht nur ein Wüstling seid.

TRULOVE　Ganz meine Meinung, Herr!

NICK　Tagein, taugaus muß der arme Shadow
tun, was ihm auferlegt ist.
Viele behaupten,
es gäbe mich nicht.
Manchmal wünsche ich das auch!

ALLE　Laßt uns gemeinsam singen:
Zu allen Zeiten, in allen Ländern
unter Mond und Sonne
ist dieses Sprichwort wahr,
seit Adam um Eva freite:
Für faule Hände,
Herzen und Köpfe
findet der Teufel
eine Beschäftigung
eine Beschäftigung, ihr lieben Herren, ihr schönen
Damen,
für Euch und Euch!

(Sie verbeugen sich und gehen ab.)

Wystan Hugh Auden (1907–73), einer der beiden Librettisten von Igor Strawinskys Oper ‹The Rake's Progress› (1948–51 entstanden). Zeitweise von Brecht beeinflußt, beschäftigte er sich seit seiner Freundschaft mit dem Komponisten Benjamin Britten (1913–76) in zunehmendem Maße mit dem Verfassen von Operntexten, teilweise in Zusammenarbeit mit Chester Kallman (1923–75), den er auch, zunächst ohne Wissen Strawinskys, für Spezialprobleme des Librettos zu ‹The Rake's Progress› heranzog (zum Anteil Kallmans an dem Libretto im einzelnen vgl. S. 258). Der mit Strawinsky befreundete Aldous Huxley machte den Komponisten spontan auf den Opernkenner Auden aufmerksam, als er von dem Opernplan nach der Kupferstich-Serie von William Hogarth erfuhr. Im Jahre 1943 hatte Auden auch eine Übersetzung von Brechts ‹Dreigroschenroman› (gemeinsam mit Christopher Isherwood erstellt) veröffentlicht. Seit Ende der fünfziger Jahre arbeitete er noch mehrfach mit Chester Kallman zusammen und schrieb Opernlibretti für Hans Werner Henze (‹Elegie für junge Liebende› und ‹Die Bassariden›).

Dokumentation

I. Statements von W. H. Auden und Igor Strawinsky

Wystan Hugh Auden

Reflexionen über das Medium Oper (1952)

Jedes künstlerische Medium spiegelt irgendeinen Bereich menschlicher Erfahrung wider. Des öfteren überschneiden sich diese Bereiche, aber völlig überein stimmen sie niemals. Wenn nämlich zwei künstlerische Ausdrucksmittel ein und dasselbe gleich gut leisten könnten, wäre eines von ihnen überflüssig. – Wenn jemand wie ich nach jahrelanger Arbeit in einem Kunstmedium sich erstmals in einem anderen versucht, sollte er meiner Meinung nach stets, bevor er sich an die Arbeit begibt, erst einmal versuchen, die dieser Kunstgattung eigentümlichen Gesetze zu entdecken. Andernfalls läuft er Gefahr, Voraussetzungen und geistige Gewohnheiten, die ihm zur zweiten Natur wurden, auf einen Bereich zu übertragen, auf den sie eigentlich nicht angewendet werden können noch dürfen.

Worum geht es in der Musik? Was, wie Platon sagen würde, «ahmt sie nach»? Eine Wahl. Eine Aufeinanderfolge von zwei Tönen ist ein Akt der Wahl. Der erste Ton verursacht den zweiten, nicht im Sinne einer wissenschaftlichen Notwendigkeit, sondern im «historischen» Sinne, indem er ihn provoziert und ihm so ein Motiv für sein Erscheinen gibt. Eine folgerichtige Melodie ist eine aus sich selbst bestimmte Geschichte: frei aus sich heraus ist sie das, was sie zu sein beabsichtigt, und dennoch ein sinnvolles Ganzes, nicht eine willkürliche Folge von Tönen.

Musik als eine Kunst, das heißt Musik, die sich ihrer wahren Natur voll bewußt geworden ist, ist ausschließlich auf die abendländische Kultur, und noch dazu auf die letzten vier- oder fünfhundert Jahre, beschränkt. Die Musik aller anderen Kulturen und Epochen steht zur abendländischen Musik im gleichen Verhältnis wie magische Beschwörungsformeln zur Dichtkunst. Eine primitive magische Wort-Beschwörung mag Dichtung sein, aber sie weiß nicht, daß sie es ist, und sie beabsichtigt auch nicht, es zu sein. In jeder andern Musik außer der abendländischen ist Geschichte nur stillschweigend inbegriffen; sie meint nichts anderes zu tun, als Verse oder Bewegungen mit einer ostinaten Begleitung zu versehen. Erst im Abendland ist der Singsang zum Lied geworden.

Die griechischen Musiktheorien versuchten, weil ihnen das historische Bewußtsein fehlte, die Musik auf das «Reine Sein» zu beziehen. Doch die Geschichte, die in der Musik inbegriffen ist, verrät sich in der griechischen Harmonielehre, worin Mathematik zur Zahlenmystik wird und ein Akkord an sich «besser» ist als ein anderer.

Die abendländische Musik wurde sich ausdrücklich ihrer selbst bewußt, als sie Mensurzeichen, Taktstriche und Taktmessung einführte. Ohne eine ganz natürlich sich ergebende oder gleichmäßig wiederkehrende Zeitbestimmung, die keinerlei Spuren einmaliger Besonderheit aufweist, sondern nur als Rahmen für den Ablauf dient, wäre die unumstößliche Geschichtlichkeit der Töne unmöglich.

Wortkunst, Dichtung, ist reflektierend, sie hält inne, um zu denken. Musik ist unmittelbar, sie schreitet vorwärts, um zu werden. Beide aber sind aktiv, beide bestehen darauf, innezuhalten oder aber vorwärts zu gehen. Malerei ist das Kunstmittel passiver Betrachtung. Kinematographie das der passiven Unmittelbarkeit, denn die sichtbare Welt ist eine unmittelbar gegebene Welt, in der das Schicksal regiert, und es ist unmöglich, den Unterschied zwischen einer willkürlichen Bewegung und einem unwillkürlichen Reflex anzugeben. Freiheit der Wahl liegt nicht in der uns sichtbaren Welt, sondern darin, daß wir freiwillig unsere Augen in diese oder jene Richtung wenden oder aber schließen.

Da Musik die gegensätzliche Erfahrung reinen Wollens und reiner Subjektivität ausdrückt (die Tatsache, daß wir unsere Ohren nicht nach Belieben schließen können, ermöglicht es der Musik zu behaupten, daß wir nicht umhin können zu wählen), ist Filmmusik keine Musik, sondern ein technisches Mittel, das uns daran hindert, unser Ohr auf Geräusche der Außenwelt einzustellen. Musik zu einem Film ist schlecht, sobald wir uns ihrer Existenz bewußt werden.

Jeder von uns hat sprechen gelernt. Den meisten Menschen könnte sogar beigebracht werden, Verse einigermaßen gut aufzusagen, wenige aber haben singen gelernt oder könnten es jemals lernen. In jedem Dorf könnte man zwanzig Leute für eine Aufführung des ‹Hamlet› zusammenbringen, die, wenn auch noch so unvollkommen, doch einen Begriff von der Größe des Werkes gäbe. Wollte man aber Ähnliches mit ‹Don Giovanni› versuchen, würden die Teilnehmer sehr bald entdecken, daß es sich jetzt nicht um eine gute oder schlechte Aufführung handelt, sondern daß sie gar nicht imstande wären, die Noten zu singen. Sagen wir von einem Schauspieler – selbst in einem Versdrama –, seine Darstellung sei gut gewesen, meinen wir damit, daß er durch seine Kunst, das heißt bewußt, die Gestalt, die er darstellt, so nachahmt, wie sie im wirklichen Leben kraft ihrer Natur, also unbewußt, handeln würde. Für einen Sänger aber kommt ebenso wie für einen Tänzer ein Nachahmen, ein «natürliches» Singen der vom Komponisten vorgeschriebenen Noten gar nicht in Frage, sein Gehaben ist von Anfang bis zu Ende hemmungslos und auftrumpfend Kunst. Das Paradoxon, das in jeder Art Drama stillschweigend einbegriffen ist, daß nämlich Gemütsbewegungen und Situationen, die im wirklichen Leben traurig oder schmerzlich sein würden, auf der Bühne zu einer Quelle des Vergnügens werden, dieses Paradoxon wird in der Oper ganz offenkundig. Eine Sängerin mag die Rolle einer verlassenen Braut spielen, die im Begriff ist, sich umzubringen, trotzdem sind wir uns beim Zuhören ganz sicher, daß wir nicht nur, sondern auch sie es genießt. In gewissem Sinn gibt es gar keine tragische Oper, welche Irrtümer ihre Helden auch begehen und was auch immer sie leiden mögen, sie tun doch immer nur das, was sie wollen. Daher rührt das Gefühl, das die Opera seria keine aktuellen Stoffe verwenden, sondern sich auf mythische Situationen beschränken sollte, das heißt auf Lagen, in denen wir als Menschen uns notwendigerweise befinden und die wir also akzeptieren müssen, auch wenn sie noch so tragisch sein mögen. Eine tragische Situation aus der Gegenwart wie die in Menottis Oper ‹Der Konsul› ist zu aktuell, das heißt zu deutlich eine solche, in der einige Menschen sich befunden haben, andere aber – das Publikum einbegriffen – nicht, als daß das Publikum das vergessen und jene Situation als Symbol etwa für existentielle Entfremdung des Menschen ansehen könnte. Daher kommt es, daß der Genuß, den wir und die Sänger augenscheinlich dabei haben, dem Gewissen frivol erscheint.

Andererseits macht gerade ihre Künstlichkeit die Oper zum idealen dramatischen Medium für einen tragischen Mythus. Ich erlebte einmal in der gleichen Woche eine Aufführung von ‹Tristan und Isolde› und eine Filmvorführung von ‹L'Éternel Resour›, der Filmfassung, die Jean Cocteau dem Stoff gegeben hat. In der Opernaufführung wurden zwei Seelen, die jede mehr als zweihundert Pfund wogen, durch eine überirdische Macht verklärt, im Film aber traf ein gut aussehender

Junge ein schönes Mädchen, und sie hatten ein Verhältnis miteinander. Die Ursache für diesen Wertverlust lag nicht etwa an Cocteaus mangelnder Kunstfertigkeit, sondern an der Wahl des Films als Medium. Hätte er ein fettes Paar von mittleren Jahren dazu bestimmt, würde die Wirkung eine lächerliche gewesen sein, denn das bißchen Sprechen, was ein Film erlaubt, hätte nicht ausgereicht, die körperliche Erscheinung der beiden vergessen zu machen. Sind aber die Liebenden wiederum jung und schön, dann erscheint uns die Ursache für ihre Liebe als etwas ganz «Natürliches», als eine Folge ihrer Schönheit, und dann ist der Sinn des Mythus hin.

Ist Musik im allgemeinen eine Nachahmung des historischen Ablaufs schlechthin, so ist die Oper im besonderen ein Abbild menschlicher Eigenwilligkeit. Sie wurzelt in der Tatsache, daß wir nicht nur Gefühle haben, sondern daß wir darauf bestehen, sie zu haben, koste es, was es wolle. In dem Augenblick, in dem ein Mensch zu singen anhebt, wird er zum Monomanen. Daher kann die Oper nicht Charaktere nach Art eines Romanciers darstellen, Menschen nämlich, die gute und schlechte Eigenschaften haben, gleichzeitig aktiv und passiv sind. Denn Musik ist unmittelbare Aktualität, weder innere Kraft noch Passivität kann sich in ihrer Gegenwart behaupten. Das sollte ein Librettist nie vergessen. Obwohl Mozart ein größerer Komponist als Rossini ist, ist die Figur des Figaro in der ‹Hochzeit› doch weniger befriedigend als die im ‹Barbier›. Der Fehler liegt, wie ich glaube, bei Da Ponte. Sein Figaro ist als Charakter zu interessant, um ganz in Musik übersetzt werden zu können, so daß man sich mit dem Figaro, der singt, zugleich eines anderen Figaro bewußt wird, der nicht singt, sondern für sich selbst denkt. Der Barbier von Sevilla aber, der kein Mensch, sondern ein toller Hans-Dampf-in-allen-Gassen ist, geht mühelos in Gesang auf. – So finde ich auch ‹La Bohème› weniger wertvoll als ‹Tosca›, nicht etwa wegen der Musik, sondern weil die Gestalten in ‹La Bohème›, besonders Mimi, zu passiv sind. Es besteht eine fatale Kluft zwischen der Entschlossenheit ihres Singens und der Unentschlossenheit ihres Handelns.

Die Eigenschaft, die alle großen Opernpartien wie Don Giovanni, Norma, Lucia, Tristan, Isolde, Brünhilde gemeinsam haben, ist der Umstand, daß jede von ihnen eine von Leidenschaft bewegte und eigenwillige Persönlichkeit ist. Im wirklichen Leben würden sie alle eine Plage sein, selbst Don Giovanni. – Zur Entschädigung für diesen Mangel an psychologischer Komplexität kann dafür die Musik erreichen, was durch Worte nicht erreicht werden kann, nämlich die Beziehung der verschiedenen Gestalten zueinander gleichzeitig und unmittelbar darzustellen. Krone und Ruhm der Oper ist das große Ensemble.

Der Chor kann in der Oper zwei, und nur zwei Rollen spielen: die des Pöbels und die der gläubigen, trauernden oder frohlockenden Gemeinde. Beides ist sparsam im Verbrauch. Oper ist nicht Oratorium. Dramen beruhen auf Irrtum: Ich halte jemanden für meinen Freund, der in Wirklichkeit mein Feind ist, ich glaube, daß ich eine Frau heiraten darf, die in Wirklichkeit meine Mutter ist, ich merke nicht, daß ein Kammerzöfchen in Wirklichkeit ein verkleideter junger Edelmann ist, ich halte einen gut gekleideten jungen Mann für reich, der in Wirklichkeit ein Abenteurer ohne einen Pfennig Geld ist, oder glaube, daß, wenn ich so und so handle, sich das und das ergäbe, in Wirklichkeit aber ergibt sich ganz etwas anderes. Jedes gute Drama besteht aus zwei Bewegungen: erst der Begehung des Irrtums, dann der Entdeckung, daß es ein Irrtum war.

Der Dichter eines Opernlibrettos muß seine Handlung diesem Gesetz unterordnen, im Vergleich zum Dramatiker ist er viel beschränkter in bezug auf die Art der Irrtümer, die er verwenden kann. Der Dramatiker kann zum Beispiel die größten Wirkungen dadurch erzeugen, daß er zeigt, wie Leute sich über sich selbst täuschen. Selbsttäuschung aber ist unmöglich in der Oper, weil Musik unmittelbar und nicht reflektierend ist; was gesungen wird, ist der Fall. Selbsttäuschung kann bestenfalls dadurch glaubhaft gemacht werden, daß die Orchesterbegleitung im Gegensatz zu dem steht, was der Sänger tut, so zum Beispiel wenn lustig hüpfende Musik Germont zum Sterbebett Violettas in ‹La Traviata› begleitet. Wenn solche Kunstgriffe indes nicht sehr sparsam gebraucht werden, stiften sie mehr Verwirrung als Einsicht. Und weiter: während im gesprochenen Drama die Aufklärung der Mißverständnisse sehr langsam vor sich gehen kann – oft steigert sich sogar das dramatische Interesse, wenn die Aufklärung langsam erfolgt –, muß in einem Libretto die Dämmerung der Wahrheit mit tropischer Plötzlichkeit eintreten, denn die Musik kann nicht in einer Atmosphäre der Ungewißheit existieren, Gesang kann nicht gehen, sondern nur springen.

Andererseits braucht sich der Librettist im Gegensatz zum Dramatiker niemals den Kopf darüber zu zerbrechen, ob, was geschieht, auch wahrscheinlich ist. In der Oper wird eine Situation glaubhaft, wenn es glaubhaft erscheint, daß jemand in dieser Situation zu singen anfängt. Die Handlung eines guten Librettos ist ein Melodrama im strengen wie im konventionellen Sinn des Wortes. Es gibt den verschiedenen Charakteren soviel Gelegenheit wie möglich, außer Fassung zu geraten, indem sie in Situationen gebracht werden, die zu tragisch oder zu phantastisch für «Worte» sind. Keine gute Opernhandlung kann «vernünftig» sein, denn wenn die Leute «vernünftig» sind, singen sie nicht.

Die Theorie vom «Musikdrama» setzt ein Libretto voraus, in dem nicht eine einzige vernünftige Situation, nicht ein vernünftiger Satz vorkommt. Das fertigzubringen, ist nicht nur sehr schwer – obwohl Wagner es fertigbrachte –, sondern auch äußerst anstrengend, sowohl für die Sänger wie für die Zuhörer, denn keiner von beiden kann sich auch nur für einen Augenblick entspannen.

Sobald ein Libretto vernünftige Sätze bringt – gesprochene, nicht gesungene –, wird diese Theorie absurd. Wenn es zur Förderung der Handlung etwa notwendig würde, daß eine Person zur anderen sagt: «Lauf rauf und hol mir ein Taschentuch!», so liegt in den Worten außer ihrem Rhythmus nichts, was die eine Vertonung geeigneter machen würde als die andere. Wo immer die Wahl der Töne willkürlich ist, gibt es nur eine konventionelle Lösung: zum Beispiel das Secco-Rezitativ.

In der Oper wendet sich das Orchester an die Sänger, nicht an das Publikum. Ein Opernliebhaber wird sich mit einem Orchesterzwischenspiel abfinden und es sogar genießen, wenn er weiß, daß die Sänger jetzt nicht singen können, weil sie müde sind, oder weil die Kulissenschieber auf der Bühne arbeiten. Aber jede Verwendung des Orchesters allein, die nicht zum Ausfüllen der Zeit dient, hält er für Zeitvergeudung. Die Dritte Leonoren-Ouvertüre ist im Konzertsaal ein schönes Stück, im Opernhaus aber, wo sie zwischen der ersten und zweiten Szene des zweiten Aktes von ‹Fidelio› gespielt wird, erzeugt sie eine quälende Langeweile von zwölf Minuten Dauer.

In der Oper sind das Gehörte und das Gesehene dasselbe wie Wirklichkeit und Erscheinung in der Philosophie, je greller und theatralischer daher die Dekorationen um so besser. Der gute Geschmack ist da fehl am Platz. Ein realistisch gemalter Hintergrund, der wackelt, wirkt befriedigender als jede gewissenhaft-dreidimensionale Einrichtung oder als nur suggestiv-angedeutete Gegenstände. Nur eins ist wesentlich: daß alles etwas überlebensgroß sei, denn die Bühne ist ein Raum, in dem nur der große Auftritt und die große Geste angebracht sind.

Ist der Librettist ein erfahrener Dichter, ist das schwierigste Problem, an dem er am leichtesten scheitern kann, die Versifizierung. Dichtung ist ihrem Wesen nach ein Akt der Reflexion, ein Verzicht auf die Interjektion der unmittelbaren Gemütsbewegung, damit man die Natur dessen, was gefühlt wird, um so besser versteht. Da Musik ihrem Wesen nach unmittelbar ist, kann füglich der Text eines Lieds nicht Dichtung sein. Hier sollte man zwischen lyrischer Dichtung und eigentlichem Lied unterscheiden. Ein lyrisches Gedicht ist ein Gedicht, das dazu bestimmt ist, singend gesprochen zu werden. In einem Sprechgesang ist die Musik nämlich dem Wort untergeordnet, das den Umfang und die Zeitdauer der Töne begrenzt. Im Lied aber müssen die Töne sich frei bewegen können und die Worte müssen bereit sein, ihnen zu gehorchen.

So sehr ich Hofmannsthals Libretto zum ‹Rosenkavalier› bewundere, so glaube ich doch, daß es reiner Dichtung zu nahe kommt. Der Monolog der Marschallin im ersten Akt zum Beispiel ist so voll von interessanten Details, daß die Gesangslinie Schwierigkeiten hat, sich diesen allen anzupassen. Die Verse «Ah non credea» in ‹La Somnambula› andererseits leisten, obwohl sie uninteressant zu lesen sind, genau das, was sie sollen, nämlich Bellini eine der schönsten Melodien, die je geschrieben wurden, einzugeben, um ihm dann völlige Freiheit in der Gestaltung zu lassen. Die Verse, die der Librettist schreibt, sind nicht ans Publikum gerichtet, sondern stellen einen Privatbrief an den Komponisten dar. Ihr höchster Ruhm ist es, dem Komponisten eine bestimmte Melodie einzugeben. Ist das einmal geschehen, sind sie so unwichtig wie die Infanterie für einen chinesischen General: sie müssen sich selbst auslöschen und sich nicht mehr darum sorgen, was aus ihnen wird.

Das goldene Zeitalter der Oper, von Mozart bis Verdi, fiel mit dem goldenen Zeitalter des liberalen Humanismus, dem durch nichts zu erschütternden Glauben an Freiheit und Fortschritt zusammen. Sind gute Opern heute seltener, dann deshalb, weil wir nicht nur gelernt haben, daß wir weniger frei sind als der Humanismus des 19. Jahrhunderts es sich vorstellte, sondern auch deshalb, weil wir unsicherer geworden sind, ob Freiheit ein eindeutiger Segen ist, ob die Freien auch notwendigerweise die Guten sind. Wenn gesagt wird, daß Opern schwerer zu schreiben sind, heißt das nicht, daß sie unmöglich zu schreiben sind. Das könnte man nur dann daraus folgern, wenn wir ganz und gar aufhörten, an den freien Willen und an die Persönlichkeit zu glauben. Jedes genau getroffene hohe C* macht die Theorie, daß wir nur Marionetten des Schicksals oder des Zufalls ohne eigene Verantwortung seien, vollkommen zunichte.

---

* *Man vergleiche hierzu den Schlußton der Anne in der Cabaletta des ersten Aktschlusses in ‹The Rake's Progress›.*

Igor Strawinsky im Gespräch
mit Emilia Zanetti (1951)

Sie haben bereits erklärt, Meister, daß Sie seit Jahren den Wunsch hatten, eine Oper in englischer Sprache zu komponieren. Was war das Anziehende, welche Probleme sind Ihnen in dieser Sprache aufgefallen, die noch als antimusikalisch gilt?

Nachdem ich russische, französische, lateinische Texte komponiert hatte, kam ich dazu, mich für die englische Prosodie zu interessieren. Und da ich die Sprache kenne, kann man sich leicht einen Begriff von der Fülle der Probleme machen, vor deren Lösung ich mich gestellt sah. Nichtsdestoweniger, warum sollte denn das Englische eine antimusikalische Sprache sein? Jede Sache ist so viel wert, als man von ihr zu sein verlangt. Wenn ich eine klingende, ebenmäßige und süße Sprache gewollt hätte, würde ich mich natürlich dem Italienischen zugewandt haben. Das Englische hat andere musikalische Quellen. Aber es als antimusikalisch betrachten, ist nichts anderes, als in einem Vorurteil verharren, das, früher als von mir, von zwei Jahrhunderten englischer Vokalmusik, dem 17. und 18. Jahrhundert, und von einem Künstler wie Purcell widerlegt wird.

Welcher Art Anruf, «provocatio», kam ihnen aus den Stichen Hogarths*? War er visueller oder logisch-dramatischer Art?

Bühnenmäßiger Art vor allem. In der Kunst Hogarths berührte mich vor allem der Charakter des Theatermäßigen, der sich wunderbar auf die Bühne übertragen läßt; ein Charakter, der sich in jener Neigung zur Erzählung mittels einer Reihe von Bildern mit einer bestimmten Moral offenbart, die ich wahren wollte; deshalb habe ich nicht nur den ursprünglichen Titel der von mir ausgewählten Bilderreihe beibehalten, sondern ich habe dafür auch die beste italienische Übersetzung gesucht: «La carriera d'un libertino». Karriere für «progressa» wahrt die Ironie Hogarths mehr als «Fortschritt»; denn es ist tatsächlich eine Karriere, allerdings was für eine Art von Karriere.

---

* *Vgl. dazu die Abbildungen der Kupferstichserie ‹The Rake's Progress› im folgenden Abschnitt der Dokumentation. Der berühmte satirische Maler lebte und starb in London (1697–1764). Er war ein Künstler der gezielten Gesellschaftskritik durch «gemalte Moral», wie es sein Freund, der Schauspieler David Garrick, nannte. Seine Themen gewann er aus Alltagsbeobachtungen.*

244

Chester Kallman (1923–75), Lyriker und Librettist, arbeitete auf Wunsch Wystan Hugh Audens an der Versifizierung des für Igor Strawinsky gedachten Opernlibrettos ‹The Rake's Progress› mit, zunächst ohne Wissen, dann aber mit Billigung des Komponisten. (Zum nachweisbaren Anteil seiner Arbeit am Libretto vgl. S. 258.)

Aber Hogarth hatte mir noch anderes zu sagen. In ihm habe ich die Quintessenz jenes eigenartigen englischen Settecento wiedererkannt, das ich in Musik setzen wollte. Das London dieser Epoche, welches gar nichts mit Louis XV. zu tun hat, die Farbe, die Gesellschaft dieser Zeit: lauter Elemente zu einem musikalischen Gebärdespiel. (Was Auden großartig begriffen hat, indem er sich altenglischer Redewendungen bediente, auf die ich meinerseits mit entsprechenden musikalischen Stilmitteln antwortete.)

Sind die Änderungen an der Geschichte Hogarths von Ihnen oder von den Textdichtern vorgenommen worden? Wie ging Ihre Zusammenarbeit mit Auden vonstatten?

Nachdem ich in den Stichen Hogarths einmal mein Sujet erkannt hatte, beriet ich mich mit meinem lieben Freund Aldous Huxley über die geeignetste Person, die Aufgabe des Textbuches zu übernehmen. «Auden, niemand besser als er», erklärte mir Huxley. Ich teilte die Sache dem Verleger Hawkes – von Boosey & Hawkes – mit, der sich begeistert darüber zeigte. Und es begann die Verwirklichung des Projekts. Ich nützte die Anwesenheit Audens in New York und lud ihn telegrafisch ein, zu mir nach Hollywood zu kommen. In einer Woche schrieb er mir den Entwurf der Handlung; auch die Varianten zur Handlung Hogarths sind ihm zuzuschreiben. Er war es ebenfalls, der die Mitarbeit von Kallman vorschlug. Ausmaß und Art dieser Mitarbeit sind mir nicht bekannt. Ich hatte jedoch die Möglichkeit, die Ernsthaftigkeit dieses jungen Mannes schätzenzulernen, und ich kann mir vorstellen, daß er vor allem seine Theatererfahrung beigetragen hat. In drei Monaten war das Libretto fertig. Sie wissen, welcher Wertschätzung sich Da Ponte mit Recht für sein Textbuch des ‹Don Giovanni› erfreut. Nun gut, das Ergebnis der Arbeit von Auden und Kallman ist meiner Ansicht nach ebenso gut, wenn nicht besser. Ich kannte bereits das dichterische Werk Audens, und ich bewunderte ihn auch wegen seiner Mitarbeit an gewissen Filmen. Aber diese Bewunderung ist während unserer gemeinsamen Arbeit noch gewachsen. Er ist ein Dichter in des Wortes ursprünglichster Bedeutung, das heißt in dem antiken Sinn der Griechen – Poesie, das heißt to make, das konkrete «Machen», eher als das unbestimmte «Tun» des to do, heißt Schaffen in der vollen, absoluten Herrschaft der Technik über die Materie. Seine Versifizierung bewährt sich in jeder Hinsicht, so wie bei einer guten Fuge *(hier verschränkte Strawinsky die Hände ineinander, kehrte sie um und zeigte dabei die Festigkeit und Biegsamkeit des Griffs)*. Man wird die Tugend der «Technik» nie genug loben, man wird nie eindringlich genug darauf dringen, wie wesentlich und entscheidend das Band ist, das sie mit der Kunst verbindet. Statt dessen von Inspiration zu sprechen ist verdächtig. Es gibt Fehlgeburten von genialen Einfällen, aus Mangel oder Schwäche der Technik, nicht umgekehrt. Sehen Sie nach bei den Malern. Monet, Manet, Cézanne, Picasso sind große Maler, weil sie große Handwerker sind. Und was mich betrifft, ich fange mit der Technik an und ende mit der Inspiration.

Dachten Sie von Anfang an an eine Oper von normaler Dauer?

Da muß man sich über das «normal» einigen, denn normal ist auch die ‹Finta Giardiniera›. Meinen Sie damit eine Oper, die einen ganzen Abend füllt? In diesem Fall kann ich Ihnen sagen, daß ich sie als solche vom ersten Augenblick an geplant habe. Ich wollte ein «très grand bateau» haben.

Können Sie, Meister, ein Motiv oder einen Akkordkeim oder auch den Anfang einer musikalischen Idee benennen, aus dem heraus sich das Werk allmählich entwickelt hat? (Wie zum Beispiel ‹Le Sacre› vom Akkord der «Augures printaniers».)

Jede Aufgabe hat die ihr eigenen Lösungen. Für ‹The Rake› kam mir der erste Einfall vom Gesamtbild, von der klanglichen Dimension her, in der – so verstand ich es von allem Anfang an – die Oper Gestalt annehmen mußte: ein kleines Orchester, wenige Hauptpersonen, ein kleiner Chor. Kurz gesagt «Kammermusik», so wie – um ein Beispiel zu nennen – ‹Così fan tutte›. Das erklärt, wieso und warum ich besonderen Wert darauf gelegt hatte, daß die Welturaufführung in einem Rahmen erfolge, wie ihn das Teatro Fenice besitzt, anstatt in der Metropolitan, die zuerst die Oper von mir verlangt hatte, oder in der Scala. Nachher kann sie natürlich auch in den größten Theatern aufgeführt werden, und es steht ihr frei, ihren Weg zu machen. Aber ihre Taufe mußte sie in Gemäßheit des Bildes erhalten, nach dem sie geschaffen wurde.
    Was die zeitliche Folge der Komposition betrifft, sie war genau die gleiche wie in der Oper. Ich habe mit den ersten Takten begonnen, mit denen sie anfängt – nicht Ouvertüre, nicht «gewichtiges» Vorspiel, sondern einfach in der Bedeutung eines «on va commencer» – die letzten Takte waren die, die sie jetzt auch abschließen.

Was zieht Sie an dem Vorbild der italienisch-mozartschen Opern mit ihrer auf geschlossenen Nummern aufgebauten Struktur an?

Die Oper hat mich immer interessiert, während ich dem Musikdrama keinen Geschmack abgewinne und noch weniger daran glaube. Moussorgsky beispielsweise ist unleugbar ein großer Künstler, aber während ich Glinka und seine Opern bewundere, sagt mir ‹Boris Godunow› gar nichts.

Und der ‹Pelléas und Mélisande› von Debussy?

Noch weniger. Das Musikdrama kann keine Tradition schaffen. Es ist das totale Fehlen der Form. Und: Kunst ohne Kanon hat für mich keinerlei Interesse. On doit toujours se borner, se donner des limites. Was auch Vorbedingung dafür ist, wirklich frei zu sein; man erlangt die Freiheit nicht, wenn man keine Beschränkungen annimmt, wenn man

nicht innerhalb fest bestimmter Grenzen arbeitet, zwischen einem
Anfang und einem Ende. Das Vage, Unbestimmte ist verdächtig.
Schauen wir etwa selbst auf Verdi. Im ‹*Othello*› und im ‹*Falstaff*› als er
sich auf den Weg des Musikdramas begab, hat er sich selbst verloren;
welch bewundernswerte Oper dagegen die ‹*Traviata*› und vor allem der
‹*Troubadour*›. Kein Wunder; in beiden stützt sich die Schönheit auf
eine klare musikalische Architektur.

Das ist der katholischen Auffassung der Freiheit sehr ähnlich.

Der römisch-katholischen, gewiß. Aber das ist nicht erstaunlich. Ich
bin in der tiefen Bewunderung des Katholizismus aufgewachsen, wozu
mich sowohl meine geistige Erziehung als auch meine Natur gebracht
haben (ich bin viel mehr Abendländer als dem Osten zugehörig). Die
orthodoxe Religion, die ich bekenne, steht im übrigen dem Katholizismus nahe genug. Und es wäre nicht zu verwundern, wenn ich eines
Tages katholisch würde.

*Um zu Ihrer Kunst zurückzukehren, Meister, es ist doch so, daß die Liebe
zur Form Ihre Kunst keineswegs hindert, eine ursprüngliche Ausdrucks-
kraft zu besitzen und zu entwickeln?*

Natürlich nicht, nur daß der Ausdruck sich nicht selbständig machen,
daß er nicht vom Wesen des künstlerischen Schaffensvorgangs getrennt werden kann, daß er eine Folge der guten Kunst ist und ihr nicht
etwa voraufgeht. Verfährt man im Gegenteil, legt man ihn als primus
fest, gelangt man – in gutem oder schlechtem Glauben – dahin, ihn mit
der Improvisation zu verwechseln, in der gleichen Weise, wie die
meisten Menschen Freiheit mit Leichtfertigkeit verwechseln. Erste
Bedingung einer guten Kunst ist immer und vor allem eine gute
Machart. On doit passeder l'objet. Das Ungenaue ist nur verdächtig.

*Dürfen wir in dem Glauben, den Sie wiederholt zu ‹The Rake's Progress›
geäußert haben, auch ein Glaubensbekenntnis zur Oper in der Zukunft
erblicken, oder das Glaubensbekenntnis des Künstlers, der, frei und
einsam, die Blüte einer Kultur feiert?*

Ich halte viel auf diese echte Oper, während ich – ich wiederhole es – an
das Musikdrama nicht glaube. Deshalb, meine ich, sollte man sie
aufmerksam betrachten und auf diesem Weg nur fortfahren.

II. Entstehung und erste Aufführungen

Der amerikanische Dirigent und Musikschriftsteller Robert Craft (geb. 1923) lernte Igor Strawinsky zu Anfang des Jahres 1948 kennen, also etwa in der Zeit, als Wystan Hugh Auden dem Komponisten das soeben fertiggestellte Libretto zu ‹The Rake's Progress› überreichte. Bis zu Strawinskys Tod am 6. April 1971 war Craft eine Art «Eckermann der Musik» bei Strawinsky, ja eigentlich noch mehr als das: Er war der Berater, teilweise auch Anreger in musikalischen, speziell in kompositionstechnischen Fragen, machte dabei auch den zunächst noch zögernden Strawinsky kurz nach Arnold Schönbergs Tod (13. Juli 1951) mit dessen Zwölftontechnik vertraut, dirigierte und propagierte (durch gezielte Werkanalysen) seine Musik und veröffentlichte schließlich eine Reihe überaus wertvoller Interviews mit und Tagebuchnotizen über den großen alten Komponisten, deren durchaus persönlich gefärbter Tonfall vielleicht nicht immer authentisches Quellenmaterial bereitstellt, die aber doch für die Strawinsky-Forschung unentbehrlich sind. In dem folgenden Auszug aus den 1961 erstmals in deutscher Übersetzung vorgelegten ‹Gesprächen› – es handelt sich um die Zusammenfassung von zwei originalen amerikanischen Ausgaben, den ‹Conversations with Igor Strawinsky› (1959) und den ‹Memories and Commentaries› von 1960 – äußert sich Strawinsky – mit etlichen Zitaten aus Briefen des Librettisten an ihn – über Anlaß und Entstehung seiner einzigen abendfüllenden Oper.

Das erste Bild der Kupferstich-Serie ‹The Rake's Progress› von William Hogarth (1732/33): ‹Der junge Erbe übernimmt seinen Besitz›.

Aus den Gesprächen Igor Strawinskys mit Robert Craft: W. H. Auden und ‹The Rake's Progress›

Wie kamen Sie dazu, ‹The Rake's Progress› als Vorlage und W. H. Auden als Librettist Ihrer Oper zu wählen? Welcher Anteil an der Handlung, an den Charakteren, den Szenen und den Folgen von Musiknummern geht auf Ihre gemeinsame Planung mit Auden zurück? Was sind Ihre jetzigen Ansichten über Stil und Konstruktion der Oper?

Die Bilderfolge ‹*Rake's Progress*› von Hogarth, die ich 1947 bei einem zufälligen Besuch des Chicago Art Institute sah, regte bei mir sogleich eine Reihe von Opernszenen an. Ich war indessen auch gerade besonders empfänglich für eine solche Anregung, denn schon seit meiner Ankunft in den Vereinigten Staaten hatte ich den Wunsch, eine Oper in Englisch zu komponieren. Ich wählte Auden auf Empfehlung meines guten Freundes und Nachbars Aldous Huxley: zu jener Zeit kannte ich von ihm einzig den Kommentar zum Film ‹Night Train›. Als ich Huxley schilderte, welche Art Versoper ich wünschte, versicherte er mir, Auden sei der Dichter, mit dem ich zusammenarbeiten könnte. So schrieb ich im Oktober 1947 an Auden und setzte ihm meinen ‹Rake's Progress›-Plan auseinander. Seine Antwort:

7 Cornelia Street, New York 14, N. Y.
12. Oktober 1947

Dear M. Strawinsky,
vielen Dank für Ihren Brief vom 6. Oktober, der heute morgen eintraf.

Wie Sie sagen, ist es schrecklich ärgerlich, wenn man Tausende von Meilen voneinander weg ist, aber wir müssen uns behelfen so gut es geht.

Da (a) Sie es sind, der sich bereits seit einiger Zeit mit ‹The Rake's Progress› befaßt hat, und es (b) die Aufgabe des Textautors ist, den Komponisten zufriedenzustellen, nicht anders herum, wäre ich Ihnen äußerst dankbar, wenn Sie mich irgendwelche Gedanken wissen lassen könnten, die Sie sich bereits über Personen, Handlung usw. gemacht haben mögen.

Ich denke, das Irrenhaus-Finale tönt ausgezeichnet, aber zum Beispiel: wenn er dann Geige spielt, möchten Sie die Geige durch die ganze Geschichte ziehen?

Sie sprechen von «free verse preliminary». Möchten Sie Arien und Ensembles endgültig in freien Versen haben oder nur als Grundlage zur Auseinandersetzung über die Form, die sie dann wirklich haben sollen? Wenn sie gesprochen würden, müßten sie nach dem Stil des 18. Jahrhunderts natürlich in Reimen sein, aber ich weiß, wie anders es ist, wenn die Worte in Musik gesetzt sind.

Ich habe eine Idee – sie mag lächerlich sein –, wonach zwischen den zwei Akten eine chorische Parabasis sein sollte wie bei Aristophanes.

Ich brauche kaum zu sagen, daß die Möglichkeit, mit Ihnen zusammenzuarbeiten, die größte Ehre meines Lebens ist.

Ihr sehr ergebener   Wystan Auden

PS. Ich hoffe, Sie können meine Handschrift lesen. Unglücklicherweise kann ich nicht tippen.

Das zweite Bild der Kupferstich-Serie ‹The Rake's Progress› von William Hogarth (1732/33): ‹Von Künstlern und Gelehrten umgeben›.

Ich lud ihn dann ein, in mein Haus in Kalifornien zu kommen, wo wir zusammenarbeiten könnten. Am 24. Oktober erhielt ich seine telegrafische Antwort:

vielen dank für telegramm und großzügiges anerbieten nehme verschämt an vorschlage abfahrt new york zehnten november falls es ihnen paßt

wystan auden

Er traf nachts ein, mit einem kleinen Handkoffer und einem mächtigen Kuhfellteppich, einem Geschenk für mich von einem Freund in Argentinien. Meine Frau hatte befürchtet, daß unser Extrabett, eine Studiocouch, nicht lang genug für ihn sein könnte, aber als wir dieses großen blonden intellektuellen Bluthundes in unserer Haustür ansichtig wurden (bevor eine Stunde vorbei war, wußten wir indessen, daß er ein sehr sanfter und liebenswerter Bluthund sein werde, wenn auch superintellektuell), war es uns klar, daß wir noch zu wenig befürchtet hatten. Er schlief mit dem Körper auf der Couch, die Füße, von einem mit Büchern festgehaltenen Leintuch bedeckt, auf einen dazugestellten Sessel gelegt, wie das Opfer eines menschlicheren und vernünftigeren Prokrustes.

Früh am nächsten Morgen begannen wir, gestärkt durch Kaffee und Whisky, an ‹Rake's Progress› zu arbeiten. Beginnend mit einem Helden, einer Heldin und einem Bösewicht und auf Grund eines Beschlusses, daß diese Leute ein Tenor, ein Sopran und ein Baß sein sollten, gingen wir dazu über, eine Reihe von Szenen zu erfinden, die zum letzten, in unserer Vorstellung bereits verankerten Bild in Bedlam hinführen. Wir hielten uns zunächst eng an Hogarth, bis unsere eigene Geschichte eine andere Bedeutung anzunehmen begann.

Mother Goose und die Häßliche Herzogin* waren Audens Beitrag, aber die Handlung und das Schema ihres Ablaufs wurden von uns gemeinsam Schritt für Schritt ausgearbeitet. Wir versuchten auch, das dramatische Schema mit einer provisorischen Anordnung der Musiknummern wie Arien, Ensembles und Chören in Übereinstimmung zu bringen. Auden sagte immer wieder: «Let's see, now . . . ah, ah, ah . . . let's see . . . ah . . . ah . . .», und ich ließ mich entsprechend auf russisch vernehmen, aber nach zehn Tagen hatten wir die Umrisse festgelegt, die sich nicht wesentlich von der Anlage des endgültigen Textbuchs unterscheiden.

Auden faszinierte und entzückte mich von Tag zu Tag mehr. Wenn wir nicht arbeiteten, pflegte er mir Versformen zu erklären und dafür, so schnell er nur schreiben konnte, Beispiele zu improvisieren; ich besitze noch ein solches Muster für eine Sestine und einen leichten Vers, den er für meine Frau kritzelte. Jede technische Frage, beispielsweise der Versifizierung, weckte sein leidenschaftliches Interesse; er war sogar beredt in solchen Dingen.

Die Schaffung von poetischen Werken schien er als eine Art von Spiel zu betrachten, wenn auch in einem magischen Kreis zu spielen. Der letztere war bereits gezogen, und Audens Aufgabe, wie er sie sah, bestand darin, seine Regeln neu zu fassen und zu behüten. Alles, was er über Kunst äußerte, war gewissermaßen *sub specie ludi* gesagt.

Ich entsinne mich einiger Dinge, die er während dieses ersten Besuchs äußerte – leider freilich nicht mehr der genauen Worte. Er pflegte stets kleine scholastische oder psychoanalytische Thesen aufzustellen:

---

* *Gemeint ist die Türkenbaba.*

Das dritte Bild der Kupferstich-Serie ‹The Rake's Progress› von William Hogarth (1732/33): ‹Szene in der Taverne›.

«Engel sind rein gedacht (*pure intellect*)»; «Tristan und Isolde waren Einzelkinder, die niemand liebhatte»; Pelléas hatte «beängstigende trichomanische Neigungen»; «das Anzeichen des Verlustes männlicher Kraft ist das Nachlassen in der Pünktlichkeit» (Auden selbst lebte genau nach der Uhr – «Ich bin nur hungrig, wenn die Uhr sagt, daß es Zeit zum Essen ist»), und bei der Frau sah er den entsprechenden Niedergang, wenn sie sich nicht mehr für Kleider interessierte. Auch solche Bemerkungen gehörten – so scheint es – zum Spiel.

Ich war zunächst verblüfft durch das, was ich für Widersprüche in seiner Persönlichkeit hielt. Er pflegte einen stetigen Kurs der Vernunft und Logik zu steuern und doch seltsame, wenn nicht sogar abergläubische Ansichten zu haben – über Graphologie beispielsweise (ich besitze ein graphologisches Diagramm mit einer Analyse in seiner Handschrift, ein Souvenir an einen Abend in Venedig), über Astrologie, über die telepathischen Kräfte der Katzen, über schwarze Magie (wie sie in den Romanen von Charles Williams geschildert wird), über die Temperamentkategorien (ich war ein «Dionysier», wenn ich zufällig nachts arbeitete), über Vorbedeutung und Schicksal.

Ein anderer Widerspruch in ihm, der aber mehr nach außen hin in Erscheinung trat, als ihm wirklich entsprach, war sein Auftreten als Bürger. Wie erhaben er sich auch mit seiner Kritik der Gesellschaft gab, so war er doch fast allzu gewissenhaft in der Erfüllung seiner demokratischen Alltagspflichten. Er stellte sich sogar für Geschworenengerichte zur Verfügung. (Ich erinnere mich, wie er zwei Wochen lang in einem solchen saß: «. . . natürlich nicht um der Gerechtigkeit willen – ich hatte alles Verständnis für die Sache, um die es ging –, sondern weil die Hausfrauenjuristen nur von Rachgier geleitet waren.») Er war echt – und mit Recht – empört darüber, daß wir es versäumten zu wählen.

Audens Geisteshaltung war didaktisch; aber sie war glücklicherweise – für mich wenigstens – auch heuristisch. Von wenig Menschen habe ich so viel gelernt, und als er uns verließ, begannen Bücher, von denen er gesprochen, von Groddeck bis de Tocqueville, in unserer Bibliothek aufzutauchen. Und sein Einfluß beschränkte sich nicht auf Literatur, denn so ausgezeichnet auch seine Betrachtungen über Literatur waren (weshalb ist das, was er über Santayana, über Yeats und über so manchen andern schrieb, noch nicht gesammelt herausgekommen?), so schien er mir doch stets noch tiefer als Moralist – er ist wahrhaftig einer der wenigen Moralisten, deren Ton ich ertrage.

Zwei Begebenheiten außerhalb unserer Arbeit sind mir von seinem Besuch haftengeblieben. Eines Tages beklagte er sich über Druck in den Ohren. Wir brachten ihn zu einem Arzt, der aus beiden Ohren große Schmalzklümpchen entfernte. Auden fand das sehr interessant, und er sprach noch wiederholt von den «außerordentlichen kleinen Kreaturen», die sich in seinen Hörkanälen eingenistet hatten. Wir besuchten auch einmal zusammen eine Darbietung von ‹Così fan tutte› auf zwei Klavieren – vielleicht ein Wink des Schicksals, denn ‹Rake› verdankt ‹Così›* sehr viel.

Nach Audens Rückkehr nach New York trafen folgende Briefe von ihm ein:

---

* *Vgl. Dokumentation, S. 268.*

Das vierte Bild der Kupferstich-Serie ‹The Rake's Progress› von William Hogarth (1732/33): ‹Verhaftet wegen Diebstahls›.

7 Cornelia Street, New York 14, N. Y.
20. November 1947

Liebe Frau Strawinsky,
zunächst ein Bericht über meine Besorgungen. Ich habe
a) den Brief an die Guggenheim Foundation aufgegeben,
b) Miss Beau angerufen,
c) Herrn Heinsheimer angerufen.
Die Reise war ein Albtraum. Der Flug wurde abgesagt; ich wurde auf
eine Lokallinie der American Airlines umgebucht, Abflug 7 Uhr früh,
überall Zwischenlandung, Ankunft 4 Uhr heute morgen. Die Mahlzei-
ten hätten, wie gewohnt, selbst die Geduld eines Theaterpfarrers auf
die Probe gestellt; so können Sie sich denken, wie mir zumute war nach
einer Woche Ihrer luxuriösen Küche. Und schließlich wartete hier

256

natürlich ein Stoß dummer Briefe auf mich, die beantwortet sein wollten – eine Arbeit, die ich verabscheue. Mein einziger Trost ist das Vergnügen, Ihnen diesen *Bread-and-butter*-Brief (wie sagen Sie das auf russisch?) zu schreiben. Ich genoß jede Minute meines Aufenthaltes, dank Ihnen beiden, und ich freue mich voller Ungeduld auf unser nächstes Zusammensein.

Grüße an Wassily[1], das krankheitliebende Fräulein, Popka, Madame Sokolow, La Baroness des Chats, usw.

Yours ever
Wystan Auden

PS. Möchten Sie beiligendes Blatt dem Maestro geben?

(Beiliegendes Blatt*:) – Du Syllabiste – Au compositeur.
Memo. Act I, Sc. 1.

Cher Igor Strawinsky,
Je crois que ça sera mieux si c'est un oncle inconnu du héros au lieu de son père qui meurt, parce que comme ça, la richesse est tout à fait imprévue, et la note pastorale n'est pas interrompue par le douteur, seulement par la présence sinistre du vilain. En ce cas, la girl posèdera un père, pas un oncle.

Etes-vous d'accord? Je tiendrai silence pour oui,

Wystan Auden

PS. Ich kann gar nicht sagen, welches Vergnügen es ist, mit Ihnen zusammenzuarbeiten. Ich hatte so Angst, Sie könnten eine Primadonna sein.

Salut au «making»

---

1 Wassily war unsere Katze; das «krankheitliebende Fräulein» (im Original deutsch) *ist* unsre Haushälterin Eugenia Petrowna; Popka, unser Papagei – wir besaßen damals 40 Papageien –, war der besondere Liebling von Eugenia Petrowna, eine Beziehung, die beängstigend an Flauberts ‹*Félicité*› erinnerte; Madame Sokolow war die Gattin des Schauspielers und eine liebe Freundin und Nachbarin; die Baronin war Catherine d'Erlanger, eine andere Freundin und Nachbarin.

* *Vom Verseschmied – An den Komponisten*
Lieber Igor Strawinsky,
Ich glaube es wäre besser, wenn anstelle des Vaters ein unbekannter Onkel des Helden stirbt, denn dann kommt der Reichtum vollkommen unvorhergesehen, und die pastorale Stimmung wird nicht durch den Zweifler unterbrochen, sondern nur durch die unheilverkündende Gegenwart des Bösen. In diesem Fall hätte das girl einen Vater und nicht einen Onkel. Sind Sie einverstanden? Wenn Sie nicht antworten, nehme ich das für ein Ja,

Wystan Auden

Das fünfte Bild der Kupferstich-Serie ‹The Rake's Progress› von William Hogarth (1732/33): ‹Heirat mit einer alten Jungfer›.

7 Cornelia Street, New York 14, N. Y.
16. Januar 1948

Lieber Igor Strawinsky,
hier der erste Akt. Wie Sie sehen werden, habe ich einen Mitarbeiter beigezogen, einen alten Freund von mir, in dessen Begabung ich das größte Vertrauen habe[2].

Wir sind jetzt mitten in Akt II, den ich schicke, sobald er fertig ist.

Ich habe die Stellen angezeigt, wo der Text leicht gekürzt werden

2 Chester Kallman; von ihm stammen im ersten Akt der letzte Teil der ersten Szene (nach der Arie «Since it is not by merit»), die ganze zweite Szene, im zweiten Akt die erste Szene bis und mit der Arie von Tom «Vary the song» und die ganze zweite Szene, im dritten Akt die erste Szene (mit Ausnahme der Worte hinter der Szene von Tom und Shadow) und das Karten-Ratespiel in der zweiten Szene. Auden schrieb natürlich alles übrige.

kann, wenn Sie das wünschen; aber Sie sollen sich natürlich nicht abhalten lassen, Ihre eigenen Striche zu machen.
Mit wärmsten Empfehlungen an Mrs. Strawinsky und alle andern.

Yours ever
Wystan Auden

Ich war begeistert vom ersten Akt, befürchtete aber, er könnte zu lang sein.

Auden telegrafierte:

24. Januar 1948

vielen dank für telegramm werde akt zwei montag schicken seien sie nicht beunruhigt über übertriebene länge kann ad lib gekürzt werden wenn wir uns treffen hoffe sie kommen märz bevor ich siebten april verreise wystan auden.

7 Cornelia Street, New York 14, N. Y.
28. Januar 1948

Lieber Igor Strawinsky,
voici Acte II. Es schien mir am besten, die Auktionsszene in den dritten Akt zu verlegen, weil dort die Pause kommt. Habe einige kleine Änderungen in unserm ursprünglichen Konzept vorgenommen, um jeden Schritt von ‹Rake's Progress› einmalig zu machen, nämlich:
Bordel – Le plaisir.
Baba – L'acte gratuit.
La Machine – Il désire devenir Dieu.
Wie ich in meinem Telegramm sagte, sollen Sie sich nicht wegen der Länge beunruhigen. Wenn Sie einmal das Ganze vor sich haben, können Sie sich Ihre eigene Meinung bilden, und es wird nicht schwer halten, Kürzungen und Änderungen vorzunehmen.

Yours ever
Wystan Auden

Unser nächstes Zusammentreffen fand am 31. März 1948 im Hotel «Raleigh» (genauer: in der «Lily Pons Suite»), Washington, D. C., statt. Auden hatte das fertige Textbuch inzwischen T. S. Eliot gezeigt (Eliot hatte auf einen *split infinitive*[3] und einen Anachronismus –

---

3 Anmerkung des Übersetzers: *split infinitive* ist eine sprachliche Unebenheit im Englischen, bei welcher der Infinitiv durch einen Satzteil von *to* getrennt ist.

Das sechste Bild der Kupferstich-Serie ‹The Rake's Progress› von William Hogarth (1732/33): ‹Szene in einem Spielkasino›.

alluvial, wenn ich nicht irre; *fluminous* würde das zu Hogarths Zeiten verwendete Wort gewesen sein – hingewiesen). Wir verbrachten den Tag zusammen über der Arbeit, und ich traf ihn in der Woche darauf in New York wieder, nach einer Aufführung der ‹*Johannespassion*›, in der Hindemith die Viola d'amore gespielt hatte.

> 7 Cornelia Street, New York 14, N. Y.
> 22. November 1948

Lieber Igor Strawinsky,
gestern kam ich von Washington zurück und fand Ihren Brief vor. Ich lege einen weitern Vers bei, der für mein Empfinden vorangehen sollte. Es ist schwierig, in diesem Metrum eine *genaue* rhythmische Identität

zu erreichen – zum Beispiel *who cares what* ist leicht verschieden von *far too soon* –, aber sie kommen sich, wie ich hoffe, nahe genug. Für den Fall, daß Sie meine Bleistifteintragung nicht lesen können, lasse ich hier den Vers in Versalien folgen:

SOON DAWN WILL GLITTER OUTSIDE THE SHUTTER
AND SMALL BIRDS TWITTER; BUT WHAT OF THAT?
SO LONG AS WE'RE ABLE AND WINE'S ON THE TABLE
WHO CARES WHAT THE TROUBLING DAY IS AT?*

Ich finde sehr aufregend, was ich von Robert Craft über die Musik höre. Sehr Mozartisch, sagt er.

> Yours ever
> Wystan Auden

> Via Santa Lucia 22, Forio d'Ischia, Prov. di Napoli
> 28. April 1949

Der Sirocco bläst, das ist ein guter Tag zum Briefeschreiben. Ankunft nach einer *sehr* langweiligen Reise gerade vor Ostern, als die Madonna die Straße hinunterlief, um ihren Sohn zu treffen, zum Klang von Explosionen. Ihre Fotografie prangt in der Küche. Hoffe, daß Akt II gut vorankommt. Ich meckere dieserhalb weiterhin bei St. Restituta.

> Love to all
> Wystan

> 7 Cornelia Street, New York 14, N. Y.
> 24. Oktober 1949

Lieber Igor,
vielen Dank für Ihren Brief.

Um Baba nach Charakter und Empfindung von dem Liebespaar zu unterscheiden, scheint es mir, daß ihr Rhythmus unregelmäßiger und das Tempo ihrer Aussage schneller sein sollte. Bei der Niederschrift ihrer Rolle habe ich deshalb jede Zeile Babas die doppelte Anzahl von Hebungen gegeben wie den entsprechenden Zeilen von Anne oder

---

* *Bald wird der Tag vor den Läden dämmern*
  und kleine Vögel werden zwitschern. Aber was tut's?
  So lange wir trinken können und Wein auf dem Tisch steht,
  wer schert sich um den lästigen Tag? (Erster Akt, zweites Bild)

Das siebente Bild der Kupferstich-Serie ‹The Rake's Progress› von William Hogarth (1732/33): ‹Gefängnisszene›.

Tom. Wenn Sie finden, ich habe ihr zu viele Zeilen gegeben, lassen sich Striche leicht machen.

Viel herzliche Grüße Ihnen und Vera, und kommen Sie bald nach Osten.

Wystan

7 Cornelia Street, New York 14, N. Y.

Lieber Igor,

falls Sie das Trio im zweiten Akt, Szene 2, noch nicht komponiert haben, ist hier eine zweite Fassung für Babas Rolle zum Auswechseln, darin entsprechen die Reime den andern; vielleicht, daß Sie diese Version der früher geschickten vorziehen.[4]

4 Tatsächlich wurde der ursprüngliche Text beibehalten.

Ich freue mich darauf, am Montag ‹*Persephone*› zu hören.[5]

Love to you both
Wystan

BABA
I'm waiting, dear . . . Have done
With talk, my love . . . I shall count up to ten . . .
Who is she? *One* . . .
Hussy! . . . If I am found
Immured here, dead,
I swear . . . *Two* . . . I'll haunt you . . .
Three . . . You know you're bound
By law dear . . . *Four* . . . Before I wed
Could I . . . *Five, Six* . . . have . . . *Seven* . . . then
Foreseen my sorrow? . . . *Eight, Nine* . . . *Ten* . . .
O never, never, never . . .
I shall be cross, love, if you keep
Baba condemned to gasp and weep
Forever.

7 Cornelia Street, New York 14, N. Y.
14. Februar 1951

Lieber Igor,
vielen Dank für Ihren Brief.

Bin begeistert zu hören, daß Akt III, Szene 3, fast beendet.

Herr Kallman und ich sind etwas beunruhigt wegen der Regie.[6] Wie Sie sich vorstellen können, sind wir als die Textautoren ebenso an dem Ablauf auf der Bühne interessiert wie Sie am Singen.

Falls es ermöglicht werden kann, würden Kallman und ich gerne als Berater dabei sein, wenn die Proben beginnen.

Hoffe, Sie haben es schön in Cuba.

Love to all
Wystan

5 Ein von Robert Craft dirigiertes Konzert in der Carnegie Hall, in dem Auden eine Folge seiner Gedichte las.
6 Es war vereinbart worden, daß der ‹*Rake*› im September im Theater La Fenice in Venedig aufgeführt werden sollte.

Das achte Bild der Kupferstich-Serie ‹The Rake's Progress› von William Hogarth (1732/33): ‹Szene in der Irrenanstalt› (vgl. dazu die Szenenbeschreibung der dritten Szene des dritten Aktes in Strawinskys Oper).

Via Santa Lucia 14, Forio d'Ischia, Prov. di Napoli
9. Juni 1951

Lieber Igor,

Dank für Ihren Brief vom April. Alles ist hier offenbar noch in einem großen Durcheinander, und ich hoffe, daß wir nicht eine improvisierte Vorstellung mit in letzter Minute angebotenen Sängern, Bühnenbildnern usw. erhalten werden.

Herr Kallman, der in New York die Korrekturabzüge des Klavierauszugs durchgelesen hat, schreibt mir, daß in Akt II, Szene 1 (Seite 85), in den Regieangaben vor Nr. 48 jetzt steht, daß Baba für das Publikum in voller Vorderansicht [boradsheet] sichtbar sein soll. Meinten Sie es wirklich so? Denn es scheint mir zwei ernsthafte Einwände zu geben:

264

1. Es ist physisch unmöglich, die Vorderansicht so zu zeigen, daß sie in allen Teilen des Hauses gleich sichtbar ist. Die Zuschauer, die sie nicht sehen, werden verärgert sein.

2. Noch wichtiger: Wenn an dieser Stelle enthüllt wird, daß Baba einen Bart hat, wird dadurch der dramatische Effekt im Finale zum zweiten Akt, Szene 2, verdorben.

Ich weiß, Sie haben schrecklich viel zu tun, drum kümmern Sie sich nicht um eine Antwort, sofern Sie nicht heftig anderer Meinung sind.

In der Freude, Sie bald in Italien zu sehen,

Love to all
Wystan

Igor Strawinsky bei der Zusammenarbeit mit Robert Craft, seinem Vertrauensmann, künstlerischen Anreger, Propagandist und Organisator. Robert Craft hat, als Zeichen seiner seit 1948 anhaltenden Beratertätigkeit bei Strawinsky, zahlreiche Gespräche, Tagebuchnotizen und auch Werkstattberichte einschließlich Werkanalysen der Musik seines «Meisters» veröffentlicht. Eine kritische Auswertung seiner umfassenden Zusammenarbeit mit Strawinsky steht bis heute noch aus.

Aus den Tagebüchern Robert Crafts

31. März 1948

Washington, D. C. Als ich heute morgen im Hotel Raleigh zu meiner Verabredung mit Strawinsky eintreffe, geht Auden auf und ab in der Halle. «Der Nachtzug aus Pittsburgh hatte Verspätung», sagt er, «und die Straws empfangen noch nicht.» Ob er dann nicht, frage ich ihn, ein zweites Frühstück haben möchte? Aber nein, das möchte er nicht: «Es gibt keine knusprigen Brötchen in Amerika.» Statt dessen zappelt er umher, raucht kettenweise und liefert eine Laienanalyse «des alten Knaben, für den offensichtlich Geld die Mutterfigur darstellt». Plötzlich fällt ihm ‹*The Rake's Progress*› ein: er gräbt in einem ramponierten Diplomatenkoffer und holt das Typoskript hervor, das in ein Exemplar der *New York Times* eingewickelt ist. Weil er vielleicht bloß mit einer kurzen Wartezeit rechnet, schlägt er das Libretto gleich bei der letzten Szene auf, reicht es mir und sagt: «Dies könnte Sie vielleicht interessieren.» Dann, während ich mich der Lektüre widme, schlägt er in der *Times* die Todesanzeigen auf, zeigt seine Enttäuschung, wendet sich daraufhin der Bücherseite zu, stöhnt und beobachtet mich danach aus dem Augenwinkel. Ich erkläre ihm, daß ich die Szene in Bedlam für die schönste Poesie halte, die je für eine Oper bestimmt war, und er reagiert darauf, indem er mir zusätzliche zehn Minuten zubilligt, den restlichen Text zu lesen, das heißt etwa die Zeit, die *er* gebraucht hätte, ihn zu lesen. Tatsächlich habe ich kaum die erste Szene beendet, als er aufspringt und verkündet: «Gewiß muß der alte Knabe jetzt soweit sein»; worauf er im Eilschritt sich zum Empfang begibt, um anzuläuten.

«Die Lily-Pons-Suite»: so verkündet das Türschild; aber uns wird Einlaß gewährt von der hochgewachsenen, königlich schönen Frau Strawinsky im blauen Turban und weißen Morgenrock aus Pikee. Herr Strawinsky wartet hinter ihr in einem Schlafrock; während der ganzen Unterhaltung versteckt er sich hinter ihr und bleibt in ihrem Schatten, eine kleine, zahme Maus bei einer großen, freundlichen Katze. Sie begrüßen mich herzlich und ersticken Auden, den sie seit den Besprechungen über das Libretto vergangenen November in Hollywood nicht gesehen haben, mit Küssen à la russe. Auden jedoch, so liebens-, ja küssenswert er auch ist, bleibt schließlich doch ein Produkt der englischen Privatschulen und ist von solch offenen Gefühlsbezeugungen einfach schockiert. Er zuckt zusammen und stellt schnell zur Ablenkung eine Reihe von Fragen nach der Gesundheit des Ehepaars Strawinskys, dem Haus und den Sperlingspapageien, nach anderen Vögeln und Katzen. Dann auch – ja, meine Güte: wir haben die Oper vergessen. Und wieder gräbt er nach dem Manuskript, das diesmal wie ein Schulaufsatz überreicht wird. Herr Strawinsky nimmt es feierlich, sogar abergläubisch entgegen und bittet Frau Strawinsky («Veruschka» diesmal, bei anderen Gelegenheiten «Vjerotschka») Whisky zu bringen: sonst nicht Audens Getränk, aber diesmal schluckt er es. [. . .]

Das Mittagessen ist einem eher zur Erholung von Strawinskys massiver Aufmerksamkeit unter vier Augen willkommen als in kulinarischer Hinsicht. Nun werden wir aber blau: ich jedenfalls. Und mein Kopf fängt an, sich wie ein Feuerrad zu drehen, als wir halbwegs durch die dritte Flasche Bordeaux durch sind, worauf Auden bei unversehrtem Verstand über die Linguistik als Schlüssel zur Gedankenstruktur zu plaudern anfängt und über die «britische Amme als wahren Quell aller Philosophie auf den empirischen Inseln des Empire». Er wertet die Philosophie weiter ab mit der Behauptung, daß «sie sowieso nichts anderes als ein Spiel sein kann», nach dem Wort des Paulus, daß «wir ein Teil dessen sind, was wir wissen». Abgesehen davon kann ich mich nur an das Getue von Strawinsky wegen eines wackligen Tisches erinnern, an den Verdruß, den ihm ein ungeschickt hantierender Kellner verursacht, an die Besessenheit, mit der er Brotkrümchen zusammenscharrt, und an die entschuldigende Geste, mit der er zwei Flecken an der Tischdecke wegreibt (wofür möchte er nur um Verzeihung bitten?). Er macht auch eine wunderbare Bemerkung, etwa des Inhalts, daß «Musik das beste Mittel ist, das wir haben, die Zeit zu verdauen». Und er redet ziemlich ausführlich über Wörter, was recht langsames und langwieriges Übersetzen mit sich bringt und wovon ich, wahrscheinlich wegen ihrer Unlogik, nur die Auskunft im Gedächtnis behalte, daß der russische Ausdruck für Marienkäfer «Gottes Kühlein» ist. Nach einigen Mokkatassen Espresso zieht sich Strawinsky auf ein Nickerchen zurück, wie er sagt; Frau Strawinsky jedoch prophezeit, es werde bis zum Abendessen dauern.

20. August 1951

[. . .] Was, fragt er*, wird aus dem versprochenen Besuch von Igor Strawinsky auf Ischia? Ich antworte, daß dieser nur stattfinden kann,

---

* *Wystan Hugh Auden, den Robert Craft auf Ischia besuchte.*

wenn die Ärzte ihn billigen und wenn Igor Strawinsky bereit ist, jenen
Spießruten von Journalisten zu trotzen, die jetzt rund um die Uhr in
der Hotelhalle Wache halten. «Ach», meint Wystan, «in Italien wird
man Journalisten los, wenn man vorgibt, an die Kirche zu glauben.
Daraufhin schauen sie dich so an, als ob du die Batistärmel der
Bischöfe trägst und schwärmen auseinander, wie wenn du Nachricht
von der Pest gebracht hättest.» In diesem Augenblick kommt ein
Kurier mit einer anderen Art von Nachricht an, in einem Expreßbrief,
den Wystan an mich weitergibt, mit der Bitte um eine gedrängte
Zusammenfassung des Inhalts, ohne auch nur einen Blick darauf zu
werfen. Es ist eine Einladung vom Intendanten der Scala, dem ‹Rake›
in Venedig auf Kosten seines Hauses beizuwohnen, und Wystan kann
seine Freude nicht verbergen.

Das Gespräch wendet sich automatisch dem ‹Rake› zu, und Wystan
erzählt noch einmal seine Geschichte von Benjamin Britten, der die
Oper sehr gern hat: «Alles außer der Musik» (eine Geschichte, die
Strawinsky nicht im geringsten amüsant fand). Wegen der Partitur
macht sich Wystan aber Sorgen. Ich glaube, wegen einiger der offen-
sichtlichen Ähnlichkeiten, wie beispielsweise zwischen der ersten Bed-
lam-Arie und einer Arie in ‹Semele›*; zwischen dem Fandango in der
Kirchhofszene und, nun gut, einem Fandango; und zwischen «Liebe,
verraten viel zu oft», «Hört, Vater Trulove», dem Hurenchor und drei
Nummern in ‹Così› «Un aura amorosa», «Vorrei dir» und «Di scri-
vermi ogni giorno». Kurz, was ist, wenn der große Alk (der weiße
Flecken um die Augen hatte und von den Neufundländer Indianern
Penguin genannt wurde) sich im Sinne der Umgangssprache als eine
Ente erweisen sollte? [. . .]

21. August 1951

[. . .] Als ich im Hotel ankomme, macht Dottore Musella seine Runde.
Soeben hat er verkündet, Igor Strawinsky sei von seiner Lungenent-
zündung geheilt, doch er verordnet für den Rest der Woche Bettruhe
und verbietet den Ausflug nach Ischia. (Igor Strawinsky sehr mager
und raubvogelhaft, die Knie unter das Kinn gekrümmt und eine
Packung heißer Kompressen auf dem Kopf, sieht einem Adler merkwürdig ähnlich.) Dottore Musella, wie viele von Igor Strawinskys
Ärzten in aller Welt, ist auf ein Kunstgespräch mit seinem Patienten
erpicht, aber als er den Namen von Eleonora Duse erwähnt, nimmt

---

* *Anspielung auf das gleichnamige Oratorium von Georg Friedrich Händel, der den größten
Teil seines Lebens in London verbrachte und gegen den die ‹Beggar's Opera› gerichtet war.*

Vera das Wort und beschreibt eine Vorstellung von ‹Nora›, die sie als Kind in Moskau sah, in der die Duse die Titelrolle auf italienisch spielte, «sekundiert» von einer russisch sprechenden Besetzung.

Als der Dottore sich verabschiedet hat, versucht Vera, Igor Strawinsky davon abzuraten, den ‹Rake› zu dirigieren, selbst wenn er seine Kräfte völlig wiedererlangt habe. Sein Wunsch, das Stück überhaupt dirigieren zu wollen, schreibt sie seiner Eitelkeit zu. Grollend antwortet Igor Strawinsky, daß er schließlich ein Ausführender sei, also ein Schauspieler, aber *nicht* ein eitler. «Schauspielern», fährt er fort, «ist ein wichtiges Element meines Charakters. Mein Vater war berühmter wegen seines darstellerischen Talents als wegen seiner Stimme. Und überdies spiele ich *gern*.» [. . .]

5. September 1951

Venedig. Wystan hat entdeckt, daß seine von der Scala finanzierte Unterkunft im Hotel Bauer ohne Bad und Ausblick ist, flieht zu der überdekorierten und luxuriös unbequemen Königlichen Suite der Igor Strawinskys und bricht in Tränen aus. Vera ruft daraufhin die *direzione* an und erklärt, daß Maestro Auden nicht nur der Mitautor der ‹Carriere dello Libertino› ist, sondern «eine Art von Guglielmo Shakespeare, der im Buckingham Palace vom König empfangen wurde». Selbstverständlich wird ein besseres Zimmer prompt gefunden, aber Wystans Tränen, die so viel Frustration und verletzten Stolz bekunden, haben uns alle bewegt: nicht weil er über das passendste Alter für sie hinaus ist, sondern wegen seines weit überlegenen Verstandes.

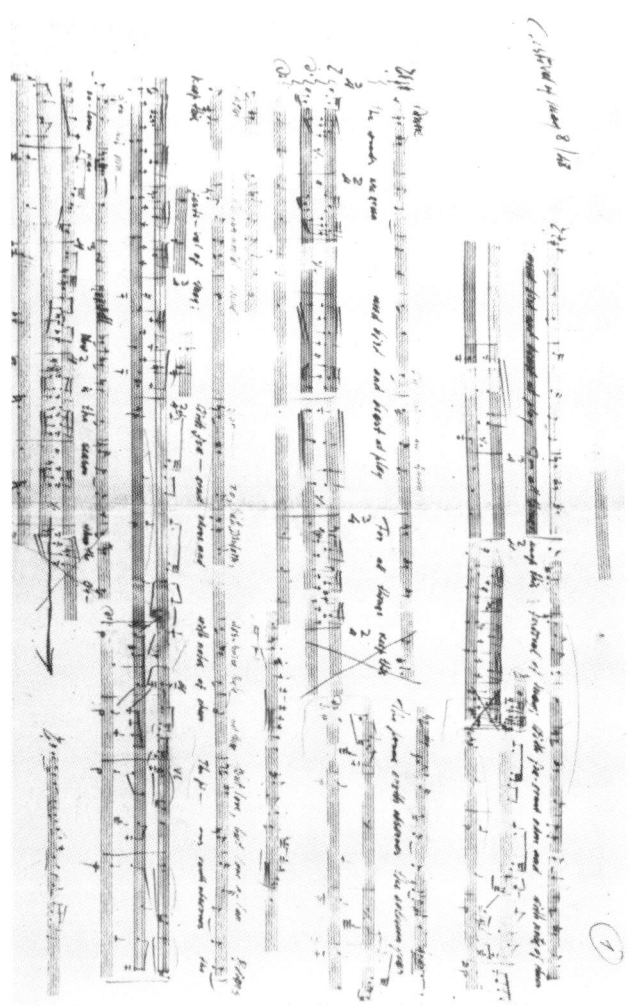

Eine Skizze zum Beginn des Duetts «The woods are green» (erster Akt, erste Szene) in der Handschrift Igor Strawinskys. Erkennbar wird die puzzleartige Kompositionsweise, die an die Arbeit der Wiener Klassiker erinnert, auf die sich, speziell auf Mozart, die Musik zu ‹Rake's Progress› in erster Linie bezieht.

Paul Griffiths*

Die Laufbahn eines Wüstlings

Man hat viel über die späte «Bekehrung» des über 70 Jahre alten
Strawinsky zum Serialismus geschrieben, dabei gab es schon früher
einen nicht minder unerwarteten und in seinen Konsequenzen ebenso
folgenreichen Einschnitt im Leben des Komponisten: seine Bekehrung
zur Oper, die zu ‹The Rake's Progress› führte. Bisher hatte er zwar eine
steigende Anzahl von Balletten geschrieben, aber für die Opernbühne
nur wenige, eher kleinformatige Werke komponiert. Selbst in der
Märchenoper ‹Le rossignol› (‹Die Nachtigall›, 1908–14) überwiegen
die Elemente des Tanztheaters, und sowohl ‹Les noces› (‹Die Hochzeit›, 1914–23) als auch ‹Renard› (‹Reineke Fuchs›, 1915/16) sind Bal-
lette mit Operneinlagen. ‹Mavra› (1921/22) ist zwar eine echte Oper,
aber bemerkenswert kurz und dabei durch Selbstironie gebrochen. In
‹Oedipus Rex› (1926/27) erstarrte das Musikdrama in der Statik eines
Oratoriums, während ‹Perséphone› (1933/34) die Form in eine Art von
Ballett-Kantate auflöst. Nichts in Strawinskys Œuvre bereitet auf
seine dreiaktige Oper vor, nichts weist darauf hin, daß er seine weitaus
längste Komposition ausgerechnet in einem Genre schreiben sollte, an
dem er sich bisher eher widerstrebend versucht hatte. Dabei übernahm
er die neue Aufgabe, eine Oper zu schreiben, ohne jede Zurückhaltung,
wobei es sich nicht um ein Auftragswerk handelte, wie sonst üblich,
und nicht einmal eine Aufführung in Aussicht stand. Die Erfahrung
des Triumphs der schöpferischen Persönlichkeit über alle Widerstände
ist vielleicht das, was uns an ‹The Rake's Progress› reizt: ein Triumph
über die Konventionen der «Nummernoper» des 18. Jahrhunderts und
gewissermaßen über sich selbst. Die Oper behandelt die Kraft der
Liebe, die den Menschen selbst aus der tiefsten Verstrickung lösen
kann, und die Existenz des Werkes, das Werk eines dezidierten Opern-
liebhabers, beweist seine eigene Moral.

Der Ausgangspunkt der Entstehung dieser Oper läßt sich zeitlich
genau festlegen: Am 2. Mai 1947 besuchte Strawinsky in Chicago eine
Ausstellung mit Arbeiten des englischen Malers und Karikaturisten
William Hogarth (1697–1764) und sah dort den 1732/33 entstandenen
achtteiligen Gemäldezyklus ‹A Rake's Progress› (‹Die Laufbahn eines

---

* Paul Griffiths, leitender Musikkritiker der Londoner «Times» und Musikschriftsteller
(Spezialist für Musik des 20. Jahrhunderts; vgl. Bibliographie).

Wüstlings›). Hier fand er nicht nur das Sujet, sondern auch den Titel seiner Oper, die er seit seiner Übersiedlung in die USA im Jahre 1939 geplant hatte, sondern auch den Namen ihres Helden: Tom Rakewell. Tom ist in Hogarths moralisierenden Bildern ein junger Mann, der ein großes Vermögen erbt, das er mit Huren und Spielern vergeudet, um schließlich im Irrenhaus zu enden, wo seine getreue frühere Geliebte ihn besucht. Strawinsky kannte vielleicht eine Ballettfassung dieses Stoffs, die Ninette de Valois 1939 mit pseudohändelscher Musik von Gavin Gordon choreographiert hatte, und vielleicht war ihm auch die Filmfassung aus dem Jahre 1945 bekannt, in der Rex Harrison die Hauptrolle spielte. Auf jeden Fall wählte er spontan diese Geschichte als Opernstoff und wandte sich an den ebenfalls in Kalifornien lebenden englischen Schriftsteller Aldous Huxley, der ihm einen Librettisten empfehlen sollte.

Huxley verwies den Komponisten auf Wystan Hugh Auden (1907–73), und nachdem Strawinsky über seinen Verleger vom grundsätzlichen Einverständnis des Dichters erfahren hatte, schrieb er Auden im Oktober 1947 über seine Vorstellungen; ihr Briefwechsel ist in den ‹Memories and Commentaries› von Strawinsky und Robert Craft abgedruckt. Schon damals wußte er, daß er «kein Musikdrama, sondern eine Oper mit eindeutigen einzelnen Nummern» komponieren und diese Nummern durch gesprochene Dialoge verbinden wollte, «weil ich das herkömmliche Opernrezitativ vermeiden will»; ‹The Rake's Progress› erhielt dann aber dennoch denkbar herkömmliche Opernrezitative. Strawinsky erwähnt in seinem ersten Brief an Auden außerdem, daß der Text die Atmosphäre von Hogarths Epoche aufnehmen, aber zugleich auch «ebenso zeitgenössisch wie meine Behandlung Pergolesis in meiner Pulcinella» sein sollte. Gerade die Vorstellung eines barocken Sujets im modernen Stil faszinierte Auden an dieser Aufgabe, die er mit großer Begeisterung übernahm.

Im folgenden Monat schrieb Strawinsky an seinen Verleger und bat um die Orchesterpartituren der Mozart/da Ponte-Opern und der ‹Zauberflöte›, die er als «Inspirationsquelle für meine zukünftige Oper» benutzen wollte. Dann kam es zum ersten Zusammentreffen mit Auden, als dieser sich für eine Woche im Haus des Komponisten aufhielt, um ein Szenarium zu skizzieren. Im Dezember 1947, noch bevor er auch nur Teile des Librettos gesehen hatte, begann Strawinsky mit der Komposition der Einleitung (für Streichquartett) zur Friedhofsszene. Inzwischen schrieb Auden den Text gemeinsam mit seinem Freund Chester Kallman. Strawinsky erfuhr von dieser Zusammenarbeit erst im Januar 1948, als er den fertigen ersten Akt erhielt, und war zunächst darüber verstimmt, daß Auden sich auf die Mitarbeit eines Dritten verließ; später war der Komponist von Kallmans Persönlichkeit ebenso wie von seiner Arbeit beeindruckt. Es wäre in der Tat kaum möglich, die einzelnen Beiträge der beiden Librettisten zu unterscheiden, wenn wir nicht wüßten, daß die Szene I, 1 bis zum Schluß von Toms Arie «Since it is not by merit», Annes Auftritt am Ende des ersten Aufzugs, außerdem II, 1 ab Shadows Rezitativ «Master, are you alone?», die Szene II, 3 und die in der folgenden die Szene Auktionsszene von Tom und Nick hinter der Bühne gesungenen Worte sowie das Schlußbild im Irrenhaus und der Epilog von Auden stammen. Da die beiden Autoren bei diesem Projekt eng zusammenarbeiteten und sich gegenseitig beeinflußten und berieten, muß man beiden die gleiche Verantwortung für den Text zuschreiben.

Ende Februar 1948 hielt Strawinsky das gesamte Libretto in Händen, das er für eines der besten Textbücher in der Geschichte der Oper hielt. Er hatte einen «Verseschmied, mit dem zusammen ich Lieder schreiben kann», gesucht, und die in den zahlreichen dramatischen Situationen des Buches enthaltenen Lieder boten ihm eine Vielfalt an Versformen. Darüber hinaus wollten die Librettisten sich als Verfasser des Textes nicht über Gebühr selbst herausstellen: die Verse eines Librettisten, schrieb Auden später, seien «nichts als ein persönlicher Brief an den Komponisten. Sie haben ihren großen Augenblick: den Augenblick, wenn sie ihm eine bestimmte Melodie suggerieren; danach sind sie ebenso abkömmlich wie die Infanterie für einen chinesischen General.» Auden war daher durchaus willens, Änderungen vorzunehmen, nachdem Strawinsky mit der Komposition begonnen hatte. Der erste Akt war bis zum Januar 1949 fertig, der zweite bis zum Februar 1950 und der letzte bis zum April 1951.

Zu diesem Zeitpunkt waren es nur noch fünf Monate bis zu der hastig arrangierten Uraufführung. Strawinsky hatte zunächst gehofft, seine Oper könnte (wie Menottis ‹Konsul› ein Jahr zuvor) in einem der kleineren New Yorker Theater gegeben werden, aber dafür fand sich keine finanzielle Unterstützung. Nicht zuletzt dank einer Summe von 20 000 Dollar, welche die italienische Regierung quasi als Auftragsentgelt in Aussicht gestellt hatte, konnte die Premiere schließlich am Teatro La Fenice in Venedig stattfinden, obwohl die Produktion von der Mailänder Scala zusammengestellt wurde. Bei der Premiere am 11. September 1951 war der gesellschaftliche Erfolg offenbar größer als der künstlerische. Tom wurde von dem amerikanischen Tenor Robert Rounseville gesungen, der, wie Vera Strawinsky bemerkte, «erst kürzlich, wenn auch nicht ganz, aus einer Filmkarriere mit entsprechender

Igor Strawinsky und Wystan Hugh Auden während einer der Mailänder Proben (August 1951) zur bevorstehenden Uraufführung von ‹The Rake's Progress›, für die Chor und Orchester der Mailänder Scala an das Teatro La Fenice ausgeliehen wurden.

Manier hervorgekommen» war; Jennie Tourel war als Baba nicht besonders glücklich besetzt, obwohl man sich andererseits kaum eine bessere Anne als Elisabeth Schwarzkopf hätte vorstellen können; Otakar Kraus (Shadow) und Hugues Cuénod (Sellem) wurden sehr gelobt; die Inszenierung war schwach und die musikalische Leitung des Komponisten nicht eben sicher.*

Die unbefriedigende Uraufführung stand der Verbreitung der Oper jedoch nicht im Wege. Die deutsche Erstaufführung fand noch im gleichen Jahr in Stuttgart statt (unter dem Dirigenten Ferdinand Leit-

---

* *Vgl. dazu die Besprechung des Uraufführungsmitschnitts in der Diskographie des vorliegenden Bandes.*

ner), gefolgt von Inszenierungen in Zürich und Mailand; 1952 wurde die Oper in Wien, Genf, Straßburg und an anderen deutschen Häusern inszeniert, und 1953 fanden Aufführungen in Paris, in London, beim Edinburgh Festival und an der New Yorker Metropolitan Opera statt. Mit der New Yorker Besetzung wurde das Werk später unter der musikalischen Leitung des Komponisten bei Columbia erstmals auf Schallplatte aufgenommen.* Seitdem wurde ‹The Rake's Progress› häufiger inszeniert als alle anderen nach Puccinis Tod geschriebenen Opern. Die Inszenierung von Ingmar Bergman (Stockholm 1961) beeindruckte Strawinsky besonders: Der Regisseur hatte nur eine einzige Pause nach dem zweiten Bild des zweiten Aktes eingelegt (eine von Strawinsky bevorzugte Lösung) und nahm auch ganz im Sinne des Komponisten die tragischen Elemente der Handlung ernst. 1964 ging Strawinsky nach London, um dort die Oper ein zweites Mal aufzunehmen, 1967 schuf Sarah Caldwell für die Bostoner Oper eine avantgardistische Inszenierung, die das Geschehen in die Gegenwart verlegte, und 1975 entwarf David Hockney seine ungewöhnliche, an Hogarths Kupferstichen orientierte Ausstattung für eine Produktion des Glyndebourne Festival, die 1979 auch an der Mailänder Scala verwendet wurde.

Alle Interpretationsansätze sind zeitgebunden und werden später überwunden, aber ein bestimmtes Problem wurde seit der Uraufführung bis heute nicht gelöst: die Verwendung eines Klaviers in den Rezitativen und der Friedhofsszene. Strawinsky schreibt in der Partitur «Cembalo (Pianoforte)» vor; bei der Uraufführung wurde ein Klavier benutzt, daher wird (vor allem in angelsächsischen Ländern) vielfach vermutet, daß Strawinsky ein modernes Instrument wollte und unter «Cembalo» ganz allgemein ein Tasteninstrument verstand. Es ist allerdings sehr viel wahrscheinlicher, daß der Komponist ein modernes Klavier lediglich als Alternative ansah, wenn kein Cembalo vorhanden war. Strawinsky selbst schrieb am 27. Juni 1951 während der Vorbereitungen zur Premiere an Erwin Stein, daß er befürchtete, ein Cembalo könnte in der zweiten Szene des dritten Aktes nicht hörbar sein; daher wurde in Venedig und zwei Jahre später auch in New York ein Klavier benutzt, aber für die erste wie auch für die zweite Schallplattenaufnahme griff der Komponist auf ein Cembalo zurück. Ein Klavier war also offenbar eine Notlösung, die Strawinsky nur zuließ, weil er den Klang und die Lautstärke eines Cembalos in der

---

* *Vgl. dazu die Diskographie im Anhang des vorliegenden Bandes.*

Foto von der Premierenfeier nach der Uraufführung von ‹The Rake's Progress›: In der Taverne «La Fenice» stellen sich Igor Strawinsky, sein Freund Nicolas Nabokov (hinter ihm), Vera (seine Frau) und Wystan Hugh Auden dem Fotografen.

Friedhofsszene nicht einschätzen konnte; immerhin hatte er (abgesehen von einer später verworfenen Fassung von ‹Les noces›) noch nie für ein solches Instrument komponiert.

Eine Entscheidung über den Einsatz des einen oder anderen Tasteninstruments ist durchaus relevant, weil dadurch nicht nur der Klang, sondern an wichtigen Stellen auch der Sinn der Oper beeinflußt wird. Benjamin Britten hatte in ‹The Rape of Lucretia› (1946) einen neuen Stil des «trockenen» Rezitativs entwickelt, der sich für die Klavierbegleitung eignete; Strawinsky verfolgte dagegen ganz andere Absichten. Er wollte keine Erneuerung des Rezitativs: bei ihm hat die Verwendung dieser musikalischen Form des 18. Jahrhunderts vielmehr Zitatcharakter; die Historizität der Form wird dabei ebenso bewußt reflektiert wie die Orientierung am Vorbild Mozarts. Obwohl Hogarth etwa ein halbes Jahrhundert früher wirkte, gehören die Charaktere aus ‹The Rake's Progress› zur gleichen Gesellschaft wie die aus ‹Così fan tutte›; die Rezitative, Arien und Ensembles folgte daher zu Recht Mozarts Strukturmuster, vor allem am Anfang, und in der Friedhofsszene, dem Höhepunkt der Oper, hat das entsprechende Bild des ‹Don Giovanni› seine Spuren hinterlassen.

Bis zu einem bestimmten Punkt ist ‹The Rake's Progress› also eine Pastiche einer Mozart-Oper, aber die historischen Querverbindungen reichen noch weiter. Mit seiner einleitenden Fanfare, der pastoralen Anfangsszene, seinem Weg aus einer idyllischen Naturwelt in das mit dem Hades gleichgesetzte London und zurück sowie mit den Andeutungen an den ausgeschmückten Barockstil in Toms letztem Lied verweist das Werk auf Monteverdis ‹Orfeo›, und es gibt zahlreiche Elemente, die dazu beitragen, den Bogen von Mozart bis in die 1950er Jahre zu schlagen: das Trompetensolo am Beginn des zweiten Bildes des zweiten Aktes ist eine eindeutige Übernahme aus Donizettis ‹Don Pasquale›, und die Musik für Baba orientiert sich eher an Verdi als an den Komponisten der Klassik. Wie die bärtige Türkin hat auch Strawinsky selbst ein Kabinett voller Kuriositäten angesammelt, deren Herkunft und Funktionen weniger bedeutend sind als ihre Existenz an sich. Nachdem der Komponist sich während seiner vierzigjährigen Laufbahn der Oper verweigert hatte, stellte er sich jetzt dieser Herausforderung, indem er gewissenhaft Formen, Stile, Charaktere und Situationen der Vergangenheit neu interpretierte, wie er es zuvor schon bei einem anderen Genre für seine ‹Sinfonie in C› getan hatte.

Deshalb ist aber ‹The Rake's Progress› keinesfalls ein unpersönliches Werk ohne Individualität. In den Entwürfen zu seinen Vorlesungen über ‹Musikalische Poetik› aus den Jahren 1939/40 schrieb Strawinsky: «Die Kunst hat größere Freiheit, wenn sie begrenzter, kanonischer, dogmatischer ist.» Wenn man sich die Oper unter diesem Gesichtspunkt ansieht, erkennt man, daß ihre Identität gerade durch die Abhängigkeit von Mozart und anderen Vorbildern eine stärkere Ausprägung erhält; man erkennt die Parallelen, aber man erkennt auch gleichzeitig die Unterschiede, denn es gibt in der ganzen Oper nicht einen einzigen Takt, der von einem anderen Komponisten als Strawinsky stammen könnte. Die häufigen ostinati und die Orientierung der Harmonien an der Dominante statt der Tonika sind beispielsweise typisch für Strawinsky und schaffen die Distanz zu Mozart. Ganz anders ist auch die Behandlung der Charaktere: In einer Mozart-Oper sind die handelnden Figuren «frei», während sie in ‹The Rake's Progress› ganz offensichtlich manipuliert werden – sie sind in der musikalischen Maschinerie wiederholter Muster gefangen und können keinen harmonischen Boden fassen; ein erstklassiges Beispiel ist Toms begleitetes Rezitativ im ersten Bild, «Here I stand», in welchem er, statt auf dem eindeutigen C-dur des Orchesters zu «stehen», ständig nach G gezogen zu werden scheint. Daher hat ‹The Rake's Progress› nicht den Charakter eines Dramas, sondern eher einer parabel- oder gleichnishaften Geschichte, in welcher der Erzähler die Personen und Situationen als Illustration einer moralischen Lehre verwendet.

Diese Lehre kann man natürlich ganz verschieden auslegen, aber einige Aspekte werden in der Oper selbst deutlich gemacht. Die Assoziation von Tom und Orpheus ist nicht nur durch die Anklänge an Monteverdi gegeben, sondern auch durch ein Bild, an dem Strawinsky zu Beginn der Komposition besonders gelegen war, das er aber später wegließ: Tom, der im Irrenhaus auf der Fiedel spielt. Wenn wir Tom mit Orpheus gleichsetzen (Strawinsky schrieb unmittelbar vor dieser Oper sein Ballett ‹Orpheus›), dann ist ‹The Rake's Progress› gewissermaßen eine Parabel von der künstlerischen Überhebung und zeigt das schreckliche Los dessen, der alle Fesseln abwirft, um nur nach seinen eigenen Instinkten zu handeln. Der wahnsinnig gewordene Tom identifiziert sich jedoch nicht mit Orpheus, sondern mit Adonis, an dem in der griechischen Mythologie sowohl Persephone, die Herrin der Unterwelt, als auch die Liebesgöttin Aphrodite ihren Anteil haben – eine Erinnerung daran, daß hier auch die elementare Kraft der Liebe wirkt. Ingmar Bergmans noch weitergehende Identifizierung des Helden mit Christus wurde offenbar vom Komponisten bejaht und gibt dieser Geschichte einer verlorenen Unschuld, die auf einer neuen Bewußtseinsstufe wiedererlangt wird, eine weitere Dimension.

Der eigentliche Schlüssel zum Verständnis des Werkes muß sicher im Text und in der Musik gesucht werden, wobei allerdings die von den Protagonisten am Ende verkündete Schlußmoral («For idle hands / And hearts and minds / The Devil finds / A work to do») von eher geringer Bedeutung ist. Der ganze Epilog soll vor allem den klassizistischen Charakter der Oper noch einmal unterstreichen (die Parallele dazu findet sich am Ende des ‹Don Giovanni›) und lenkt zugleich von anderen Versuchen ab, sich dem Werk zu nähern. Man darf nicht überrascht sein, wenn Opernlibrettisten und -komponisten ihre wahren Absichten mit ironischen Ausflüchten zu verschleiern suchen, wie beispielsweise Auden und Strawinsky. Eine dreiaktige Oper ist außerdem kein besonders gut geeignetes Medium für das Hohelied der Arbeit: die zentrale Idee, die am nachhaltigsten in der Friedhofsszene ausgedrückt wird, die aber das ganze Werk durchzieht, ist vielmehr die Vorstellung, daß es im menschlichen Leben kein Zurück gibt.

In gewisser Hinsicht ist ‹The Rake's Progress› ein «Frühlingsopfer», ebenso wie Strawinskys fast vier Jahrzehnte zuvor entstandenes Ballett: das erste Bild spielt an einem Frühlingsnachmittag, im Herbst verläßt Anne ihren Vater und kommt in London an, die Auktionsszene findet wieder im Frühling statt (dieses Bild kehrt außerdem zu Tonart und Tempo des Vorspiels zurück – beides sind wichtige Elemente in der musikalisch-dramatischen Struktur). Der Frühling im letzten Akt ist jedoch nicht der Frühling des Anfangs. Obwohl Tom während seines Kartenspiels mit Nick um die Rückkehr seiner geliebten Anne betet, ist diese Rückkehr nicht gleichbedeutend mit der zyklischen Erneuerung in der Natur. Die Liebe kann den Zeitlauf unterbrechen und uns in die Vergangenheit zurückversetzen, aber wer diese Illusion als Realität auffassen will, betrügt sich selbst: er gehört zu den Wahnsinnigen. Es gibt im Leben eines Menschen kein Zurück, und die Tragödie des «Wüstlings» ist nicht nur seine unselige «Laufbahn», sondern vielmehr seine dynamisch orientierte Anlage überhaupt.

Dadurch war ‹The Rake's Progress› für Strawinsky zu dem Zeitpunkt in seiner künstlerischen Laufbahn, als er mit dem Werk begann, eine besonders passende Wahl. Während der Komposition überarbeitete er außerdem einige frühere Werke, darunter ‹Le sacre du printemps›, ‹Oedipus Rex›, ‹Apollon musagète› und ‹Perséphone›. Obwohl er dabei vor allem die Erhaltung seiner Urheberrechte im Auge hatte, wurde er gleichzeitig mit seiner eigenen musikalischen Vergangenheit konfrontiert und versuchte, frühere Fehler (oder was er dafür hielt) zu berichtigen. Während der letzten dreißig Jahre hatte er sich in seinen neoklassizistischen Arbeiten mit dem gesamten Erbe der europäischen Musikgeschichte auseinandergesetzt. Vielleicht hat sogar Strawinsky selbst gelegentlich darin einen Versuch gesehen, zu früheren Formen der Komposition und Musikrezeption zurückzufinden, aber ein solcher Versuch, die Zeit zu verleugnen, ist natürlich sinnlos, und Strawinskys Werke aus dieser Periode zeigen den Unterschied zwischen früheren Epochen und ihrer eigenen Gegenwart deutlich genug auf. Dafür ist ‹The Rake's Progress› das beste Beispiel, das umfangreichste und zugleich das letzte seiner klassizistischen Werke; damit war alles gesagt.

Die Uraufführung von ‹The Rake's Progress› fand schließlich im Teatro La Fenice in Venedig am 11. September 1951 statt, obwohl Strawinsky sie gern in einem kleineren New Yorker Theater gesehen hätte. Finanzielle Erwägungen standen dem jedoch entgegen. Und die Opernhäuser von Los Angeles, in Strawinskys unmittelbarer Nähe immerhin, und auch in London (Covent Garden), genau der Stadt, die in der Oper eine solch zentrale Rolle spielt, kamen allesamt nicht in Betracht, da Strawinsky ausdrücklich eine «Kammeroper» im Sinne von Mozarts ‹Così fan tutte›, und zwar musikalisch (für Kenner) und szenisch gleichermaßen, geschrieben hat, die so gar nicht für große Bühnen geeignet ist. Als sogar die italienische Regierung einen nicht geringen Zuschuß für die Uraufführung gewährte, falls sie im Rahmen des XIV. Internationalen Festivals für Zeitgenössische Musik in Venedig anberaumt würde, waren die Würfel gefallen: Strawinskys Auseinandersetzung mit dem dramma giocoso des 18. Jahrhunderts sollte eben im Ursprungsland der Oper zur Uraufführung gelangen. Und das venezianische Theater besaß ja genau die gesuchte Intimität.

Strawinsky war mit der Partitur erst am 3. Mai überhaupt fertig geworden. Als er Ende August in Mailand eintraf, um die ersten Bühnenproben mit den Solisten und dem Chor und Orchester der Mailänder Scala abzuhalten – die Produktion lag in den Händen der Scala, die für die Uraufführung das Ensemble nach Venedig «auslieh» –, hatte Ferdinand Leitner, der spätere Dirigent der deutschen Erstaufführung am Württembergischen Staatstheater Stuttgart (4. November 1951), schon vorgearbeitet. (Er erscheint auch auf dem Theaterzettel der Uraufführung als musikalischer Mitarbeiter.) Wie der erhaltene Mitschnitt der Uraufführung beweist (vgl. die Diskographie S. 313 f), war sie, und zwar aus Zeitgründen, trotzdem nicht mit der nötigen Sorgfalt vorbereitet, wirkte eher wie notdürftig zusammengestellt, nicht zuletzt auch durch offenkundige Mängel des Dirigenten Strawinsky, so daß der Premierenerfolg mehr ein «gesellschaftliches» als ein wirklich künstlerisches Ereignis war. Die Sängerleistungen waren überdies, abgesehen von Elisabeth Schwarzkopfs Darstellung der Anne, wenig überzeugend. Vera Strawinsky, die Frau des Komponisten, mokierte sich über das Gehabe Robert Rounsevilles in der Titelrolle, und die Inszenierung Carl Eberts war erst gar nicht in der Lage, in die Tiefenschichten des Stücks vorzudringen. Die Kritiker waren denn auch – im Unterschied zum Publikum – eher skeptisch; immer wieder wurde – auch später noch und eigentlich bis heute – ernsthaft bestritten, daß ‹The Rake's Progress› ein veritables Kunstwerk mit eigenem Profil sei (vgl. dazu die Bibliographie S. 310 f). Doch die Uraufführung war ja nicht das letzte Wort.

Karl Heinrich Ruppel*

Strawinskys ‹The Rake's Progress›

Zur deutschen Erstaufführung (Stuttgart, 4. November 1951)

Das Württembergische Staatstheater, unter seinem Generalintendanten Walter Erich Schäfer konsequent und erfolgreich bemüht, in Oper und Schauspiel ein repräsentatives Repertoire zeitgenössischer Werke aufzubauen, hat der erst am Schluß der letzten Spielzeit herausgebrachten Aufführung von Orffs ‹Catulli Carmina› bereits wieder ein Hauptwerk der szenisch gebundenen modernen Musik folgen lassen: Strawinskys Oper ‹The Rake's Progress›, die, vor zwei Monaten in Venedig uraufgeführt, in Stuttgart zur deutschen Erstaufführung kam. Für den, der Strawinskys Weg zur Klassik kennt – er war von Anfang an in ihm vorgezeichnet und ist seit dem ‹Pulcinella›-Ballett (1920) bewußt und konsequent von ihm eingeschlagen worden –, bedeutet dieses Werk die Besiegelung seines Bekenntnisses zur Tradition und zur Herrschaft der Melodie in der Hierarchie der musikalischen Elemente, wie er es in seiner ‹Musikalischen Poetik› niedergelegt hat. Die große C-Dur-Kabaletta der Ann im dritten Bild zündete in Stuttgart, von Lore Wißmann hinreißend gesungen, wie eine Bravourarie Verdis. Dem ironisch reißerischen Elan der Chöre in der Freudenhaus-Szene konnten sich die Zuhörer ebensowenig entziehen wie dem marschartigen Duett, in dem der «Wüstling» Tom Rakewell und sein satanischer Verführer Nick Shadow Toms Entschluß, das Monstrum Türkenbaba zu heiraten, mit provokatorischer Emphase besingen. Genauso stark berührt war das Publikum aber auch von den Partien der Oper, in denen Strawinsky die geläufigen Formen der empfindsamen Arien, Duette und Ensembles in seine intensiv verhaltene, alles Affektive in der rein musikalischen Linie «abfangende» Klangsprache umsetzt. Die Welt Mozarts ist hier nahe, auch die Donizettis und Rossinis, aber sie bleibt in das klare, kühle Licht Strawinskys getaucht, das indessen auch so unheimlich schattenhafte Färbung annehmen kann wie in dem nur vom Soloklavier begleiteten Duett des Bankrotteurs und seines Dämons auf dem Friedhof. Ferdinand Leitner dirigierte die ingeniöse Partitur mit intimster Kenntnis ihrer klanglichen und rhythmischen

---

* *Karl Heinrich Ruppel (1900–80), deutscher Musikkritiker, zuletzt bei der «Süddeutschen Zeitung», vorher Feuilletonredakteur der «Kölnischen Zeitung» (1928–44) und von 1945–50 Schauspieldirektor des Württembergischen Staatstheaters Stuttgart.*

Struktur, die beim Hören so einfach wirkt und so eminent kompliziert ist. Das Orchester spielte mit einer federnden Präzision und jener Intensität, die auch ohne *espressivo* höchste Ausdrucksdichte erreicht; die zahlreichen Concertino-Stellen wurden delikat und virtuos musiziert. Die Inszenierung Kurt Puhlmanns fand genau den Stil, dessen das Typisierende und Lehrhafte dieser moralisierenden Fabel von W. H. Auden und Chester Kallman bedarf – sie hatte die Knappheit, Geradlinigkeit und «Trockenheit» einer Moritat, einer hochliterarischen freilich, und übernahm von dem bekannten Gemäldezyklus William Hogarths in den nur mit gemalten Prospekten arbeitenden Bühnenbildern Leni Bauer-Ecsys allein das Zeittypische. Im Plakathaften dieser Malerei verbarg sich Romantisches; am Schluß hatte sich, in der Irrenhaus-Szene, das frostig-nüchterne Idyll aus dem englischen 18. Jahrhundert, mit dem des Wüstlings Weg beginnt, in ein Schattenreich verdämmernden Lebens aufgelöst. Der Erfolg entsprach der Bedeutung des Werks, dem außerordentlichen Rang der Aufführung und den glänzenden solistischen Leistungen von Richard Holm-München (Rakewell), Gustav Neidlinger (Shadow), Lore Wißmann (Ann), Martha Fuchs (Türkenbaba). Es gab in den Pausen angeregte Diskussionen und am Schluß Dutzende von Vorhängen.

Die Szene auf dem Friedhof in der venezianischen Uraufführung von ‹The Rake's Progress›, deren Erfolg mehr «gesellschaftlicher» als künstlerischer Art war.

Zu einer Rocker-Aufführung
von ‹The Rake's Progress› in Boston (17. März 1967)

Aus einem Interview des *New York Review of Books*
mit Igor Strawinsky

N. Y. R.: Was halten Sie von der Rocker-Aufführung von ‹*Rake's Progress*› letzten Monat in Boston?
I. S.: Ich habe sie nicht gesehen, höre aber, daß die Oper die Behandlung aushält und daß die Inszenierung und die Musik sich sogar gegenseitig einige Komplimente machten. Mir fiel auch eine Veränderung in den Presseberichten auf: nicht mehr diese Einheitsmeinung, dieses idiotische Vorurteil, daß das Konventionelle gefühllos, das Experimentelle ausdrucksvoll sein muß. Es ist natürlich klar, daß Lederjacken und Motorräder, psychedelische und kreisende Beleuchtung, Pullover mit Strawinsky-Aufdrucken, Tanz à la Discothèque sowie Fotos von Allen Ginsburg und Tim Leary in dem Liebesnest des Wüstlings (ist *er* schwul?) nichts mit der Oper zu tun haben, obwohl die Veränderlichkeit tatsächlich eines ihrer Themen ist.

Ich hätte jedoch nur dann Einspruch gegen sie erhoben, wenn sie den Intimcharakter der Musik zerstört hätten. (Ich nehme an, daß die Begründung folgendermaßen lautete: Da die Musik parodiert und zeitliche Sprünge macht, warum soll es die Umgebung nicht?) Laut Berichten soll die Inszenierung eine neue Lösung des Problems der Türkenbaba bieten, weswegen ich bedauern muß, sie nicht gesehen zu haben: denn mit der Baba tut sich die größte Glaubwürdigkeitslücke der Oper auf. Der Beweggrund des Wüstlings bei seiner Eheschließung mit diesem «Monstrum», nämlich die Befreiung von den «zwei Tyrannen ... Lüsternheit und Gewissen», kann ein bißchen wie Notbehelf erscheinen, und etwas unwahrscheinlich mag es wirken, daß er zu diesem Zeitpunkt überhaupt nicht an seine Verlobte denkt. «Willst du sie (Baba) haben», fragt Shadow. «Lieber Fallsucht», erwidert der Wüstling. «Dann heirat sie», antwortet Shadow, und seine Worte bewirkten bei einer der Vorstellungen den Aufschrei einer Frau aus dem Publikum, ein Effekt, den man in die Partitur aufnehmen könnte. Nachdem die Baba auf einer Versteigerung wie ein Gegenstand veräußert wird, erscheint sie wieder, als eine *dea ex machina*, auf einem Fernsehmonitor. In dieser Inszenierung fand ihre Enthüllung im zweiten Akt überdies im Regen statt, was die Kürze der Szene rechtfertigt und die Zurschaustellung einiger hübscher Regenschirme erlaubt.

Anläßlich einer Aufführung von ‹The Rake's Progress› in Phoenix (Arizona) im Jahre 1968, und zwar in einer Pop-Version (!), beschäftigt sich Robert Craft in seinen Tagebuchnotizen noch einmal aus der Distanz zur Uraufführung heraus mit Stoff und Text der Oper, zumal er bei dieser Aufführung nun selbst dirigiert. Er zählt einige Unglaubwürdigkeiten der Handlung auf, die dem Märchencharakter des Ganzen zu verdanken sind, weist auf die mangelnde Profilierung der Hauptrollen hin, die allerdings durch die Musik aufgehoben wird, und wundert sich in diesem Zusammenhang über die schärfere Zeichnung des «exotischen Trios» Shadow, Baba und vor allem Sellem, der jedoch im Epilog nicht mehr erscheint, dafür aber eine äußerst prägnante Szene in der Oper selbst hat. Craft nennt seine Rolle immerhin «die bei weitem bühnenwirksamste in der Oper». Im zweiten Teil seiner Ausführungen kommt Craft noch auf Details der sprachlichen Gestaltung des Librettos zu sprechen, lobt dabei insbesondere die zugleich dramatische und handlungsfördernde Funktion der Worte in der Bedlam-Szene.

Robert Craft

‹The Rake's Progress›:
Stoff- und Textbehandlung

(Aus dem Tagebuch)

[. . .] Wie jede Aufführung Anlaß zu weiterem Nachdenken über die Oper selbst bietet, hinterläßt diese bei mir die Überzeugung, daß die mangelnde Profilierung der Rollen eine beträchtlichere Schwäche ist als irgendein Fehler der dramatischen Konstruktion. Auf alle Fälle ist der Rost oder sogar das Fehlen einiger dramatischer Angelpunkte nicht unbedingt katastrophal in einer Gattung, die so sehr von der Hinnahme des Unglaubwürdigen abhängt wie die Oper, von den Unwirklichkeiten und Märchenprämissen dieser besonderen Oper ganz zu schweigen. Die drei Wünsche des Rake sind mit den Jahren sicherlich nicht weniger albern geworden. Auch wurde die Kinderreimhandlung – «und nach Jahr und Tag erst» – nicht verträglicher mit Hogarth und Jedermann, wie gut sie auch zum Faustischen der Mischung passen mag. Was noch mehr auffällt als früher ist die geschäftsuntüchtige Zustimmung des Rake zum Schaltjahrvertrag. Tatsächlich scheint es jetzt unbegreiflich – und man interpretiert die Oper dabei gewiß nicht zu naturalistisch –, daß der Rake Shadow Glauben schenken kann, ohne auch nur zu ahnen, mit wem er es zu tun hat, und ohne weitere Fragen nach dem längst vergessenen Onkel, jenem mysteriösen Wohltäter zu stellen, der dem Rake erst in der Friedhofsszene wieder in den Sinn kommt. Das ist in einem Märchen nicht unbegreiflich, gewiß aber in einem dramatischen Spiel, das beim Publikum einiges Interesse am Schicksal der handelnden Personen erwecken will. Auf Shadows «wird die Abrechnung gemacht» folgt allzu schnell Truloves «je eher Ihr dort kommt überein», und wenn die verfahrene Sache des Rake schließlich «abgerechnet» ist, hat man Shadows Geschenk, eine Ausnahmeklausel – «nur, was Euch selbst gerecht und billig dünkt» –, längst vergessen. Nun, das sind bloß technische Fehler, keine Verletzung der Gattung, und die Oper kann sie aushalten.

Dank der Musik hält sie auch die Eindimensionalität der Personen aus, wiewohl die Spannung hier größer ist. Während tatsächlich keine Person in der Oper glaubhaft ist, sind dies Shadow, Baba und Sellem, die es am wenigsten nötig haben und es am wenigsten zu sein vorgeben, doch in höherem Grade als der Held und die Heldin des Stücks. Bis zu seinen letzten Abgängen von der Bühne hat dieses exotische Trio in der Tat unsere Sympathie in beträchtlichem Maß gewonnen und unser Verlangen erweckt, mehr von diesen drei zu wissen. Sie sind intelligent und fesselnd, und Sellem, der in den Händen eines anderen Komponisten ermüdend hätte sein können, ist im Gegenteil so interessant, daß wir sein Nichterscheinen im Epilog bedauern – insofern es sich überhaupt lohnt, irgend etwas an diesem Epilog zu bedauern, außer seiner Existenz. (In dieser Inszenierung kehrt Sellem als Türschließer in Bedlam wieder.) Und doch sind alle drei eindimensional, denn die vertraulichen Mitteilungen Shadows an das Publikum statten ihn kaum mit einer zusätzlichen Tiefenschicht aus, obwohl sie immerhin ein stilistisches Bindeglied zum Epilog bilden und daher einen Schlüssel zu dessen Inszenierung bieten, wenn man ihn schon inszenieren muß. Trotz seiner pfaffenschwarzen Kleidung und jener anderen wohlbekannten klerikalen Verkleidung, eines schlimmen Falls von Kanzlerkrankheit, gibt der «Tränenkönig» eine flottere Figur als der Rake ab, und seine Rolle ist die bei weitem bühnenwirksamste in der Oper.

Die Teilnahme des Publikums erreicht trotzdem ihre höchste Intensität beim Tode des Rake, denn an dieser kritischen Stelle ist das Drama echt, sind Dichtung wie Musik in sich vollkommen und vollkommen verschmolzen. Aber bis zur Friedhofsszene ist unser Mitgefühl für den Rake minimal: unser Interesse beschränkt sich auf seine Musik. Seine erste Arie entlarvt ihn schließlich als einen ungebildeten, gemeinen Menschen («Was soll ich schuften um kärglichen Sold? Fortuna gibt's umsonst mir, ist sie nur mir hold!»), wie auch, vom dramatischen Standpunkt, als einen Störenfried, denn die Arie macht wahres «Liebesinteresse» zunichte. Sehr klug ist er auch nicht; tatsächlich scheint in der Episode mit der Brotmaschine, der Parabel der Brotvermehrung, seine Intelligenz so gefährlich gering, daß, als Shadow das Publikum anspricht – «Mein Meister ist verrückt, das sehen wir» –, dieses Publikum, gewohnt, Opernnarren wegen ihrer Musik mit Freuden zu erdulden, überzeugt ist, dieser hier werde aus natürlichen Ursachen im Irrenhaus enden.

Ann ist nicht weniger ausdruckslos. Sie trägt aber auch merkwürdige Scheuklappen, denn sie und der Rake steuern durch den Mittelteil der Oper aneinander vorbei wie Schiffe in der Nacht. Sicher ist der Rake glücklicher mit Shadow, wie es ja Don Giovanni mit Leporello ist. Jedenfalls scheint mir das Gefühllose in seiner Beschreibung seiner früheren Verlobten («nur ein Milchmädchen») undenkbar bei irgendeiner anderen Interpretation seines sexuellen Temperaments. Zum Teil aus diesem Grund tut sie einem nicht wirklich leid, und aus diesem, aber auch aus anderen Gründen – beispielsweise, daß sie nichts anderes über den Verrat des Rake sagen kann, als «also war ich es, die unwert war» – wünschen wir ihr eine gute Reise zurück in die Molkerei.

Ob die Wörter den Bedeutungen überlegen sind oder sein können – oder nicht: unglückliche Verbalkombinationen sind keineswegs selten. Auf der anderen Seite bringen einen die meisten der einstmals unbeholfen erscheinenden musikalischen Akzentuierungen nicht mehr aus der Ruhe. Ich sollte hinzufügen, daß zur Zeit der Komposition des ‹Rake› Strawinsky sich in die Musik des Elisabethanischen Zeitalters versenkt hatte, die ihm eine Fülle von Präzedenzfällen für die Akzentuierung von unbetonten Silben bot: Morleys «and sweet wild ro*ses*», zum Beispiel, und Wilbyes «with smiling glan*ces*». Seine Neigung, bei «Franglais»-Worten der französischen Aussprache den Vorzug zu geben, wie bei der Zuteilung einer einzelnen Note für «uncle», war ein größeres Problem, als er anfing zu komponieren. Ganz im Gegensatz zu Händels deutscher Gewohnheit, *alles* auszusprechen: Händel schafft sogar ein zweisilbiges Wort aus «whole».

Die Schwierigkeit scheint zum Teil mit dem Versuch zusammenzuhängen, den Tonfall eines anderen Zeitalters einzufangen. Das ergibt einen Pastiche, der zuweilen gespreizt («Nick . . . you have some scheme afoot») und ein anderes Mal zu breit klingt, etwa bei der Einbringung von Zitaten aus ‹Heinrich IV.›, 2. Teil («I am exceedingly weary») und Drydens Version des 6. Buchs der Äneis («Restore the age of gold»).

Die Bordell-Szene in Ingmar Bergmans Stockholmer Inszenierung von ‹The Rake's Progress› im Jahre 1961 (Premiere: 22. April), die Michael Gielen als Dirigent und die Ausstatter Berger Bergling und Kerstin Hedeby mitbetreuten. Strawinsky besuchte diese Inszenierung gemeinsam mit Robert Craft im September dieses Jahres und war sehr bewegt von Bergmans Idee, in der Friedhofsszene den Kalvarienberg schattenhaft auftauchen zu lassen und auf diese Weise einen Bezug Tom Rakewells zur Christusgestalt herzustellen. Überhaupt war es die Tendenz dieser Inszenierung, das oft als «trivial» gescholtene Libretto in allen Ebenen ernst zu nehmen, selbst die Türkenbaba, die Bergman als die Verkörperung der Künstlerpersönlichkeit schlechthin auffaßte.

Vom Tonfall eines anderen Zeitalters ganz abgesehen, sind einige Zeilen fürs Ohr zweideutig, etwa: «Let all who will, make their joy here (hear?) of your glad tidings.» Ein anderes Beispiel ist «Bowers of paper only seals repair». Das beschwört eine Vision von Seehunden hervor, bis man anfängt zu überlegen, was diese Gartenlaube oder Wohnung aus Papier sein könnte (ein Bürogebäude der Wall Street, gefüllt mit Klosettpapier für eine «Konfetti-Parade»?). Zweideutig auch, in bezug auf die Mehrzahl des Pronomens, ist Truloves «While they're in mind I'll tell you of his needs»: das klingt, als wäre es zuerst in deutscher Sprache geschrieben worden. Und Shadows «Lawyers crouched like gardeners to pay» ist bemerkenswert geheimnisvoll, bedenkt man die dramatischen Geschäfte, die anstehen. In dieser Szene übrigens reagiert Shadow auf das Wort «God» in Truloves «May God bless you», indem er das Gespräch unterbricht; aber zu Beginn der nächsten Szene nennt er sich den «godfather» des Rake, was in diesem Augenblick von ihm kaum ironisch gemeint sein kann. Aber auch zwei Szenen später ist Shadows Image («the giddy multitude driven by the unpredictable Must of their pleasures») keineswegs ganz wasserdicht. Ich zweifle nicht, daß dieses Schwindelgefühl vielleicht irgendwann von der ganzen grauen Mehrheit verspürt worden ist (so recht glaube ich zwar auch nicht daran), mit absoluter Sicherheit und selbstverständlich aber sind die Freuden dieser Mehrheit vorhersagbar.

Ob die Doppelbedeutungen beabsichtigt sind, kann ich nicht ermessen. Gewiß scheinen es die opheliahaften Verdrängungen zu sein, die Ann in ihrem Traum von Eheglück verrät: «The joyous fount I see that brings increase» und «the touch of his» (seines was?), wie auch Shadows Frage an den Rake: «Sah dein Getrieb wohl ungefähr so aus?» Lange, ehe der Rake bestätigen kann, daß das natürlich der Fall ist, weiß das Publikum die Antwort, zumindest in dieser Aufführung und in diesem vorhautlosen Zeitalter (nicht wissend, daß die Vorhaut pharaonische Trophäe war, wie der Skalp bei den Sioux). Denn das Getrieb ist ein modernes phallisches Phantasiegebilde, nicht nur im Aussehen, sondern auch in der Funktion; es leuchtet bei jeder Entladung eines Brotlaibs wie ein Spielautomat auf, der einen Volltreffer registriert, und setzt somit außerdem Sex mit Geld gleich. Selbstverständlich erhält es den lautesten und spontansten Beifall unter den Mitspielenden.

Aber die Wörter, Wörter, Wörter selbst stellen einen Defekt dar, mit dem verglichen die vorher erwähnten Fälle nur kleine Schwächen sind. Dem Publikum wird regelmäßig mehr erzählt (aber auch weniger), als es zu wissen braucht. (Dem Partiturleser auch. «Die Menge murmelt», lautet eine Randbemerkung vor der Zeile «We've never been through such a hectic day»; aber versuchen Sie einmal, «hectic» zu murmeln.) So enthält das Selbstgespräch des Rake zu Beginn des zweiten Akts eine Fülle guter Zeilen, jedoch solche, die sich für eine Gedichtlesung im Christlichen Verein junger Männer eignen würden: die wenigsten zählen in dramatischer Hinsicht, und die Gestalt der Szene wird ganz und gar durch die Musik bestimmt. Auch die nächste Szene, Shadows dreiteilige Arie, hängt ausschließlich von der Musik ab, da der Textinhalt fast reine Rhetorik ist und dramatische Handlung nicht existiert. Andererseits, wenn die Worte dramatisch und handlungsfördernd *sind*, wie im Falle der Szene im Irrenhaus, ist die Wirkung mächtig genug, um das Mißlungene aufzuheben.

III. Zur Wirkungsgeschichte

Harald Kaufmann*

Ausverkauf der alten Oper

Notizen zu Strawinsky (1961)

‹The Rake's Progress› führt vom Freudenhaus ins Irrenhaus. In der Mitte der wechselvollen Begebenheiten wird das Hauswesen des liederlichen Tom Rakewell versteigert. Laut Regieanweisung liegen auf den Einrichtungsgegenständen Spinngewebe und Staub. Es sind merkwürdige Dinge: ausgestopfte Tiere und Vögel, Schaukästen mit Mineralien, Porzellan, Gläsern, Marmorbüsten, Palmenzweigen, schließlich sogar das in Erstarrung und Schlaf versunkene Monstrum der dem Liederlichen angetrauten Türkenbaba. Die Kunst des Auktionators erzielt ausgezeichnete Preise.

Spinngewebe und Staub liegen auch auf dem Mobiliar der alten Oper. Da naht Strawinsky. Er komponiert in den Jahren 1949 bis 1951 ‹The Rake's Progress› und damit das bemerkenswerteste Beispiel einer musikalischen Lizitation von Erinnerungsstücken aus dem Umkreis

---

* *Der bereits 1970 verstorbene österreichische Musikwissenschaftler Harald Kaufmann (geb. 1927) machte als erster darauf aufmerksam, worauf es Strawinsky mit seinem Rückgriff auf die Oper des 18. Jahrhunderts abgesehen hatte: Wie Sellem das Inventar Tom Rakewells versteigert, so bietet Strawinsky die Topologie der Oper zum Höchstpreis an. Harald Kaufmann ist bekannt geworden durch seine Gründung und Leitung des Grazer «Instituts für Wertungsforschung», das heute noch besteht und auch nach Kaufmanns Tod die musiksoziologische Publikationsreihe «Studien zur Wertungsforschung» veröffentlicht. Von den zahlreichen Arbeiten Kaufmanns erschienen einige in den Sammelbänden ‹Spurlinien› (1969) und ‹Fingerübungen› (1970).*

jenes Operntypus, den er selbst unter allen Möglichkeiten der Gattung am meisten bewundert: den der Opern Mozarts und der Italiener von Monteverdi bis Verdi. Strawinskys Erfahrungen mit dem sogenannten Neoklassizismus feiern in ‹*The Rake's Progress*› ihren differenziertesten Triumph. Konventionelle Formen und Situationen werden gefragte Stücke der Versteigerung. Die Entstaubung geht halb mit den Gesten der Ironie, halb aber doch mit denen der interessierten Bewunderung vor sich. Kaum irgendwo trifft das häufig bemühte Wort von Rudolf Kolisch, Strawinsky schreibe Musik über Musik, nämlich die Essenz der Modelle, mehr zu als hier. Denn die ganze Gattung der Oper ist selber Modell, reizvoll weitergetragene Konvention.

Es ist durchaus fraglich, ob sich Strawinskys neoklassizistische Phase des Komponierens geradewegs als Regression abtun läßt, als Spiel mit der Vergangenheit, als Scheinfortschritt zur negativen Geschichtslosigkeit. Das schöpferische Bewußtseinsniveau einer Zeit erstellt sich keineswegs nur aus einer horizontalen Dialektik zwischen graduell Gleichrangigen, deren Schaffenskurve sich durch gegenseitige Annäherung oder Abstoßung progressiv steigert, so daß sich das Auffassungsvermögen weitet, was in der steten Vorantreibung technischer Methoden Niederschlag findet. Es gibt demgegenüber auch eine vertikale Konfiguration, eine schöpferische Auseinandersetzung der graduell unterschiedenen Kulturschichten miteinander. Diese Schichten existieren gleichzeitig und überlagern einander. Sie sind verschieden alt, repräsentieren verschiedene Gesellschaftsformen und haben, jede für sich genommen, ihr eigenes Entwicklungstempo. Schichtenlagen bäuerlicher Agrarkulturen, frühindustrieller Umwandlung, hochindustrialisierter und automatisiert-urbaner Kulturen existieren gleichzeitig in unseren modernen Staatswesen. Man wird sie richtiger nicht als Nebeneinander, sondern als Übereinander verstehen. Ein Musiker, dessen schöpferische Verfassung den kompositorischen Bewußtseinsstand des obersten Plateaus repräsentiert, fällt deshalb noch keineswegs aus der Zeit, wenn er Auseinandersetzungen mit musikalischen Relikten und Fossilien auf der Ebene älterer, aber noch vorhandener Kulturschichten sucht. Er stellt sich vielmehr der Realität, die sogar eine Normalität und Banalität sein kann. Voraussetzung für eine kritische Diskussionswürdigkeit seines Beginnens, soll es nicht ein Freibrief für bequeme Nachäfferei sein, ist sein schöpferisches Vermögen, die Auseinandersetzung mit dem Relikt eben auf oberstem Plateau zu führen, das Modell also in seiner Wirkung auf die neue Umgebung zu überprüfen, es zu verfremden. Die Verfremdung ist heute nicht zufällig häufig benutzter terminus technicus; eine im Viel-

*Tom Rakewells Arien-Vortrag «Love, too frequently betrayed» (Kava-
tine) in der Bordell-Szene (mit Alexander Young in der Titelrolle der
Oper) aus einer Aufführung der Sadler's Wells Opera im Jahre 1962.*

schichtigen auseinanderlebende Welt treibt fortwährend Verfremdungen.

Die Verfremdungstaktik des Neoklassizisten Strawinsky tendiert nach zwei Richtungen: einerseits zum *mal fait*, nämlich zur Ironisierung des Modells durch bewußte Verschlechterung der Machart, andererseits zum *bien fait*, zur Übertreibung des Modells durch Bessermachen, durch minuziöse Verfeinerung und Komplizierung der Details, die, jedes für sich genommen, dem Modell entsprechen, aber in der Multiplikation eine neue Stillage ergeben. Sowohl das *mal fait* wie das *bien fait* bedeuten eine Revolte gegen das naive Zitat. Das Modell wird lizitiert und bekommt durch den Zuschlag der Verfremdung seinen fixen Preis.

Ein Beispiel der Verfremdung durch das *bien fait* sei aus ‹The Rake's Progress› herausgegriffen. Erinnern wir uns der hübschen Offerte des Nick Shadow, mit der er im ersten Akt Tom, der Braut und deren Vater die reiche Erbschaft und das künftige Wohlleben ankündigt. Es ist ein Monolog im Tempo eines Menuetts, wobei die Melodieführung im Orchester liegt und die rezitierende Gesangsstimme den dramaturgischen Vordergrund abgibt; hin und wieder läßt sie sich, spöttisch, grandezzahaft, von der Melodielinie im Orchester tragen. Eine ganz ähnliche musikalische Situation zeigt das Menuett im ersten Finale des ‹Don Giovanni›, wenn Leporello und sein Herr die drei Masken zum Ball bitten. Der Beginn der beiden Nummern wurde zum Vergleich im Notenbild festgehalten:

a) Mozart, Don Giovanni:

b) Strawinski, Rake's Progress

Strawinsky manipuliert das Modell in seinen intimen formalen Details. Vergegenwärtigen wir uns, nach Taktperioden geordnet, die tonalen Proportionen des Mozart-Menuetts, die im wesentlichen durch Auspendeln von I. und V. Stufe zustande kommen. Und ergänzen wir diese Zusammenstellung um ein Kalkül, das den melodischen Verlauf schematisiert: Der melodische Hauptgedanke heiße a, die Fortspinnung b, jede Veränderung werde mit fortlaufenden Ziffern bezeichnet. So ergibt sich für das ‹Don Giovanni›-Menuett folgende kleine Tabelle:

2 Takte: V–I,	melodisch b (Einleitung)
8 Takte: I–V,	a + b
8 Takte: I–V,	a + b
8 Takte: V–I,	a1 + b1
8 Takte: V–I,	a1 + b1

Im Menuett Strawinskys sind – bei gewahrten Grundrelationen – sowohl die tonalen als auch die melodischen Vorgänge komplizierter. Es ist ein Verfremdungseffekt durch Übersteigerung der Spannungen erstrebt. Einfache Abstoßungstendenzen von der Dominante zur Tonika genügen nicht mehr; drei melodische Grundcharaktere verästeln sich zu mehreren Varianten. Das Schema für das Menuett im ‹Rake's Progress› lautet somit:

5 Takte: I–V–I, melodisch	a + b (Einleitung)
6 Takte: I–V–I,	a + b1
6 Takte: I–II,	a1 + b2
Einschub 5 Takte: mehrdeutige tonale Verhältnisse, melodisch c	
6 Takte: II–II(V)–II(VV),	a2 + b3
7 Takte: I–V–I,	a3 + b2 + b4

Strawinskys Menuett weist gegenüber dem Mozartschen Modell nur einen Wiederholungstakt mehr auf. Die Überpointierung kennzeichnet den Witz der Manipulation: so wenn Strawinsky von der zweiten Stufe der Grundtonart G-Dur gar in die Doppeldominante moduliert und ein zwar funktionell deutbares H-Dur erreicht, das aber durch seine Überspitztheit das konventionelle Tonalitätsschema bereits im Kreis führt. Strawinskys Kunstfertigkeit wirkt in solchen Augenblicken dämonisch durchtrieben. Man meint dabei eine feierlich-grazile Geste der Beteuerung zu sehen. Strawinsky verbeugt sich auf dem Podium extra tief, preßt die Rechte an die Brust und läßt die Linke lose zum Boden schlenkern.

Die Oper ‹*The Rake's Progress*› ist auch vom Stoff her ein Ergebnis der Manipulation. Die montierten Situationen wechseln blitzschnell. Sie lassen keineswegs nur an den ausdrücklich als Vorlage zitierten Bildzyklus Hogarths denken, sondern auch an ‹*Don Giovanni*›, ‹*Faust*›, ‹*Peer Gynt*›, ‹*Orpheus*›, von den Anklägen an zahlreiche wohlbekannte Opernklischees ganz zu schweigen, die zu assoziieren einen der spaßigsten Reize bei der Lektüre des Librettos ausmacht. Dabei finden höchst raffinierte Zusammenlegungen statt. Wo überall ist man diesen Situationen und Charakteren schon begegnet? Wo dem Pakt zwischen dem Wüstling und dem Kavalier, der in Wahrheit der Teufel ist, zwischendurch aber auch bloß die Rolle des arrangierenden Dieners mimt; wo der verlassenen Braut, die Anne heißt und dem abtrünnigen Geliebten nachzieht, um ihn aus Gefahren zu retten; wo dem biederen Spielbassisten-Typ des Vaters Trulove; wo der Kirchhofszenerie bei Nacht und Sturmgebraus, in der sich des Liederlichen Schicksal erfüllen soll und das ausgehobene Grab bereits seines künftigen Bewohners harrt; wo dem Kartenspiel mit dem Teufel um den Preis der eigenen Seele; wo der Schattenbeschwörung durch Gesang? Hier geht es überall um bewußte Verwendung von Klischees, auch im Dialog selbst. So stellt das schwärmerische Mädchen Anne, gleich nachdem der Vorhang sich hebt, fest, daß die Wälder grün, von Vögeln und Getier belebt seien, daß jedermann sich freue, das Fest des Mai zu feiern. Und Tom, seiner bevorstehenden Beförderung zum Wüstling noch nicht gewärtig, antwortet wie ein wohlerzogener Operntenor, dies sei die Zeit, da Aphrodites Hand so mild in Bann versetzt der Menschen Land, da der Nymphe Glut sich dem Schäfer beut und neu im Kuß ersteht die gold'ne Zeit. Strawinskys Phantasie ist heiter genug, zu solchen Vorlagen mit kundig-genießerischem Geschmack historische musikalische Modelle zu wählen. So entsteht der Ausverkauf der alten Oper. Das Vorspiel zum ersten Akt greift auf den frühbarocken Intrada-Typ zurück, eine Einstimmung des Hörers auf die festliche Begebenheit bezweckend, etwa wie in Monteverdis ‹*Orfeo*›. Der musikalische Tonfall wechselt dann über zu englischer Italianità; Tom Rakewells erstes Rezitativ mit der darauffolgenden Arie könnte an Händel denken lassen, vielleicht an «Wide spread his name» aus ‹*Theodora*›. Die formalen Modelle des Fugato-Quartetts, des Duettinos mit dem Kuckucksruf und des Terzettinos, mit dem der erste Akt schließt, finden sich dutzendweise in alten italienischen Opern. Ein Chorus grölender Burschen und lockender Mädchen eröffnet die Szene im Londoner Freudenhaus; Donizetti und Verdi haben wiederholt solche Muster komponiert, an Verdis

Oscar in ‹Ballo in maschera› erinnert übrigens die melodische Hauptfigur im Orchester. Tom soll ein Lied zum besten geben, verliert sich aber in Meditationen, die ihn unversehens als einen Seelenverwandten von Tschaikowskys Lenski ausweisen. Die große Szene und Arie der Anne in herbstlicher Vollmondnacht ist vom ausladenden Formtypus etwa der «Casta diva» in Bellinis ‹Norma›, nur reicher und schalkhafter in der Modulatorik. Der Einzug der Baba in das Heim Toms geht unter ebenso feierlichen Klängen vor sich, wie sie mit Vorliebe Purcell schrieb, etwa am Schluß seiner ‹Cäcilienode›. Babas sprudelige Arie, die das Zweisamkeitsidyll mit Tom einleitet, macht aus dem Modell der buffonesken italienischen Plapperarie eine Art modernes Chanson; schon Rossinis Marzelline verkündete mit Beredsamkeit: «Il vecchiotto cerca moglie.» Die Wechselgesänge zwischen Tom und dem Chor der Irren lassen die Assoziation einer dramaturgischen und musikalisch-formalen Analogie zum Gluckschen Tartarus nicht allzu fraglich erscheinen. Mit Gewißheit haben die Autoren Auden und Strawinsky beim Epilog der Oper, der von den Hauptpersonen vor dem Vorhang bei erleuchtetem Zuschauerraum gesungen wird, an das Finale des ‹Don Giovanni› gedacht. Die Pointe der moralischen Nutzanwendung, das fingierte Fugato und die manipulierten klassischen Melodie-Intervalle aus Mozarts ‹Questo è il fin› lassen das Publikum über die Absicht kaum im unklaren.[1]

Neoklassizistisches Komponieren so heiterer und geistreicher Formung sieht die Entwicklung der Welt nicht dialektisch, nicht aus dem Zusammenprall von Gegensätzen, sondern im Hin- und Hergeschiebe der Ähnlichkeiten und Wahlverwandtschaften. Die Freude des Sammlers, der nach dem Zuschlag den glücklich erworbenen Besitz nach Hause trägt, triumphiert.

---

1 Von Äußerungen, die Auden anläßlich seiner Festrede zur Eröffnung der Salzburger Festspiele 1968 über seinen musikalischen Bildungsgang und seine Liebe zum hohen und erhabenen Stil als Relikt in andersgewordener Umwelt machte, fühle ich mich in diesen, Jahre zuvor formulierten Beobachtungen bestätigt. Vgl. W. H. Auden: Worte und Noten. Salzburg 1968, Salzburger Festreden V, hg. von M. Kaindl-Hönig.

Wolfgang Burde*

Zur Musik in Strawinskys ‹Rake's Progress›

‹The Rake's Progress› (1951) ist die musikalisch-szenische Darstellung der schrecklichen Karriere eines jungen Mannes, der auf Fortuna baute und im Wahnsinn endet. Es ist eine Karriere in drei Stationen.

Sie beginnt mit der Liebe Toms zu Ann, der Nachbarstochter, auf dem Lande. Von Nick Shadow angeleitet und verführt, einem nicht allzu fernen Verwandten des Teufels aus der ‹Geschichte vom Soldaten› begibt sich Tom nach London, um eine Erbschaft anzutreten, die wahrhaftig des Teufels ist. Initiiert von der Puffmutter Goose, vergnügt sich der junge Mann in Londoner Bordellen, treibt in die Hochzeit mit einem «Freak», mit der Türken-Baba, und erlebt sich als Menschheitsbeglücker, der aus Stein Brot macht. Die «Brotmaschine», die Nick Shadow ihm vorführt, scheint nicht nur uralte Schuld von den Menschen zu nehmen und sie von dem Fluch zu befreien, im Schweiße ihres Angesichts arbeiten zu müssen, sie verspricht Audens Opernhelden auch eine gute finanzielle Zukunft.

Aber Tom, der Junge vom Lande, verspielt in Jahresfrist nicht nur sein gepumptes Geld, sondern auch sein Leben. Was ihm am Ende bleibt, ist ein Kartenspiel und die Liebe des Mädchens Ann. In der letzten Runde des Kartenspiels, in der seine Höllenfahrt der hohe Einsatz ist, suggeriert der Gedanke an sie die entscheidende Karte: die Herz Königin. Nick Shadow, von Panik ergriffen und die eigenen höllischen Leiden vor Augen, vermag Toms Seele nicht zu gewinnen, aber er schlägt ihn mit Wahnsinn. Im Wahn, als Adonis seine Venus liebend und in den treuen Armen Anns, stirbt Tom im Irrenhaus.

Inspiriert wurde die neunteilige Szenenfolge der Oper durch einen Zyklus von acht Bildern des englischen Malers und Kupferstechers William Hogarth. Hogarths Bilder, die er selbst in Kupfer stach und 1735 publizierte, sind sozialkritische Momentaufnahmen, sind der von den Zeitgenossen hochgeachtete Versuch, die Mißstände der englischen Gesellschaft – die Verhältnisse in den Gefängnissen, der Mißbrauch mit Ehekontrakten, die törichte Sucht der Bürger, den adeligen Lebensstil zu imitieren – durch konzentrierende Darstellung der schonungslosen Kritik zu öffnen. Igor Strawinsky sah Hogarths Zyklus mit dem Titel ‹A Rake's Progress› im Jahre 1947 während eines Besuchs im

* Der 1930 geborene Berliner Musikwissenschaftler ist Spezialist für die Musik des 20. Jahrhunderts und für Musiksoziologie. Er war von 1979–81 Chefredakteur der «Neuen Zeitschrift für Musik» und lehrt seit 1981 an der Berliner Hochschule der Künste.

Die große Auktions-Szene des dritten Aktes in einer Inszenierung am Londoner Opernhaus Covent Garden im Jahre 1979 (Premiere: 18. Juni), die Sir Colin Davis musikalisch und Elijah Hoshinsky in Zusammenarbeit mit den Bühnenbildnern Timothy O'Brien und Tazeena Firth szenisch betreute.

Chicago Art Institute. Aldous Huxley, Strawinskys Nachbar und Freund in Hollywood, empfahl ihm H. W. Auden als den Dichter, mit dem er zusammenarbeiten sollte, wenn ihm an einer Versoper gelegen sei. Igor Strawinsky lud den großen, langbeinigen, sehr sanften «blonden intellektuellen Bluthund», wie er ihn liebevoll-direkt charakterisiert, ein, in sein Haus nach Kalifornien zu kommen. Und am 10. November 1947 traf H. W. Auden bei den Strawinskys ein, und es begann ein zehntägiger Arbeitsprozeß, der schließlich zu einem ersten Szenarium für den ‹Rake› führte. Später beteiligte sich auch Audens Freund, Chester Kallman, an der gemeinsamen Arbeit. Von ihm stammen mehrere Szenen und Szenen-Fragmente in allen drei Akten – auch das Kartenspiel im dritten Akt.

In einem dreijährigen Prozeß entstand Strawinskys einzige abendfüllende Oper, die ‹Carriera d'un Libertino›, wie der italienische Titel von ‹*The Rake's Progress*› lautet; in dem venezianischen Kammertheater, dem Teatro La Fenice von Carl Ebert inszeniert und vom Komponisten dirigiert, wurde die Uraufführung des Werkes im September 1951 ein großer Erfolg. Seither gilt Strawinskys letzte neoklassizistische Partitur zwar als respektable Opern-Partitur – daß ‹*The Rake's Progress*› den Rang eines großen Kunstwerks besitze, wurde aber immer wieder bestritten. Erst kürzlich hat Virgil Thomson, der amerikanische Musikkritiker und Komponist, erklärt, daß Strawinsky zwar manches geglückt sei, nicht aber, die Oper zu meistern.[*]

Igor Strawinskys Orchester für den ‹*Rake*› ist mit dem Orchester für Mozarts ‹*Così fan tutte*› identisch: das Quartett der Holzbläser ist zweifach besetzt, ebenso wie die Hörner, die Posaunen und Pauken. Mozarts Streichquintett wird im ‹*Rake*› durch ein Cembalo ergänzt, dem die wesentliche Funktion zukommt, die Sphäre Nicks zu charakterisieren. Auch die Besetzung der Vokalpartien ist mit ‹*Così*› vergleichbar: Tom Rakewell (Tenor), Nick Shadow (Bariton), Anne (Sopran) und Türken-Baba (Mezzo-Sopran) sind die Protagonisten der Oper. Die Nebenrollen: Trulove (Baß), Mother Goose (Mezzo-Sopran), Sellem (Tenor), Wärter des Irrenhauses (Baß) werden ergänzt durch Diener, Chöre der Huren und Buben, der Bürger und Irren.

Daß Igor Strawinsky auf Mozarts Orchester zurückgreift, bedeutet allerdings nicht, daß er Mozarts musikalische Gestik kopierte. Dieses instrumentale Ensemble ermöglicht es ihm aber, die Partitur durchsichtig zu halten und der Oper insgesamt ein hohes Maß an Textverständlichkeit zu sichern.

Igor Strawinskys musikalische Gestik ist im ‹*Rake*› weit gefächert. So ist sehr bald ein barocker Stilbereich dechiffrierbar, der entweder relativ rein oder aber in staunenswerten Integrationsformen auftritt. Toms erstes Rezitativ und Arie in der ersten Szene der Oper, «Since it is not by merit / We rise or we fall, / But the favour of Fortune», übernimmt die große, ins Weite ziehende Gestik Händels, und in einem barockisierenden Arioso verbreitet Nick Shadow über einem instrumentalen Menuett die falsche, teuflische Botschaft von der angeblichen Erbschaft Toms. Wenn die Türken-Baba nach der Heirat mit Tom ins herrschaftliche Londoner Haus einzieht, die Stufen zum Portal hinaufgeführt wird, erklingt im Orchester eine prächtige Sarabande. Und die große zweite Szene des dritten Akts, die Kirchhof-Szene, ist ein erschütterndes neobarockes Dokument.

Andererseits, eine der ergreifendsten Nummern des ‹*Rake*›, Toms

---

[*] *Vgl. Virgil Thomson: Stravinsky's Operas. In: Musical Newsletter, Fall 1974.*

Kavatine «Love too frequently betrayed / For some plausible desire» und vor allem der sich anschließende Chor der Huren, «How sad a song», nehmen unüberhörbar Verdi-Kolorit in sich auf. Aber Toms Geständnis in der Kavatine, daß er weinend vor dem verletzten Bild der Geliebten knie, wird musikalisch überhöht durch Sekundreibungen der Oboen, die aus J. S. Bachs ‹Johannes-Passion› hinüber in die Passion Toms formuliert sind.

Terzengänge der Oboen und Flöten, aber auch solche Sekundformulierungen ziselieren mehrfach schmerzlich die vorherrschende «Passions-Sphäre», eine der schwankenden, zu Tode betrübten Hoffnung: etwa in der Kirchhof-Szene und in der großen Londoner Szene Anns im zweiten Bild des zweiten Akts, aber auch das todessüchtige Duett der beiden Liebenden am Ende der Oper: «In a foolish dream, in a gloomy labyrinth I hunted shadows, disdaining thy true love.»

Igor Strawinsky ist freilich ein zu empfindlich, zu reaktionsstark reagierender Komponist, um seine musikalische Zeit an ausgedehnte Stilzitate zu verschwenden. Seine kompositorische Technik der Charakterisierung des szenischen Augenblicks ist vielmehr dialektisch. Strawinsky produziert die gemeinte Atmosphäre nicht in direktem Zugriff, indem er ihren Affekt oder ihre Farbe musikalisch originär zu inszenieren sucht, sondern er treibt sie hervor durch Konfrontation. Seine originäre musikalische Sprache sucht immer wieder die Konfrontation mit typischen Ausdrucksklischees, wie sie sich im Verlauf einer mehr als dreihundertjährigen Operntradition gebildet haben, und bringt so während des musikalischen Zeitprozesses die Musik, die Szene zum Sprechen.

Zwei Beispiele aus dem ‹Rake› für dieses Verfahren:

In der dritten Szene des ersten Akts – es ist Herbst geworden, Tom ist aus London nicht zurückgekehrt, Ann hat von ihm nichts gehört – leitet Strawinsky das Rezitativ und die folgende Arie Anns mit einem schmerzlich konzentrierten Vorspiel ein. Die Holzbläser intonieren wie in Holz geschnitzte Phrasen, diskret zurückgestaute Aufschreie der Hoffnungslosigkeit, die an die Sprache der ‹Histoire du Soldat› erinnern. In der Arie Anns aber befreit sich der Gesang im $^6/_8$-Rhythmus Verdis, und ihre Trauer singt sich in die kolorierenden Figuren Mozartscher Arien hinein. Wenig später nur, in der Kabaletta, macht sich Ann mit Mozarts Arien-Typ wilder Entschlossenheit Mut.

Die Angst, daß Tom sie vergessen habe, wird durch ihre Liebe zu ihm überformt, Anns Trauer und Resignation wird durch ihre Hoffnung überlagert: «It can not be thou art / A colder moon, a colder moon upon a colder heart.»

Im musikalischen Zeitprozeß wird die seelische Erstarrung, werden die musikalischen Chiffren der Angst des Beginns allmählich mit den kleinen Zeichen musikalischer Hoffnung, die in der Arie gesetzt werden, verwoben. So treibt die Dialektik des Gestaltens das Dritte hervor, die eigentlich gemeinte differenzierte Bewußtseinslage Anns. Sie aber wird nicht im musikalischen Zugriff erobert, sondern wächst aus der Anlage dieses gegliederten Opern-Augenblicks heraus.

III. Akt, 2. Szene. Die nicht geheure Partnerschaft zwischen Tom und Nick kulminiert in dieser Szene, treibt der Katastrophe zu. Nick Shadow präsentiert dem jungen Lebemann nach einem Jahr die Rechnung – Toms Seele: «Tis not your money but your soul.» Tom wird aufgefordert, zwischen vier Todesarten zu wählen, Dolch, Gift, Pistole und Strang liegen bereit. Um Mitternacht schlägt die Uhr auf den immer noch ängstlich Schwankenden ein. Beim achten Schlag hält Nick die Zeit an und offeriert dem Zitternden in alter Kollegialität und Freundschaft ein Intermezzo: Nick Shadow werde drei Karten auswählen, und Tom solle ihre Bilder erraten. Gelingt's, so sei seine Seele gerettet.

Bis dahin hat Strawinsky bereits einzigartige musikalische Charakterisierungsarbeit geleistet. Die Kirchhof-Szene wird durch ein fahles, vibratoloses *Prélude* der Streicher eingeleitet. Solo-Violoncello und Solo-Bratsche inszenieren ein chromatisches Feld b, a, c und des, das bald zu b, a, c, h und um as, g, ges erweitert wird. Die kleine Sekund und der abgeschiedene Klang der Instrumente werden zum eigentlichen Ausdruckscharakter dieses Vorspiels.

In den tiefen Streichern beginnt nun jene typische gemessene barocke Punktierung, über die Strawinsky seine Passions-Signale, die Terzen der Flöte, setzt. Und in das g-Moll-Arioso Toms bricht Shadow mit einem forciert munteren G-Dur-Liedchen ein. Nick Shadow reißt aber auch die barocken Akzentuierungen an sich, wendet sie nach Dur und führt Tom so seinen nahen Höllentod vor Augen. Tom antwortet in wilder Verzweiflung, zu der die fanfarenartigen repetierten Dreiklänge des Opernbeginns zitiert werden. Die Zwielichtigkeit der Szene kulminiert schließlich in einer weit ausgesponnenen bitonalen – zwischen F-Dur und fis-Moll zunächst changierenden – Cembalo-Partie, über deren unsicherem Boden Toms und Nicks Kartenspiel-Dialoge ausgetragen werden. Als Nick Tom hintergeht und die bereits erratene und fortgelegte Karte der Herz Königin dem Spiel in einem unbeobachteten Augenblick wiederum beimischt, antwortet das Cembalo, das Symbolum des Teufels, jetzt mit fanfarenartigen Klängen des Sieges.

Die Liebe selbst hilft zuletzt Tom. Ann singt mit dem Verzweifelnden und setzt so ein Zeichen. Tom wählt erneut die Herz Königin und sinkt taumelnd vor Freude zu Boden. Nick Shadow aber beginnt eine groß-angelegte barocke Lamentatio, an deren Ende er Tom flucht und mit Wahnsinn schlägt: «To reason blind, shall be your mind.»

Auch in dieser großen, weitgesponnenen Szene entgeht Strawinsky der Versuchung, die Atmosphäre teuflischer Bedrohung und des Todes musikalisch auf einen Ton zu stimmen und sie gleichsam expressionistisch zu gebären.

Mit dem Vorspiel wird eine Klangfolie der Abgeschiedenheit, wird die Reglosigkeit des Todes, das Beharrungsvermögen tiefen Schmerzes gesetzt. In diesen Klanghintergrund hinein schreibt Strawinsky seine ausdrucksvollen musikalischen Chiffren: Passions-Formeln für Tom, auftrumpfende volkstümliche Melodik für Nick Shadow. Tom steigert sich zum verzweifelten Schrei, und Nick Shadow adaptiert das barocke Pathos, um seiner Todesforderung Nachdruck zu geben. Im «spinnen-beinigen» Spiel der Dur-Moll gefärbten Cembalo-Linien reiben sich Tom und Nick atemlos aneinander, in äußerster, zurückgenommen inszenierter Spannung. Die Gesamtanlage der Szene also verschweißt die Bausteine zum Ganzen und treibt ihren grundlegenden Affekt hervor. Strawinskys Technik der strukturellen Montage und der Ein-schmelzung des stilistisch Heterogenen gehorcht einer empfindlichen Balance. Nirgendwo sonst in solchen Opern-Augenblicken wird so deutlich, wie sehr der Musiker Igor Strawinsky in der Tat als zeitbe-wußter Musiker denkt und formuliert.

Tom stirbt im Irrenhaus, stirbt in dem Wahn, als Adonis die Göttin Venus zu lieben – in den Armen der treuen Ann. Aber die Oper endet nicht mit dieser anrührenden Liebesszene, sondern mit einem Epilog: «Good people, just a moment.» Und der Epilog endet mit einer Moral, der man nicht unbedingt bescheinigen möchte, daß sie für zukünftige Generationen einen sicheren Wall gegen die Ausschweifung errichten wird: «For idle hands / And hearts and minds / The Devil finds / A work to do.»

Igor Strawinsky aber, nahezu siebzig Jahre alt, legt nach dem gro-ßen Erfolg seiner Oper weder die Hände in den Schoß, noch folgt er der Versuchung, ein zweites Mal und mit vergleichbaren neoklassizisti-schen Mitteln die Zusammenarbeit mit Auden und Kallman zu su-chen. Er begibt sich auf die Suche nach neuen Aspekten seines kom-positorischen Handwerks und analysiert Schönbergs Zwölftontechnik vor allem dort, wo sie ihn zunächst am intensivsten interessierte, im abgeschlossenen kompositorischen Œuvre Anton von Weberns.

In einer ebenso umfangreichen wie fundiert ästhetischen, grundlegenden Studie hat der Berliner Musikhistoriker Carl Dahlhaus (geb. 1928) sich mit den Bühnenwerken Strawinskys (abgesehen von den Balletten) beschäftigt. Auf der Suche nach einem geeigneten Oberbegriff für die divergierenden Ausprägungen des Strawinskyschen Musiktheaters verfiel er auf den freilich durch Brechts Theatertheorie erheblich vorbelasteten, für Strawinsky jedoch ebenfalls unumgänglichen Gesichtspunkt des «epischen» Theaters als Gegenbegriff zum «Einfühlungstheater», wie es etwa das Wagnersche «Musikdrama» in extenso verkörpert, gegen das sich ja Strawinsky, ebenso wie übrigens auch Brecht, zeitlebens gewandt hat. Als Beispiel, wie nun Strawinsky – allerdings ohne den polemisch-gesellschaftskritischen Ansatz Brechts – mit der großen Opernform zurechtkommt, ohne seinem «epischen» Prinzip untreu zu werden, gibt Dahlhaus die treffende, im folgenden abgedruckte Skizze der dramaturgischen Eigenart des Librettos.

Carl Dahlhaus

Zur Dramaturgie von ‹The Rake's Progress›

(Auszug aus einer Studie über «Igor Strawinskys episches Theater»)

‹The Rake's Progress› (1948–51), Strawinskys dritte Oper nach ‹Le Rossignol› und ‹Mavra›, trägt einen doppelten Untertitel: «an Opera in Three Acts» und «a Fable by W. H. Auden and Chester Kallman». Und unter «Fable» kann man schlicht eine Dichtung, aber auch eine Parabel und sogar ein Märchen verstehen.

Die Behauptung, daß das Libretto auf eine Bilderserie von William Hogarth, ‹The Rake's Progress› (1732/33), zurückgehe, ist ebenso unanfechtbar wie unzulänglich. Denn die rührende Geschichte, die Hogarth erzählt, stellte lediglich eine Anregung dar, von der Auden ausging, bildet aber keineswegs die Substanz des Stücks, das er für Strawinsky entwarf und das dessen Enthusiasmus hervorrief. Audens Fassung ist zwar gleichfalls, ebenso wie die Bilderserie, eine Parabel, deren Moral in dem Satz besteht, daß sich wahre Liebe durch ein Lotterleben des Geliebten, das unaufhaltsam zum finanziellen und schließlich zum geistigen Ruin führt, nicht beirren läßt, auch wenn sie außer der Seele nichts zu retten vermag. Die Comedie larmoyante jedoch, in die sich Tom Rakewell aus Schwäche verstrickt, wird von Auden mit unverkennbaren Zügen eines Märchens ausgestattet und gerät dadurch in die Nähe einer literarischen Gattung, die Hogarths sozialkritischem Aufklärungseifer denkbar fernlag.

Der Vertrag, den Tom Rakewell mit Nick Shadow, seinem dunklen Schatten, gedankenlos schließt, ist ein Teufelspakt; und die Szene, in der die beiden um Toms Seele würfeln, könnte geradezu, wie die dramaturgisch analoge Trinkszene in der ‹Histoire du Soldat› aus einem Volksbuch stammen. Vor allem aber sind die drei Wünsche, die Tom Rakewell offenstehen: verhexte Wünsche, die sich durch die Erfüllung, die Nick Shadow arrangiert, als nichtig und desaströs erweisen, ein Märchenmotiv. Und nicht die Struktur der Comedie larmoyante, die in einer lückenlosen Intrige bestehen müßte, sondern die des Märchens, die eine lockere Reihung zuläßt, bestimmt das Muster, das der Dramaturgie des Stücks zugrunde liegt.

Von den drei Wünschen ist der erste, der aus der Hogarthschen Vorlage stammt: das Verlangen nach Lust, das im Bordell endet, denkbar banal. Der zweite und dritte aber sind charakteristisch für Audens Methode, aus einem Stück Philosophie, dessen er sich als Schriftsteller von äußerster Intellektualität nicht zu schämen braucht, Theatereffekte von äußerster und geradezu bedenkenloser Drastik zu entwickeln, von denen er glaubte, daß sie zum Opernstil gehören.

Auden parodiert den Drang nach schrankenloser Freiheit, den Tom Rakewell in sich fühlt, indem er als extreme Realisierung einen *acte gratuit*, eine absolut sinnlose Handlung konstruiert: die Heirat eines Zirkusmonstrums, der Türken-Baba. Die Dialektik des *acte gratuit*, die Auden als literarisches Motiv von André Gide übernahm, erweist sich also – in einem seltsamen Umschlag von abstrakter in farbenschreiende Absurdität – als Anlaß und Vehikel einer szenischen Burleske. Und eine ähnliche dramaturgische Funktion erfüllt der dritte Wunsch, der in dem hybriden Drang besteht, als Geschäftsmann zugleich Erlöser oder als Erlöser Geschäftsmann zu sein, der also ein Stück Kapitalismus-Kritik einschließt, das gewissermaßen zum Lokalkolorit eines im 18. Jahrhundert angesiedelten Librettos gehört. Der Größenwahn, der von Tom Rakewell Besitz ergreift, als ihm Nick Shadow eine Maschine präsentiert, die eine Verwandlung von Steinen in Brot vorgaukelt, wird von dem Mephisto, der Tom als Schatten anhaftet, in schlichten Betrug überführt, der Tom in den Ruin reißt. Die Katastrophe aber löst eine tumultuarische Auktionsszene aus, die zu den geglücktesten Teilen der Oper gehört; und dramaturgisch ist nicht das Tableau eine Illustration der Intrige, sondern eher umgekehrt die Intrige ein Mittel zur Herbeiführung des Tableaus, in dessen breiter Ausmalung die Szenenfolge kulminiert.

Versucht man, das Problem zu rekonstruieren, dessen Lösung für Auden in der seltsamen Verquickung von Märchenmotiven, Gesellschaftskritik und burlesken Theatereffekten bestand, so stößt man auf das Fehlen einer eigentlich dialogischen Substanz, die nach den Normen der traditionellen Ästhetik die tragende Prämisse eines «Dramas» bildet. Die Liebe der Anne Trulove zu Tom Rakewell wäre als Hauptinhalt einer dreiaktigen Oper zu blaß, weil sie sich nicht entwickelt, sondern lediglich immer aufs neue dokumentiert. Anne Trulove ist eine Solveig, von der Peer Gynt sicher sein kann, sie noch nach Jahrzehnten so wiederzufinden, wie er sie verlassen hat.

Andererseits fehlt jedoch auch zwischen Tom Rakewell und Nick Shadow, anders als zwischen dem Soldaten und dem Teufel in der ‹Histoire du Soldat›, eine wahrhaft dialektische Beziehung, die einer Reihe von Dialogen die Spannung einer sich steigernden Auseinandersetzung geben könnte, also das Rückgrat eines «Dramas» wäre. Nick Shadow, der Teufel, der am Ende als betrogener Betrüger dasteht, ist nichts als Tom Rakewells anderes Ich, das die Versuchungen, denen Tom aus Schwäche ausgesetzt ist, beim Namen nennt und die Arrangements trifft, die notwendig sind, um ihnen zu verfallen.

‹The Rake's Progress›, die Umkehrung von ‹The Pilgrim's Progress›, ist eine schwarze Komödie der Charakterlosigkeit. Tom Rakewell ist nicht einmal ein «gemischter» Charakter, wie ihn die Dramaturgie der Comedie larmoyante im 18. Jahrhundert postulierte, sondern überhaupt keiner, weder ein Held noch ein Lump und nicht einmal das eine verquickt mit dem anderen. Und gerade dadurch, daß dort, wo ein Charakter sein sollte, schlechterdings nichts ist, eine bloße Leere, ist er den Zufällen eines Schicksals, das blind um sich schlägt, um so widerstandsloser ausgesetzt, nicht unähnlich dem Max in Webers ‹Freischütz›, in dem das Schicksalsdrama, der Modetypus der Jahre nach 1810, zur Nationaloper wurde. Schicksals- und Charakterdrama schließen sich, wie Walter Benjamin erkannte, gegenseitig aus.

Der Zufall aber, dessen Opfer Tom Rakewell ist, stellt nicht nur ein Motiv des Stücks, sondern geradezu dessen Formprinzip dar. Von lückenloser Motivierung der Handlung oder der Intrige, einer geschlossenen Form also, in der eine Szene aus der anderen hervorgeht, kann nicht die Rede sein. Die Szenen werden nicht von innen heraus, sondern ausschließlich durch die Märchenstruktur, deren altüberliefertes Schema der Reihung von Wünschen, die durch Erfüllung scheitern, einen Schein von dramaturgischer Plausibilität verleiht, zusammengehalten. Der Mangel an Konsequenz aber, der in der Handlung herrscht, drückt deren Moral aus, die Moral einer Parabel: Wer sich, wie Tom Rakewell, den Zufällen des Glücks überläßt, ist schließlich der Betrogene. Nick Shadow, Toms dunkler Schatten, ist der Gelegenheitsmacher, der die Fallen aufstellt, in die Tom dann tappt. Er zaubert, ein zweiter Mephisto, die Situationen herbei, die Tom Rakewell blenden und am Ende in den Ruin ziehen. Daß eine «Logik» der Handlung, der Szenenverknüpfung, kaum fühlbar ist, bedeutet demnach kein Gebrechen, an dem das Stück krankt, sondern stellt ein Strukturprinzip dar, durch das sich das Thema der Handlung in deren Form ausdrückt. Und die Spannung, von der das Stück getragen wird, ist nicht die «dramatische» der Konsequenz, sondern die «epische» der Wechselhaftigkeit, die mit Theaterwirksamkeit durchaus vereinbar erscheint.

Man kann die Struktur oder die Mischung von Strukturen, mit der Auden operierte, auch negativ begründen: Sofern die Spannung, die ein Stück braucht, um im Theater bestehen zu können, weder in einer sich entwickelnden Beziehung der Personen zueinander lag noch durch eine Intrige, die durch fesselnde Logik die Aufmerksamkeit des Publikums zu erzwingen vermochte, hervorgerufen wurde, mußte sie in der Buntheit der Ereignisse, und zwar einer motivierten, sogar philosophisch motivierten Buntheit, gesucht werden. Und die Märchenstruktur, die Auden der Parabel überstülpte, um den dramaturgischen Schwierigkeiten zu begegnen, diente dazu, eine tumultuarische Szenenfolge zu konstruieren, aus der die Bordell-Szene, die Auftritte des Zirkusmonstrums und die Auktion besonders grell hervorstechen. Das Märchenschema ist also ein Vehikel der Theatereffekte, die Auden um so bedenkenloser entfesselt, als sie durch ein wenig Philosophie begründet sind, und die Theatereffekte wiederum verdecken den Mangel, daß die dialogische Substanz schwerlich ausreichen würde, um ein «Drama» in dem Sinne zu konstituieren, wie der Begriff im 18. und 19. Jahrhundert aufgefaßt wurde, wobei die Differenz, ob der Akzent wie im Schauspiel auf die rhetorische Auseinandersetzung der Personen oder wie in der Oper auf die Konfiguration der Affekte und deren Ausdruck in einem in sich kontrastierenden Ensemblesatz fällt, durchaus sekundär ist. Strawinsky war weder ein Komponist von Dialogen noch von Affekten – das Wagnersche Musikdrama ertrug er nicht und das Ausdrucksprinzip der italienischen Oper konnte er sich nur in ironischer Brechung zu eigen machen –, und Auden verfügte über das ästhetische Taktgefühl, eine dramaturgische Konstruktion bereitzustellen, die theatralisch tragfähig war und es Strawinsky dennoch erlaubte, die Schwächen, die ihn als Opernkomponisten zum Außenseiter machten, im verborgenen zu halten.

Zeittafel zur ‹Dreigroschenoper›

1728 Am 29. Januar wird die ‹Beggar's Opera› von John Gay mit Musik von Johann Christoph Pepusch im John Rich's Theatre auf den Lincoln's Inn Fields in London uraufgeführt. Der Erfolg ist für damalige Verhältnisse so groß, daß bereits am 19. Juni die 62. Aufführung verzeichnet wird.

1898 10. Februar: Bertolt Brecht wird in Augsburg geboren.

1900 2. März: Kurt Weill kommt in Dessau zur Welt.

1920 Die Londoner Neuaufführung der ‹Beggar's Opera› in einer Bearbeitung von Nigel Playfair und Frederic Austin erntet wieder einen ungewöhnlichen, zweieinhalb Jahre andauernden Erfolg.

1927 Elisabeth Hauptmann hört von dem Erfolg der ‹Beggar's Opera› und übersetzt das Stück für Brecht.

1928 Brecht bearbeitet diesen Text, für den er zunächst den Titel «Gesindel» vorgesehen hat, und läßt ihn in der Fassung mit dem Titel «Die Ludenoper» als Bühnenmanuskript vervielfältigen.

Im Juni lernt Ernst Josef Aufricht, ehemaliger Schauspieler und jetzt Leiter des Berliner Theaters am Schiffbauerdamm, Brecht kennen. Da Aufricht für die Eröffnung des Theaters unter seiner Leitung ein neues Stück benötigt, schlägt ihm Brecht die «Ludenoper» vor. Die Vertonung der Songs soll Kurt Weill übernehmen. Aufricht ist einverstanden.

Bis Ende Juli arbeiten Brecht und Weill in Le Lavandou (Riviera) intensiv an der «Ludenoper».

23. August: Schlußdatum in Weills Partiturautograph (noch ohne die Moritat von «Mackie Messer», die erst unmittelbar vor der Uraufführung entsteht).

Den Proben wohnen Lion Feuchtwanger und Karl Kraus bei, die sich beide zudem nützlich machen: Feuchtwanger schlägt den endgültigen Titel ‹Dreigroschenoper› vor und Karl Kraus schreibt die zweite Strophe zum Eifersuchtsduett.

31. August: Die Uraufführung der ‹Dreigroschenoper› scheint zunächst ein Mißerfolg zu werden, bis das Publikum plötzlich bei dem «Kanonen-Song» mitgerissen wird. Unter der Regie von Erich Engel und den Bühnenbildern Caspar Nehers agieren, unterstützt von Theo Mackeben und der Lewis Ruth Band, Harald Paulsen (Macheath), Erich Ponto (Peachum), Rosa Valetti (Frau Peachum), Roma Bahn an Stelle der ursprünglich vorgesehenen Carola Neher (Polly), Kurt Gerron (Brown), Kate Kühl (Lucy), Ernst Busch (Smith und Moritatensänger) und Lotte Lenya als Spelunken-Jenny.

Der Erfolg übersteigt alle Erwartungen; das Stück wird über ein Jahr lang en suite gespielt, und viele Bühnen in Deutschland und im Ausland setzen die Erfolgsserie fort.

1929 8. Februar: Otto Klemperer dirigiert die Uraufführung der von ihm bei Weill in Auftrag gegebenen ‹Kleinen Dreigroschenmusik›, einer Suite aus der Oper, in einem Konzert der Berliner Kroll-Oper.

1930 21. Mai: Die Nero-Filmgesellschaft schließt mit den Autoren der ‹Dreigroschenoper› einen Vertrag über die Verfilmung des Erfolgsstückes.

3. August: Während der Vorbereitungen zur Verfilmung, unterzeichnet die Filmgesellschaft ein «Übereinkommen» mit Brecht, daß an dem Inhalt des Stückes keine grundlegenden Änderungen vorgenommen werden dürfen. Als Mitarbeiter an dem Drehbuch setzt Brecht Caspar Neher und Slatan Dudow durch, doch hinter seinem Rücken engagiert die Filmgesellschaft Leo Lania als Drehbuchautor.

18. August: Die Firma versucht, Brecht mit einem Betrag dazu zu bringen, daß er auf eine Mitarbeit am Drehbuch verzichtet.

23. August: Die Filmgesellschaft kündigt die Zusammenarbeit mit Brecht, der natürlich mit dem Drehbuchautor in Konflikt geriet, und erklärt sich bereit, Schadenersatz zu gewähren. Zugleich wird Leo Lania gekündigt und Béla Balázs als Drehbuchautor verpflichtet. Im September schreibt Brecht seine Filmgrundlagen in dem Exposé ‹Die Beule› nieder. Am Ende des Monats reichen Brecht und Weill, jeder für sich, gegen die Filmgesellschaft Klage ein.

1. Oktober: In einer Pressenotiz wirft die Firma Brecht vor, er habe sein Stück für den Film in seiner politischen Tendenz verschärft, und das könne eine «politisch neutrale» Filmgesellschaft nicht dulden.

Die Verhandlungen vom 16. Oktober bis zum 4. November enden mit einer Abweisung der Klage. Brecht legt dagegen Berufung ein.

19. Dezember: In einem Vergleich verzichtet Brecht gegen die Zahlung einer hohen Entschädigungssumme auf die Wahrnehmung seiner Autorenrechte an dem Film.

1931 Brecht veröffentlicht den ‹Dreigroschenprozeß› als «soziologisches Experiment» zusammen mit dem Filmexposé und dem Text der ‹Dreigroschenoper› (Heft 3 der «Versuche»).

19. Februar: Im Berliner «Atrium» wird der Film ‹Die Dreigroschenoper› uraufgeführt. Das Drehbuch galt als «frei nach Bertolt Brecht» ausgewiesen. Die Regie führte Georg Wilhelm Pabst, der das Stück als «modernes Märchen» aufgefaßt hat. Von den Darstellern der Uraufführung des Originalstückes sind nur Ernst Busch und Lotte Lenya für den Film verpflichtet worden.

1933 Im September beginnt Brecht an seinem ‹Dreigroschenroman› zu arbeiten, in dem er die latente sozialkritische Schärfe des Stückes auf den Punkt bringt.

1934 Im November erscheint der Erstdruck des ‹Dreigroschenromans› in Amsterdam.

1937 Auf Initiative Aufrichts findet am 28. September die Pariser Erstaufführung der ‹Dreigroschenoper› statt.

1946–48 Brecht schreibt alternative Songtexte für die ‹Dreigroschenoper›, die auf die Erfahrungen mit dem «Dritten Reich» dezidiert eingehen.

1949 27. April: An den Münchner Kammerspielen geht das Stück in der Regie von Harry Buckwitz in Szene. Während der Proben hat man von den Texten der Neufassung wieder Abstand genommen.

1950 3. April: Kurt Weill stirbt nach vierzehntägiger Krankheit im Flower Hospital New York.

1956 10. Februar: Brecht besucht die Premiere der italienischen Erstaufführung der ‹Dreigroschenoper› am Piccolo Teatro in Mailand. Regie führt Giorgio Strehler, der die Handlung exakt ins Jahr 1914 verlegt. Die Ausstattung besorgten Teo Otto und Luciano Damiani, die Kostüme Ezio Frigerio und die musikalische Leitung hat Bruno Maderna. Im Dezember hatte Strehler mit Brecht in Berlin über die Regie debattiert. Brecht schrieb später an Strehler: «Lieber Strehler, ich wollte, ich könnte Ihnen in Europa alle meine Stücke überlassen.»

14. August: Brecht stirbt in Berlin (DDR) an den Folgen eines Herzinfarkts.

Zeittafel zu ‹The Rake's Progress›

1882 Igor Fjodorowitsch Strawinsky wird am 17. Juni in Oranienbaum bei St. Petersburg geboren.

1907 Geburtsjahr des angloamerikanischen Dramatikers, Lyrikers und Essayisten Wystan Hugh Auden, der gemeinsam mit Chester Kallman Opernlibretti für Strawinsky und Hans Werner Henze schreiben wird.

1947 Am 2. Mai besucht Strawinsky eine Ausstellung englischer Malerei im Chicago Art Institute und sieht auch die Bilderserie ‹The Rake's Progress› des englischen Malers und Kupferstechers William Hogarth, der von 1697 bis 1764 in London lebte. Strawinsky faßt unter dem Eindruck der um 1733 entstandenen Bilderfolge vom Aufstieg und Fall eines jungen Mannes den Plan, eine abendfüllende englische Oper im Stil des 18. Jahrhunderts daraus zu machen. Als Modell schwebt ihm Mozarts *dramma giocoso ‹Don Giovanni›* vor.
26. September: In einem Brief an seinen Verleger Ralph Hawkes schlägt Strawinsky, angeregt von Aldous Huxley, als Librettisten Wystan Hugh Auden vor. – 30. September: Auden trifft sich mit Hawkes und zeigt sich an der Opernidee stark interessiert. – Sechs Tage später schreibt Strawinsky zum erstenmal an seinen Librettisten und erläutert ihm das Projekt. Dabei äußert er ausdrücklich seine Ablehnung des Wagnerschen «Musikdramas» zugunsten der Versoper des 18. Jahrhunderts, die auch eine dramaturgische Einteilung der Handlung in Rezitative und musikalische «Nummern» vorsieht. – 4. November: Strawinsky teilt seinem Verleger mit, daß er Auden einladen wird, das Projekt (Szenarium) im gemeinsamen Gespräch zu erörtern. Am 9. November bittet er Hawkes um die Zusendung der Partituren zu Mozarts großen Opern, der «Quelle der Inspiration für meine zukünftige Oper». – Vom 11. bis 18. November erarbeiten Strawinsky und Auden das Szenarium der Oper und weichen dabei von der Bilderserie erheblich ab, indem sie die Stationen mit Handlungselementen und neuen Personen auffüllen, ohne jedoch den Moritatencharakter des Ganzen aus dem Auge zu verlieren. – 25. November: Strawinsky teilt seinem Verleger mit, daß die Handlungsfolge und die Besetzung der Oper feststehe. – 11. Dezember: Strawinsky komponiert das Vorspiel zur Szene auf dem Friedhof. Auden arbeitet inzwischen in New York an dem Libretto. Ohne Wissen Strawinskys hat er als Mitarbeiter den Versspezialisten Chester Kallman hinzugezogen.

1948 Mit der Zusendung des Textes zum ersten Akt Anfang Januar erfährt Strawinsky von der Mitarbeit Kallmans. Und auf dem Manuskript des Ende Januar eintreffenden zweiten Aktes sind beide Librettisten verzeichnet. Strawinsky duldet stillschweigend diese Zusammenarbeit, obwohl er zunächst indigniert ist.
31. März: Auden übergibt Strawinsky den dritten Akt in der Lily-Pons-Suite des Hotels Raleigh in Washington. Bei dieser Gelegenheit beginnt auch die Adlatus-Tätigkeit des jungen Robert Craft für Strawinsky. Auden gegenüber nennt Craft den Text zur Szene in Bedlam «die schönste Poesie, die je für eine Oper bestimmt war». – 5. April: Strawinsky lernt Chester Kallman kennen und ist endgültig einverstanden damit, daß Auden einen solchen Mitarbeiter für die Erstellung des «brillanten» Librettos gewählt hat. – Am 8. Mai beginnt Strawinsky in seinem Haus in Hollywood mit den ersten Skizzen zur Vertonung des Librettos. Er komponiert die Oper vom ersten Bild an. – 2. August: Strawinsky schreibt an Hawkes, daß ihm der «leichte» Tonfall der Oper große Mühe beim Komponieren mache und er deswegen immer noch mit der Anfangsszene beschäftigt sei. – 13. September: Das Duettino des ersten Bildes ist fertig. – 3. Oktober: Strawinsky vollendet das erste Bild in der Skizze. – 5. Oktober: Strawinsky skizziert die Chöre der Bedlam-Szene. Drei Tage später teilt er Craft mit, daß er anfängt, das zweite Bild des ersten Aktes zu komponieren.

1949 16. Januar: Der erste Akt ist in der Skizze fertig. – 3. Februar: Strawinsky spielt Auden das bisher Komponierte vor. Der Librettist macht den ingeniösen Vorschlag, die Cabaletta der Anne mit dem exponierten Hochton «c» schließen zu lassen. Er schreibt dafür auch eine singbare Textmodifikation. – 28. Juli: Die Instrumentation des ersten Aktes ist abgeschlossen. – 16. September: Strawinsky hofft, den zweiten Akt bis zum nächsten Januar komponiert zu haben. – Am 3. Oktober beginnt er mit der Komposition des Terzetts «Could it then». 20. November: In einem Brief an Hawkes bezeichnet Strawinsky seine Oper als «Mozart-like». – 29. Dezember: Strawinsky vollendet die Komposition von Babas Wut-Arie im dritten Bild des zweiten Aktes.

1950 10. Januar: Strawinsky beginnt das Arioso Rakewells nach der Pantomime (Nicks Vorführung der Brotmaschine) zu komponieren. – 6. Februar: Strawinsky meldet die Fertigstellung der Skizzen des dritten Bildes und der Partitur der ersten beiden Bilder des zweiten Aktes. – 1. Februar: Strawinsky vollendet die Partitur des zweiten Aktes. – 1. März: Strawinsky faßt die Premiere der Oper in einem kleinen New Yorker Theater ins Auge. Aus finanziellen Gründen ist das jedoch nicht realisierbar. Ab Ende Mai arbeitet Strawinsky an der Komposition des dritten Aktes.

1951 24. Januar: Die Welturaufführung der Oper wird nun endgültig unter Strawinskys musikalischer Leitung in Venedig stattfinden. In einem Brief an seinen Verlag bestätigt Strawinsky das Vorhaben. – 28. Januar: Strawinsky vollendet das Duett «In a foolish dream» aus der Bedlam-Szene. – Im März arbeitet Strawinsky an der Instrumentation der letzten Szene des dritten Aktes. – 7. April: Die Komposition des Epilogs ist fertig. – 3. Mai: Die endgültige Partitur der gesamten Oper liegt vor. – Ende August trifft Strawinsky zu den ersten Proben in Mailand ein. Für die Uraufführung im Teatro La Fenice in Venedig ist das Ensemble der Mailänder Scala zuständig. – 11. September: Die Uraufführung gerät eher zu einem «gesellschaftlichen» als zu einem künstlerisch befriedigenden Ereignis. Unter der Regie von Carl Ebert und dem von Ferdinand Leitner vorbereiteten Dirigat des Komponisten singen und spielen: Raffaele Ariè (Trulove), Elisabeth Schwarzkopf (Anne), Robert Rounseville (Tom), Otakar Kraus (Nick Shadow), Nell Tangeman (Mother Goose), Jennie Tourel (Baba) und Hugues Cuenod (Sellem), ferner wirken Chor und Orchester der Mailänder Scala mit. – Am 4. November dirigiert Ferdinand Leitner die deutsche Erstaufführung am Württembergischen Staatstheater Stuttgart.

1953 15. Februar: An der Metropolitan Opera New York findet unter der musikalischen Leitung Fritz Reiners die amerikanische Erstaufführung statt. Das Sängerensemble hat Strawinsky auf Grund von Aufführungen der Mozart-Oper ‹Così fan tutte› ausgesucht (!). Am 1. März geht diese Besetzung in die Columbia-Studios, um die Oper, allerdings nicht unter Fritz Reiners Leitung, sondern unter Strawinsky selbst, zum erstenmal für die Schallplatte aufzunehmen (vgl. die Diskographie des vorliegenden Bandes).

1971 6. April: Tod Igor Strawinskys.

1973 Todesjahr Wystan Hugh Audens.

Bibliographie

Eine Auswahl empfohlener Schriften zum Thema ⟨Dreigroschenoper⟩

Cäcilie Tolksdorf: John Gays «Beggar's Opera» und Brechts «Dreigroschenoper«. Rheinberg 1934

Ernst Schumacher: Die dramatischen Versuche Bertolt Brechts 1918–1933. Berlin 1955, S. 218 ff

Helga Riege: Studien zur Satire in Bertolt Brechts «Dreigroschenoper». Diss. Jena 1956

Albrecht Schöne: Bertolt Brecht. Theatertheorie und dramatische Dichtung. In: Euphorion 52, 1958, S. 272–296

Günter Hartung: Zur epischen Oper Brechts und Weills. In: Wissenschaftliche Zeitschrift der Martin-Luther-Universität Halle/Wittenberg (Gesellschaftliche und sprachwissenschaftliche Reihe), 8. Jahrgang, 1958/59, Heft 4/5, S. 659–673

Werner Hecht: Brechts Weg zum epischen Theater. Berlin 1962

Erich Engel: Schriften: Über Theater und Film. Berlin 1971

Werner Hecht: Die «Dreigroschenoper» und ihr Urbild. In: Werner Hecht: Sieben Studien über Brecht. Frankfurt a. M. 1982

Giorgio Strehler: Für ein menschliches Theater. Frankfurt a. M. 1975

Kurt Weill: Ausgewählte Schriften. Hg. von David Drew. Frankfurt a. M. 1975

Boris Singermann: Brechts «Dreigroschenoper». Zur Ästhetik der Montage. In: Brecht-Jahrbuch 1976. Frankfurt a. M. 1976

Renate Fischetti: Über die Grenzen der List oder Der gescheiterte Dreigroschenfilm. Anmerkungen zu Brechts Exposé «Die Beule». In: Brecht-Jahrbuch 1976. Frankfurt a. M. 1976

Fritz Hennenberg: Studien zu Brechts «Dreigroschenoper». In: Bertolt Brecht. Die Dreigroschenoper. Leipzig 1977

Gottfried Wagner: Weill und Brecht. Das musikalische Zeittheater. München 1977

Renate Fischetti: Bertolt Brecht. Die Gestaltung des Dreigroschen-Stoffes in Stück, Roman und Film. Maryland 1977

Roswitha Trexler: Was der Sänger von Brecht lernen kann oder Meine Auffassung von Weill. In: Brecht-Jahrbuch 1979. Frankfurt a. M. 1979

Ronald Sanders: Kurt Weill. München 1980

Gert Rienäcker: Thesen zur Opernästhetik Kurt Weills. In: Jahrbuch Peters 1980. Leipzig 1981

Klaus Kocks: Brechts literarische Evolution. Untersuchungen zum ästhetisch-ideologischen Bruch in den Dreigroschen-Bearbeitungen. München 1981

Jürgen Schebera: Kurt Weill. Leben und Werk. Mit Texten und Materialien von und über Kurt Weill. Königstein/Taunus 1983

Eine Auswahl empfohlener Schriften zum Thema ⟨The Rake's Progress⟩

Massimo Mila: Strawinsky. Carriera d'un libertino. Guida musicale. Milano 1951

Lord Harewood: Strawinsky and «The Rake's Progress». In: Opera 2 (1951), S. 610–618

Gianfrancesco Malipiero: The Rake's Progress de Stravinsky. In: Musique Contemporaine 1 (1951)

Eric Walter White: The Rake's Progress. In: Tempo Nr. 20 (1951), S. 10 ff

Herbert Murrill: The Rake's Progress. In: The Score 6 (1952), S. 55 ff

Colin Mason: Stravinsky's Opera. In: Music and Letters 33 (1952), S. 1–9
Aldous Huxley: Reflections on the Rake. The origin of the music. In: Opera News 17 (February 1952), S. 8 ff
Robert Craft: Reflections on «The Rake's Progress«. In: The Score 9 (1954), S. 24–30
Joseph Kerman: Opera as Drama. New York 1956
Deryck Cooke: The Rake and the 18th Century. In: The Musical Times 103 (1962), S. 20–23
Roman Vlad: The Rake's Progress di Stravinsky. Ultima opera classica. In: La Rassegna musicale 14 (1962), S. 248 ff
Robert Danes: Stravinsky's «Rake's Progress». Paradigm of neoclassic opera. Diss. Washington 1972
Virgil Thomson: Stravinsky's Operas. In: Musical Newsletter. Fall 1974
Charles Osborne: W. H. Auden. London 1979
Eric Walter White: Stravinsky: the Composer and his Works. London 1979
Vera Stravinsky and Robert Craft: Stravinsky in Pictures and Documents. London 1979
Frank Schneider: «The Rake's Progress» oder: Die Oper der verspielten Konventionen. In: Jahrbuch Peters 1980. Leipzig 1981
Paul Griffiths: Igor Stravinsky. The Rake's Progress. Cambridge Opera Handbooks. Cambridge 1982

Egon Voss

Anmerkungen zur Diskographie
‹Die Dreigroschenoper›

Die ‹Dreigroschenoper› ist auf Schallplatten kaum präsent. Keine der wenigen «Gesamt-aufnahmen» vermittelt auch nur eine Spur der Handlung des Stücks. Alle sparen den Sprechtext völlig aus, so daß die Musiknummern nichts mehr von jenem Sinn entfalten, den der Zusammenhang mit dem Stück stiftet (vgl. dazu den einleitenden Essay). So dargeboten ist die ‹Dreigroschenoper› wenig mehr als ein Potpourri frecher Songs und flotter Melodien. Daß diese Art der Wiedergabe nicht der Intention der Autoren ent-spricht, zeigt die Plattenaufnahme von 1930, für die Brecht selbst verbindende Zwischen-texte schrieb.[1] Dieser Fassung, die das Stück freilich auch drastisch kürzt – sie liegt bei Telefunken vor –, kommt insgesamt mehr Authentizität zu als allen späteren, äußerlich vollständigeren Aufnahmen. Was die Vollzähligkeit der Musiknummern anbelangt, so ist nur die von W. Brückner-Rüggeburg geleitete Aufnahme vollständig (sie enthält sogar auch die gleichsam apokryphe «Arie der Lucy»). In bezug auf die Gesangstexte verfährt sie jedoch nicht anders als die übrigen Aufnahmen: sie bietet die Strophen der Songs nur in Auswahl.

Die ‹Dreigroschenoper› ist vor allem deshalb auf Platten nicht wahrhaft präsent, weil sich kaum eine Aufnahme genau an Weills Partitur hält. Der Geruch von U-Musik, in den die Musiknummern fast zwangsläufig geraten, wenn man sie aus dem Zusammenhang mit dem Stück reißt, scheint als Freibrief für ungeniertes Uminstrumentieren genommen zu werden. Weills äußerst differenzierte Handhabung des Schlagzeugs wird ebenso bedenken-

---

1 Die Zwischentexte sind wiedergegeben in: Brechts ‹Dreigroschenoper›. Hg. von Werner Hecht (suhrkamp taschenbuch materialien). Frankfurt a. M. 1985, S. 35 f.

los aufgegeben wie seine genau kalkulierte instrumentatorische Disposition hinsichtlich der Form. Die Musik erscheint auf das Niveau allenfalls mittelmäßiger Tanzkapellen herabgedrückt. Zur einebnenden Gleichmacherei gesellt sich die klangliche Glättung, die alle Ecken und Kanten zugunsten eines banalen Gewohnheitssounds abschleift. Eine Ausnahme macht hier nur die Wiener Aufnahme unter Adler, die zumindest ahnen läßt, daß Weills Musik in Wahrheit von spröd-aggressiver Fremdartigkeit und ihre «Schlager-haftigkeit» allenfalls eine solche zweiter Natur ist. Weills Partitur harrt noch der Entdeckung.

Auch in bezug auf das Singen ist die ‹Dreigroschenoper› auf Platten nicht präsent. Die Wiener Aufnahme unter Adler geht fehl, weil sie die Partien von Opernsängern im Opernstil darbieten läßt, der nur im dritten Finale am Platze ist. Die übrigen Aufnahmen kranken daran, daß sie mit Schauspielern arbeiten, die entweder das Singen durch ein melodramatisches Sprechen ersetzen oder gesanglich unzureichend sind. Die Aufgabe ist freilich schwer; denn einerseits sollten die Töne genau getroffen und deutlich angesungen werden, andererseits aber muß die Diktion stets die des Sprechens sein. Brecht, von dem es glücklicherweise Aufnahmen der «Moritat» und des «Liedes von der Unzulänglichkeit» gibt, hat demonstriert, wie man die Songs der ‹Dreigroschenoper› vorzutragen hat: melodisch genau, jedoch ohne ausgeprägten Gesangston und vor allem ohne Portamento; mit äußerster rhythmischer Schärfe und fast schneidender Aussprache, dabei trocken im Ton, nüchtern oder gar sachlich, jedenfalls ohne jenen peinlichen Einschlag ins Verharmlosend-Neckische, den man in den anderen Aufnahmen so regelmäßig hört.

Liste der Aufnahmen

ca. 1950 F. Charles Adler (Jerger, Anday, Liane, Preger, Fassler, Roswaenge*; Chor und Kammerorch. der Wiener Staatsoper)
Vanguard SRV–273 SD
1958 Wilhelm Brückner-Rüggeberg (Trenk-Trebitsch, Hesterburg, von Kóczián, Schellow, Lenya, Neuss; Günther-Arndt-Chor; Orchester der SFB)
CBS 78 279
1966 Wolfgang Rennert (Kutschera, Mey, Huebner, Korte, Teichmann, Brammer; Mitglieder des Frankfurter Opernorchesters)
Philips 6768 700

Wichtige Einzelaufnahmen

1930 Theo Mackeben (Ponto, Helmke, Lenya, Trenk-Trebitsch, Lenya, Gerron; Lewis-Ruth-Band-Jazzorchester)
Telefunken NT 529
ca. 1930 Bertolt Brecht singt die «Ballade von der Unzulänglichkeit des menschlichen Strebens» und «Die Moritat von Mackie Messer»
Zweitausendeins 21617
(enthält weitere Auszüge aus der ‹Dreigroschenoper› mit Darstellern der Uraufführung)

* *Reihenfolge der Hauptrollen: Peachum, Mrs. Peachum, Polly, Macheath, Jenny, Moritatensänger*

Dietmar Holland

Anmerkungen zur Diskographie
‹The Rake's Progress›

‹The Rake's Progress› ist eine schwierige Oper nicht nur für die Hermeneuten, sondern ganz besonders auch für die Ausführenden. Das zeigt uns der überaus seltene Fall des Mitschnitts der Uraufführung in Venedig am 11. September 1951, der deshalb eher dokumentarischen als wirklich künstlerischen Wert hat. Es soll hier nicht wieder der alte Streit aufgerollt werden, ob Strawinsky sein eigener idealer Interpret war oder nicht doch nur ein mittelmäßiger Dirigent, hören können wir jedenfalls bei dem Uraufführungsmitschnitt, wie schwer es das Orchester (des Teatro alla Scala Milano) hatte, ihm zu folgen und das, obwohl Ferdinand Leitner, der Dirigent der deutschen Erstaufführung, teilweise die Probenarbeit geleistet hatte. Freilich war die Probenzeit wohl viel zu kurz bemessen, um das Orchester in der richtigen Weise mit Strawinskys musikalischen Verfremdungen und namentlich seiner intrikaten Rhythmik vertraut zu machen. Es sind nämlich nicht nur die rhythmisch-metrischen Überraschungen, die Strawinskys Partitur so kompliziert machen, sondern der durchweg doppelbödige, nur vordergründig «leicht» erscheinende musikalische Tonfall, der hier allenthalben – der Komponist nannte das selbst einmal «Mozartlike» – angeschlagen wird.

Anders als Weill in der Musik zur *‹Dreigroschenoper›* verfuhr, sind die Verfremdungen Strawinskys rein artistischer Natur und darum so schwer zum Klingen zu bringen. Was aber die Uraufführung hörbar beeinträchtigte, war die durchweg mäßige Leistung der Sänger, außer der über jeden Zweifel erhabenen Elisabeth Schwarzkopf als Anne Trulove. Angefangen von zahlreichen Intonationsschwächen, insbesondere beim Robert Rounseville als Tom Rakewell, bis hin zu völlig verwackelten Chorstellen (Chor des Teatro alla Scala) bietet die Uraufführung, zumindest musikalisch, das Niveau einer besseren Provinzaufführung, was die Kritiker zu Angriffen auf das Stück selbst veranlaßte, freilich völlig zu Unrecht.

Knapp zwei Jahre nach der Uraufführung ging das Ensemble der New Yorker Metropolitan Opera am 1., 8. und 10. März 1953 mit Strawinsky ins Studio, um im Anschluß an die Theaterpremiere (15. Februar) der amerikanischen Erstaufführung, die allerdings unter der Leitung von Fritz Reiner gestanden hatte, die Oper aufzunehmen. Bei den Aufnahmesitzungen waren die Musiker zunächst sehr irritiert über Strawinskys Tempi, die von Reiners Auffassung abwichen und wie ein Protest des Komponisten gegen die Bühnenaufführung wirkten. Reiner war es ja auch, der es durchgesetzt hatte, daß statt des vom Komponisten intendierten Cembalos für die Secco-Rezitative ein Klavier benutzt wurde mit dem Hinweis auf akustische Notwendigkeit. So blieb es denn auch bei der ersten Studioaufnahme, ebenfalls aus akustischen (aufnahmetechnischen) Gründen beim Klavier, obwohl Strawinsky es als «not faithful» empfand. Bei der Uraufführung hatte Strawinsky in diesem Punkt auch schon nachgegeben, weil er auch selbst fürchtete, daß das Cembalo in der Kartenspiel-Szene nicht genügend durchhörbar sei. Andererseits gehört das Cembalo zu seiner kompositorischen Intention, das *dramma giocoso* Mozarts kompositorisch für sich fruchtbar zu machen. Die Verwendung des Klaviers war aber in der damaligen Bühnenpraxis, als *‹The Rake's Progress›* entstand, das übliche Continuo-Instrument; erhaltene Mitschnitte von Mozart-Aufführungen der vierziger Jahre beweisen es. Wäre demnach Strawinskys musikalischer «Historismus» ein Vorreiter für die heute allgemein übliche Praxis der Cembalo-Rezitativ-Begleitung? In seiner zweiten Schallplattenaufnahme von 1964 benutzte Strawinsky ausdrücklich das Cembalo, und dabei ist es seither geblieben.

Gegenüber der ersten Studio-Aufnahme unter Strawinskys Leitung nimmt sich die zweite profilierter, schärfer, ironischer und gesanglich ausgewogener aus. Die neueste Einspielung dagegen, unter Riccardo Chailly, bleibt dahinter deutlich zurück, trotz des hervorragenden Spiels des Ensembles London Sinfonietta. Es klingt zu glatt, ja unverbindlich, wenn auch höchst virtuos. Die pastorale Idylle des *golden age* zu Beginn kommt unter Chailly viel zu weich heraus, während Strawinsky seine Bläser (Royal Philharmonic Orchestra) in der zweiten Aufnahme dazu anhält, eine scharfe, fast unangenehme Färbung anzunehmen, so als dürfe man der Idylle nicht trauen. Und dieser Eindruck bleibt auch beim weiteren Vergleich. Chailly verfällt gewissermaßen den Modellen, die Strawinsky wählte, anstatt das zu musizieren, was Strawinsky damit meint. Sängerisch ist Chaillys Aufnahme jedoch allen anderen überlegen.

Liste der Aufnahmen

1951 Igor Strawinsky (Ariè, Schwarzkopf, Rounseville, Kraus, Tangeman, Tourel, Cuenod*; Chor und Orch. der Mailänder Scala)
Fonit Cetra DOC 29
1953 Igor Strawinsky (Scott, Güden, Conley, Harrell, Lipton, Thebom, Franke; Chor und Orchester der Metropolitan Opera New York)
Col. SL 125
1964 Igor Strawinsky (Garrard, Raskin, Young, Reardon, Manning, Sarfaty, Miller; Sadlers Wells Opera Chorus; Royal Philharmonic Orchestra)
CBS 77 304
1984 Riccardo Chailly (Dean, Pope, Langridge, Ramey, Varnay, Walker, Dobson; London Sinfonietta Chorus; London Sinfonietta)
Decca 6.35650

---

* *Reihenfolge der Hauptrollen: Trulove, Anne, Tom, Nick, Mother Goose, Baba, Sellem*

Nachweise

Quellen der Texte

Egon Voss: Die Dreigroschenoper. Copyright © 1987 by Rowohlt Taschenbuch Verlag GmbH, Reinbek bei Hamburg

Dietmar Holland: Inhalt der Oper. Copyright © 1987 by Rowohlt Taschenbuch Verlag GmbH, Reinbek bei Hamburg

Jan Knopf: Die Dreigroschenoper. In: J. Knopf: Brecht-Handbuch. Theater. Stuttgart 1980

Ernst Josef Aufricht: Auftrag, Probenarbeit und Uraufführung. In: Aufricht: «Erzähle, damit du dein Recht erweist». Berlin 1966

Lotte Lenya-Weill: Das waren Zeiten! In: Brechts Dreigroschenbuch. Copyright © 1960 by Suhrkamp Verlag, Frankfurt am Main

Bertolt Brecht: Anmerkungen zur «Dreigroschenoper»/Aufbau der «Dreigroschenoper»-Bühne/Über die Verwendung von Musik für ein episches Theater. In: B. Brecht: Gesammelte Werke. Band 15 und 17. Copyright © 1967 by Suhrkamp Verlag, Frankfurt am Main

Kurt Weill: Über «Die Dreigroschenoper»/Zu der «unterdrückten Arie» der Lucy. In: K. Weill: Ausgewählte Schriften. Copyright © 1975 by Suhrkamp Verlag, Frankfurt am Main

Theodor W. Adorno.: Zur Musik der «Dreigroschenoper». In: T. W. Adorno: Gesammelte Schriften, Band 18. Copyright © 1984 by Suhrkamp Verlag, Frankfurt am Main

Ernst Bloch: Lied der Seeräuber-Jenny/Zur Dreigroschenoper. In: Gesamtausgabe, Band 9, Copyright © 1965 by Suhrkamp Verlag, Frankfurt am Main, und: Gesamtausgabe, Band 4, Copyright © 1962 by Suhrkamp Verlag, Frankfurt am Main

Hellmut Kotschenreuther: Weills Musik zur «Dreigroschenoper». In: H. Kotschenreuther: Kurt Weill. Berlin 1962. Copyright © by Musikverlag Hans Schneider, Tutzing

Carl Dahlhaus: Zur «Verfremdung» in der «Dreigroschenoper». In: C. Dahlhaus: Musikästhetik. Köln 1967. Copyright © by Laaber-Verlag, Laaber

Leo Karl Gerhartz: Protest gegen die Gattung Oper. In: L. K. Gerhartz: Oper. Laaber 1983

Dietmar Holland: Die Essenz der Oper. Copyright © 1987 by Rowohlt Taschenbuch Verlag GmbH, Reinbek bei Hamburg

Dietmar Holland: Inhalt der Oper, Copyright © 1987 by Rowohlt Taschenbuch Verlag GmbH, Reinbek bei Hamburg

Wystan Hugh Auden/Chester Kallman: «The Rake's Progress». Copyright © by Boosey & Hawkes, Bonn o. J.; deutsche Übersetzung Copyright © by Gerd Uekermann, London

Wystan Hugh Auden: Reflexionen über das Medium Oper. In: Musik zur Sprache gebracht, ausgewählt und kommentiert von Carl Dahlhaus und Michael Zimmermann. Copyright © 1984 by Deutscher Taschenbuch Verlag, München

Igor Strawinsky im Gespräch mit Emilia Zanetti. In: Musik der Zeit: Igor Strawinsky. Copyright © 1952 by Boosey & Hawkes, Bonn

Aus den Gesprächen Igor Strawinskys mit Robert Craft. In: I. Strawinsky: Erinnerungen und Gespräche. Copyright © 1972 bei S. Fischer Verlag GmbH, Frankfurt am Main

Aus den Tagebüchern Robert Crafts. In: I. Strawinsky: Erinnerungen und Gespräche, a. a. O.

Paul Griffiths: Die Laufbahn eines Wüstlings. In: Beiheft zur Gesamtaufnahme Decca 6.35650 (deutsche Übersetzung: Copyright by Gerd Uekermann, London)

Nachweise

Karl Heinrich Ruppel: Strawinskys «The Rake's Progress». In: K. H. Ruppel: Musik in unserer Zeit. München 1960

Zu einer Rocker-Aufführung von «The Rake's Progress». In: I. Strawinsky: Erinnerungen und Gespräche, a. a. O.

Robert Craft: «The Rake's Progress». In: I. Strawinsky: Erinnerungen und Gespräche, a. a. O.

Harald Kaufmann: Ausverkauf der alten Oper. In: H. Kaufmann: Spurlinien. Copyright © 1969 by Verlag Elisabeth Lafite, Wien

Wolfgang Burde: Zur Musik in Strawinskys «Rake's Progress». In: W. Burde: Strawinsky. Eine Monographie. Copyright © 1982 by B. Schott's Söhne, Mainz

Carl Dahlhaus: Zur Dramaturgie von «The Rake's Progress». In: C. Dahlhaus: Vom Musikdrama zur Literaturoper. München und Salzburg 1983

Das Copyright für die Zeittafeln, Bibliographien und Diskographien liegt beim Rowohlt Taschenbuch Verlag GmbH, Reinbek bei Hamburg 1987

Quellen der Abbildungen

S. 4/5 Beginn des zweiten Bildes des zweiten Aktes mit Elisabeth Schwarzkopf als Anne Trulove in der Uraufführung von «The Rake's Progress» in Venedig/S. 34, 54, 57 Bertolt-Brecht-Archiv, Berlin/S. 36, 40, 43, 45 aus: John Gay «The Beggar's Opera», London 1973/S. 49, 65, 71, 85 Archiv Schebera, Leipzig/S. 51 Lotte Lenya, New York/ S. 59 Zander & Labisch/S. 73 Staatl. Filmarchiv der DDR, Berlin/S. 140 aus: Craft «Stravinsky» London 1972/S. 236, 245, 250, 252, 254, 256, 258, 260, 262, 264 BBC Hulton Picture Library/S. 265, 276 Sammlung Wolfgang Burde/S. 274 aus: Vera Stravinsky und Robert Craft «Stravinsky in Pictures and Documents» New York 1978/ S. 282, 287, 291, 297 aus: Paul Griffiths «Igor Stravinsky: The Rake's Progress», Cambridge 1982

Über die Herausgeber

Attila Csampai, geboren 1949 in Budapest, studierte Musikwissenschaft, Theatergeschichte, Philosophie, Soziologie und Mathematik in München und arbeitet dort seit 1974 als freier Musikschriftsteller. Er schrieb zahlreiche Essays und Werkkommentare für Konzert- und Opernprogramme und Platteneditionen sowie Aufsätze in Fachzeitschriften. Daneben Rundfunksendungen und von 1975–78 Rezensent bei «HiFi Stereophonie». Seit 1978 dramaturgische Mitarbeit und musikalische Beratung bei verschiedenen Opern- und Theaterinszenierungen. Von 1980–83 ständige freie Mitarbeit beim Bayerischen Rundfunk als Autor und Programmgestalter, seit Herbst 1983 Redakteur für symphonische Musik. Redaktionsbeirat und Rezensent der «Neuen Musikzeitung».

Dietmar Holland, geboren 1949, studierte in München Musikwissenschaft, Philosophie und Theatergeschichte. Seit 1972 publizistisch tätig: Essays über musikalische Sachfragen (Ästhetik, Soziologie, Musikgeschichte, Operndramaturgie). Zahlreiche Einführungen und Werkkommentare für Programmhefte (Berliner und Münchner Philharmoniker, Bayerische Staatsoper) und Schallplattenveröffentlichungen. Außerdem analytische Aufsätze und kommentierte Diskographien für die von Heinz-Klaus Metzger und Rainer Riehn herausgegebene Reihe «Musik-Konzept» und freie Mitarbeit beim Bayerischen und Norddeutschen Rundfunk (thematische Sendungen, Kritiken, vergleichende Interpretationen). Von 1975–77 Essays und Rezensionen bei «HiFi Stereophonie» und seit 1984 bei der «Neuen Musikzeitung».

RICORDI

Klavierauszüge
in musikkritischen Neuausgaben

DOMENICO CIMAROSA
Die heimliche Ehe (dt./it.)
(F. Donatoni – J. Popelka)

GAETANO DONIZETTI
Don Pasquale (dt./it.)
(P. Rattalino – J. Popelka / H. Goerges)

GIACOMO PUCCINI
La Bohème (dt./it.)
(F. Bellezza – H. Swarowsky)

Madame Butterfly (dt./it.)
(Ma. Abbado – H. Hartleb)

Tosca (dt./it.)
(F. Bellezza – G. Rennert)

GIOACCHINO ROSSINI
Der Barbier von Sevilla (dt./it.)
mit transponierten Arien
(A. Zedda – G. Rennert)

Greifen Sie beim Abhören Ihrer Tonträger zu
RICORDI-Klavierauszügen. Erhältlich im Musikalienhandel.

(Fortsetzung auf nächster Seite)

RICORDI

Klavierauszüge
in musikkritischen Neuausgaben (Fortsetzung)

GIUSEPPE VERDI

Aida (dt./it.)
(M. Parenti – J. Popelka)

Don Carlos (dt./it.)
Vieraktige Fassung (H. Swarowsky)
Vier- und fünfaktige Fassung (H. Swarowsky)
Sämtliche Fassungen, einschließlich der
Pariser Urfassung (fr./it.) (U. Günther)

Falstaff (dt./it.)
(M Parenti – H. Swarowsky)

Die Macht des Schicksals (dt./it.)
(M. Parenti – J. Popelka / G. C. Winkler)

Ein Maskenball (dt./it.)
(M. Parenti – J. Popelka / G. C. Winkler)

Nabucco (dt./it.)
(F. Testi – K. Honolka)

Othello (dt./it.)
(M. Parenti – W. Felsenstein / C. Stueber)

Simon Boccanegra (dt./it.)
(F. Bellezza – H. Swarowsky)

La Traviata (dt./it.)
(M. Parenti – J. Popelka / G. C. Winkler)

Der Troubadour (dt./it.)
(M. Parenti – J. Popelka / G. C. Winkler)

Die Werke erschienen in neugestochenen Klavierauszügen,
revidiert nach dem Autograph der Partitur, versehen mit Instru-
mentationsangaben und Studierziffern. Den Klavierauszügen
vorangestellt sind: Angaben über Personen der Handlung,
Orchesterbesetzung, Bemerkungen zum Werk und zur Aufführungspraxis, wie auch Revisionsbericht, Bildbeigaben
fallweise.

Greifen Sie beim Abhören ihrer Tonträger zu
RICORDI-Klavierauszügen. Erhältlich im Musikalienhandel.